특수교육의 이론과 실제

The Theory and practice of special education

특수교육의 이론과 실제

조경자 · 우수희 공저

동 문 사

사람들은 누구나 각기 다른 개성과 인품 타고난 기질과 특성을 가지고 있어서 쌍둥이마저도 다르다는 표현이 나올 정도로 모든 사람은 각기 다 다르다.

이런 다른 세상에서 장애를 가지고 살아가는 사람들 역시 다른 사람들과 같이 장애가 있을 뿐 다름의 틀 안에서 서로 공존하는 것이다. 특히 사회가 복잡해지는 만큼 장애를 가지고 태어나거나 살면서 장애가 발생하는 경우도 그만큼 증가하고 있다.

편견과 불평등 속에서 장애를 가지고 살아가는 사람들의 애환을 들어보기는 우리 주위에서 그리 어렵지 않은 일이다. 점차 복지에 대한 관심이 증가하고 사회가 장애를 가진 사람들에게 관심을 보이고 그들의 행복에 대한 권리와 존중 측면에서 다양한 논의가 되고 있는 것은 그나마 다행이다.

장애아동과 그 가정의 바른 이해와 훈련된 교사, 장애아동에게 적절하게 제공되는 통합보육과정과 통합보육프로그램, 이것을 담아낼 수 있는 시설운영과 이를 뒷받침할 수 있는 보육제도 개선이 필요하다. 그래서 장애와 함께 살아가고 있는 아이들이 장애를 가지고도 행복하게 살 수 있고, 함께 놀고 생활하는 데 '장애'가 아무런 방해가 되지 않는다는 사실, '장애'가 모자라거나 부족한 것이 아니라 서로 다를 뿐이라는 것, 서로 다름을 인정하고 존중할 때 우리는 더불어 살아 갈 수 있다는 것, 우리가 더불어 살 수 있을 때 세상은 행복해진다는 삶의 지혜를 얻는 것이 통합교육이 지향하는 바이며, 이를 성공적으로 수행하기 위해서는 장애아통합보육이 반드시 필요하다고 하겠다.

미국은 유럽에 비해 늦게 특수교육이 시작되었으나, 19세기말에 이르러 대부분의 특수교육프로그램이 유럽을 앞서게 되었다. 1975년 Public Law에서는 모든 장애유아가 적절한 교육을 받을 권리로

학령기 모든 장애 아동을 위한 의무보육 실시를 공포하였다. 또한 1978년 학기부터 3~5세의 장애유아 조기교육은 의무교육의 일환으로 인정하였으며 무상교육을 실시하였다. 1980년 학기부터 장애유아 의무 교육 및 교육연한을 3세~21세로 연장하여 실시하였다. 장애유아의 의무교육의 권리에서 단지 취학을 보장하는 것만이 아닌 적절한 교육을 받을 권리도 보장한다는 것으로 확대되어진 것을 알 수 있다.

이에 따라 일반대학교의 유아교육과에서도 장애아동 교육에 관심을 가지게 되고 정규교과과정에 특수교육을 포함시켜 아동이 최초에 만나게 되는 기관인 유아교육기관에서도 장애아동에 대한 돌봄과 배려를 촉진하고 있다.

본서는 유아교육과 학생들을 대상으로 하는 특수교육과목을 가르치기 위한 강의서이다.

그래서 특수아동교육에 대한 이해와 여러 특수아동들에 대한 범주, 그리고 실제편으로 구성하였으며, 유아교육과 학생들이 특수아동에 대한 관심을 가지기에 충분한 방향으로 책을 집필하려 노력하였다. 특히 특수교육의 범주에 장애아동 뿐 아니라 영재아동에 대해서도 다루고 있어서 유아교육과 학생들이 현장에서 만나게 되는 다양한 특수아에 대한 사전정보를 제공하고자 하는 데 본서의 목적이 있다.

경제가 무척 어려운 때에 책을 기꺼이 출판하도록 허락해 주신 동문사 사장님께 감사의 인사를 드린다. 또한 격려와 기다림으로 책이 나오기까지 함께 수고해 주신 유재영 부장님과 많이 부족한 원고를 수정하느라 애써주신 편집부에게 감사의 인사를 전하며 끝으로 건강한 몸으로 올해도 강단에서 강의를 할 수 있도록 허락하신 하나님께 감사를 드린다.

2017년 1월

조경자 · 우수희

차 례

PART 1 특수교육의 이론

chapter

01 특수아동교육의 개념

특수아동(特殊兒童, special children)이라는 용어에 대한 사전적 정의를 보면 다음과 같다. '심신의 장애를 가진 아동과 영재아'를 말한다.

심신장애아동은 정신지체, 시각장애, 청각장애, 지체장애, 정서장애, 자폐증, 학습장애아동 등이 있다. 영재아동은 표준화된 개인지능 검사에서 평균보다 +2표준검사이상의 높은 지능을 갖고 학업이나 특정 분야에서 최우수한 능력을 나타내는 아동이며, 정신지체아는 지능검사에서 평균보다 -2표준편차 이하의 지능을 갖고 적응행동은 표준화적응검사에서 -1표준편차 이하인 아동을 말한다. 즉 시각, 청각 및 지체장애는 각각의 신체적 손상으로 인해 일반교육에 어려움을 갖는 아동이며, 정서장애아 및 학습 장애아는 지적·신체적 이상이 없이 각각 정서 또는 정보처리 과정상의 문제로 학업 수행이 부진한 아동을 말한다. 자폐아동은 발달 장애 증후군으로서 언어, 인지, 대인관계, 사물 처리 능력에 결함이 있는 아동을 말한다.

장애인 등에 대한 특수교육법 제2조는 특수교육 대상자의 교육적 요구를 충족시키기 위하여 특성에 적합한 교육과정 및 특수교육 관련 서비스 제공을 통하여 이루어지는 교육을 말한다. 이러한 특수교육 대상자로는 시각장애, 청각장애, 정신지체, 지체장애, 정서 · 행동장애, 자폐성 장애, 의사소통 장애, 학습장애, 건강장애, 발달

지체, 기타 대통령령이 정하는 장애가 있는 사람 중 특수교육을 필요로 하는 사람으로 진단 · 평가된 사람이다.

영재도 개념상으로는 특수교육의 대상자에 해당하나, 장애인 등에 대한 특수교육법상 정의에는 포함되지 않는다. 학습부진아, 학습지진아, 신체장애, 심신장애, 정신장애는 법령상의 정의에 포함되지 않는다. 학생들 간의 신체적 기술적 차이를 기술하는 용어로는 이상(disorder), 장애(disability), 핸디캡(handicap), 예외적(exceptional) 등이 있다.

특수아동 교육의 개념을 이해하기 위해서는 먼저 특수교육의 의미를 살펴보는 것이 도움이 될 것이다. 왜냐하면 특수아교육이란 아동을 대상으로 하는 특수교육의 한 부분이기 때문이다. 특수교육이란 말 그대로 특별한 교육이다. 이 말은 비장애인을 대상으로 하는 일반교육과는 다른 교육을 의미한다. 즉, 특수교육은 그 교육대상, 교사, 교육목적과 내용을 포함한 교육과정, 교육방법, 교육시설 등에 있어서 일반교육과는 특별히 다른 교육을 말하는 것임을 볼 수 있다. 특수교육진흥법에서는 특수교육을 특수교육대상자의 특성에 적합한 교육과정, 교육방법, 및 교육매체 등을 통하여 교과교육, 치료교육 및 직업교육을 하는 것으로 정의하고 있다. 여기에서 특수교육대상자는 시각장애, 청각장애, 지체부자유, 정서장애, 자폐아, 언어장애, 학습장애 등 특수교육이 필요하다고 진단, 평가된 사람을 말한다. 그러나 이외에 병약자나 허약자를 특수교육대상자로 포함시키기도 한고 특별히 장애의 반대 개념으로 지적으로 우수한 영재아를 특수교육의 대상범주에 포함시켜 요즘 영재스쿨이나 영재교육개발원 등 영재교육 분야에 대한 관심도 한층 높아졌다.

1 특수교육의 정의

"특수교육"이란 특수교육대상자의 교육적 요구를 충족시키기 위하여 특성에 적합한 교육과정 및 제2호에 따른 특수교육 관련서비스 제공을 통하여 이루어지는 교육을 말함(장애인 등에 대한 특수교육법 제2조 제1호).

"특수교육대상자"란 특수교육을 필요로 하는 사람으로 교육장 또는 교육감은 다음 각 호의 어느 하나에 해당하는 사람 중 특수교육을 필요로 하는 사람으로 진단·평가된 사람을 특수교육대상자로 선정함(장애인 등에 대한 특수교육법 제15조).

1. 시각장애
2. 청각장애
3. 지적장애
4. 지체장애
5. 정서·행동장애
6. 자폐성장애(이와 관련된 장애를 포함한다)
7. 의사소통장애
8. 학습장애
9. 건강장애
10. 발달지체
11. 그 밖에 대통령령으로 정하는 장애

"특수교육 관련서비스"란 특수교육대상자의 교육을 효율적으로 실시하기 위하여 필요한 인적·물적 자원을 제공하는 서비스로서 상담지원·가족지원·치료지원·보조인력지원·보조공학기기지원·학습보조기기지원·통학지원 및 정보접근지원 등을 말함(장애인 등에 대한 특수교육법 제2조 제2호).

2 특수 영역별 법적개념

우리나라 장애인 등에 대한 특수교육법과 영재교육진흥법을 참고한 정의는 다음과 같다(전경원 외, 2015 재인용).

① 시각장애 : 시각적 손상이 심하여 시각 기능을 전혀 사용하지 못하거나 보조공학기구의 지원을 받아 과제 수행이 가능한 장애로 안경이나 시각 교정을 하여 정상 수준의 시력을 갖는 것은 제외된다.

② 청각장애 : 청력의 손상이 너무 심해서 보청기를 사용해도 언어 전달에 장애가 있어 청각을 통한 교육적 성취가 어려운 장애를 의미한다.

③ 지적장애 : 지적 능력이 평균에서 떨어지며 동시에 적응 행동에 결함이 존재하는 상태로, 교육 수행능력에 불리한 영향을 주는 장애를 의미한다.

④ 지체장애 : 기능 · 형태상의 손상이나 신체적 부자유로 인해 이동하거나 학습하는데 어려움이 있어 특수한 서비스나 기구, 시설 등이 요구되는 장애를 말한다.

⑤ 정서 · 행동장애 : 심리적 문제(불안감, 우울감), 부적절한 행동(공격성, 주의산만, 과다 행동 등), 사회적 대인 관계에 부정적 특성을 지속적이고 두드러지게 나타내어 학습에 어려움이 있는 장애를 말한다.

⑥ 자폐성장애 : 사회적 상호작용이나 의사소통에 결함이 있고 제한적이고 반복적인 행동을 보여 학업성취나 일상생활 적응에 어려움을 보이는 장애를 말한다.

⑦ 의사소통장애 : 말 유창성 장애(말더듬), 조음장애(음의 생략, 왜곡, 첨가), 음성장애(음의 고저, 장단, 음색 이상)등 의사소통상에 장애를 말한다.

⑧ 학습장애 : 학업 성취상의 어려움을 나타내는 유아로 지각 · 주의 집중 · 기억 3R(읽기, 쓰기, 셈하기), 산수 계산하기 등 학습 기능이나 학업 성취상의 어려움을 보이는 장애를 말한다.

⑨ 건강장애 : 심신장애, 신장장애, 간장애 등 만성 질환으로 인하여 3개월 이상의 장기 입원 또는 통원 치료 등 계속적인 의료적 지원이 필요하며, 학교생활, 학업 수행 등에 있어서 교육적 지원을 지속적으로 받아야 하는 장애를 말한다.

⑩ 발달지체 : 인지, 의사소통, 사회성, 운동, 적응 행동 영역 중 1개 이상의 발달이 또래에 비해 현저하게 지체되어 조기 중재가 필요한 영아 및 9세 미만 아동의 장애를 말한다.

⑪ 영재아 : 뛰어난 능력을 갖고 있어서 높은 성취를 보일 가능성이 있는 자로서, 정규 학교가 제공하는 것 이상의 특별한 교육 프로그램이나 도움을 필요로 하는 자를 말한다.

3 특수아동교육의 출현율

1) 연도별 특수교육대상자 배치 현황

단위: 명, %

연도	특수학교 및 특수교육지원센터	일반학교			전체
		특수학급	일반학급	소계	
2012	24,932(29.3)	44,433	15,647	60,080(70.7)	85,012(100)
2013	25,522(29.5)	45,181	15,930	61,111(70.5)	86,633(100)
2014	25,827(29.6)	45,803	15,648	61,451(70.4)	87,278(100)
2015	26,094(29.6)	46,351	15,622	61,973(70.4)	88,067(100)
2016	25,961(29.5)	46,645(53)	15,344(17.5)	61,989(70.5)	87,950(100)

특수학교 및 특수교육지원센터와 일반학교에 배치된 현황을 살펴보면 2012년에는 24,932로 전체대비 29.3%은 특수학교 및 특수교육지원센터를 이용하고 있고, 일반학교는 60,080으로 전체대비 70.7%를 이용하는 것으로 나타났다. 2016년에는 25.961로 전체대비 29.5%은 특수학교 및 특수교육지원센터를 이용하고 있고, 일반학교는 61,989으로 전체대비 70.5%를 이용하는 것으로 나타났다. 이는 특수학교와 관련센터와 일반학교를 이용하는 특수아동 비율이 크게 변화된 것은 없는 것으로 보이며, 일반학교에서 통합교육을 선호하는 경향으로 보인다.

2) 연도별 장애영역 학생 현황

단위: 명, %

연도	시각장애	청각장애	지적장애	지체장애	정서행동장애	자폐성장애	의사소통장애	학습장애	건강장애	발달지체	전체
2012	2,303 (2.7)	3,744 (4.4)	46,265 (54.4)	11,279 (13.3)	2,713 (3.2)	7,922 (9.3)	1,819 (2.1)	4,724 (5.6)	2,195 (2.6)	2,048 (2.4)	85,012 (100)
2013	2,220 (2.6)	3,666 (4.2)	47,120 (54.4)	11,233 (13.00	2,754 (3.2)	8,722 (10.1)	1,953 (2.3)	4,060 (4.7)	2,157 (2.5)	2,748 (3.2)	86,633 (100)
2014	2,130 (2.4)	3,581 (4.1)	47,667 (54.6)	11,209 (12.8)	2,605 (3.0)	9,334 (10.7)	1,966 (2.3)	3,362 (3.9)	2,029 (2.3)	3,395 (3.9)	87,278 (100)

연도	시각 장애	청각 장애	지적 장애	지체 장애	정서행동장애	자폐성 장애	의사소통장애	학습 장애	건강 장애	발달 지체	전체
2015	2,088 (2.4)	3,491 (4.0)	47,716 (54.2)	11,134 (12.6)	2,530 (2.9)	10,045 (11.4)	2,045 (2.3)	2,770 (3.1)	1,935 (2.2)	4,313 (4,9)	88,067 (100)
2016	2,035 (2.3)	3,401 (3.9)	47,258 (53.7)	11,019 (12.5)	2,221 (2.5)	10,985 (12.5)	2,089 (2.4)	2,327 (2,7)	1,675 (1,9)	4,940 (5.6)	87,950 (100)

10개의 장애영역으로 구분하여 조사한 결과 전체적으로 연도별 장애수가 증가한 것으로 나타났다. 그 중 시각장애, 청각장애, 지체장애, 정서·행동장애, 학습장애, 건강장애는 2012년에 비해 2016년에는 점점 학생 수가 감소되고 있으나, 지적장애, 자폐성장애, 의사소통장애, 발달지체는 학생 수가 점점 증가하고 있다. 특히, 발달지체가 급격히 증가하고 있는 추세인데, 이는 과거에는 선별, 진단이 되지 않고 일반학급에 포함되어 방치되었던 현상들이 장애 진단에 대한 관심이 높아지면서 조기에 장애를 발견하여 특수교육지원센터 운영 등에 대한 지원이 증가하면서 교육기회 확대 및 지원 서비스가 더욱 강화되고 있다는 증거이다.

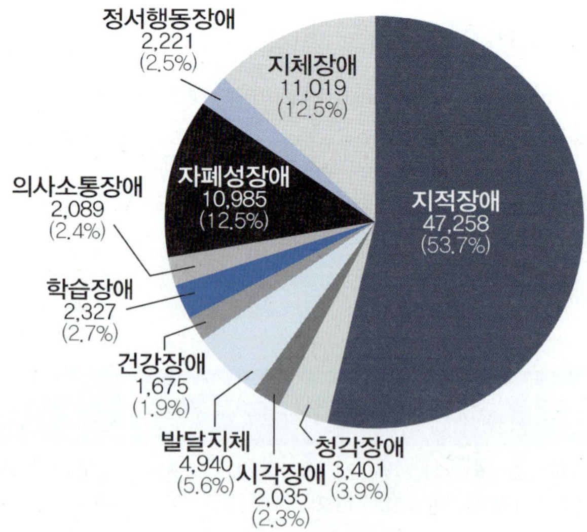

※계: 87,950명

장애영역별 특수교육대상자 현황

3) 특수교육의 변화 추이

연도별 특수교육 현황 추이

단위: 명, %

구분		2012	2013	2014	2015(B)	2016(A)	B-A
특수학교수		156	162	166	167	170	3
특수학급수		8,927	9,343	9,617	9,868	10,065	197
학생수	계	85,012	86,633	87,278	88,067	87,950	-117
	장애영아	403	578	680	742	656	-86
	유치원	3,675	4,190	4,219	4,744	5,186	442
	초등학교	34,458	33,518	33,184	33,591	33,770	179
	중학교	21,535	22,241	22,159	21,108	19,793	-1,315
	고등학교	21,649	22,466	22,973	23,422	23,943	521
	전공과	3,292	3,640	4,063	4,460	4,602	142
교원수		16,727	17,446	17,922	18,339	18,772	433

2015년 9,868개 특수학급수가 2016년 10,065 특수학급수로 나타나는데 이를 보면 2016년에는 특수학교가 3개교 신설되었으며, 특수학급은 197학급이 증설되는 등 최근 5년간 연평균 330학급이 증가하였다는 것을 알 수 있다. 이는 일반학교에서 통합교육을 받는 특수교육대상자가 증가함에 따라 특수학교의 학생은 장애정도가 심한 중도·중복장애학생이 많아지는 경향을 나타내는 것이다.

유아특수교육기관 현황

단위: 개

구분	유치원과정 특수학교	특수학교 유치부	유치원 특수학급	계
설치학교수	9	124	557	681
설치학급수	55	260	640	900

출처: 국립특수교육원(2016). 2016 특수교육연차보고서.

2016년 4월 현재 유아특수교육기관은 유치원 과정 운영 특수학교가 124개교 260학급(유치원 과정만 운영하는 특수학교 9개교 55학급 포함), 일반유치원 특수학급이 557개교 640학급으로 총 681개교, 900학급이 운영되고 있다.

유아특수교육기관 학생수

단위: 명

구분	유치원과정 특수학교	특수학교 유치부	유치원 특수학급	유치원 일반학급	계
학생수	226	938	2,504	1,744	5,186

출처: 국립특수교육원(2016). 2016 특수교육연차보고서.

2016년 4월 현재 특수교육을 받고 있는 특수교육대상유아는 특수학교 내 유치원에 938명(유치원 과정만 운영하는 특수학교에 226명 포함), 유치원 특수학급에 2,504명, 유치원 일반학급에 1,744명으로 총 5,186명이다.

2016년 4월 현재 일반유치원에 배치된 특수교육대상자에 대한 의무교육비 지원은 공립유치원 1,750명, 사립유치원, 1,199명으로 총 2,929명이 교육비를 지원받고 있다. 1인 월 교육비 최고지원액 평균은 공립유치원 114,5천원, 사립유치원 358천원이다.

의무교육 가능 학교 및 교육요건을 갖춘 어린이집 현황

단위 : 교

교육부				보건복지부				합계
특수학교 유치원	유치원			장애전담 어린이집	장애통합 어린이집	일반 어린이집	소계	
	특수학급 설치 유치원	전일제 통합학급 운영 유치원	소계					
124	557	1,222	1,903	175	899	1,406	2,480	4,383

출처: 국립특수교육원(2016). 2016 특수교육연차보고서.

교육요건을 갖춘 어린이집은(장애인 등에 대한 특수교육법 시행령 제15조에 의하면,「영유아보육법」제30조 제1항에 따른 평가인증을 받은 어린이집, 장애아 3명마다 보육교사1명을 배치한 어린이집(보육교사가 3명 이상인 경우에는 보육교사 3명 중 1명은「초·중등교육법」제21조 제2항에 따른 특수학교 유치원 교사 자격증을 소지한 교사여야 한다(2015.12.31.기준).

유치원 과정이 설치된 특수학교(2016.4.1.기준)

특수학교가 아닌 일반 유치원(2016.4.1.기준)

4 특수교육대상자 선정 절차

1) 특수교육대상자 선정 절차

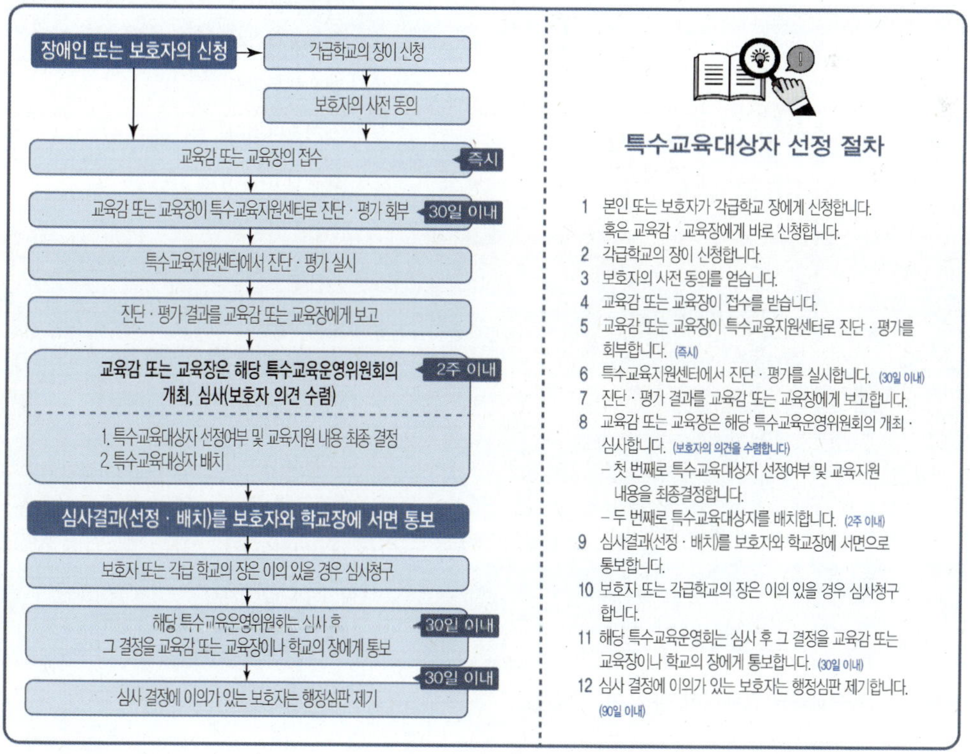

출처: 국립특수교육원 홈페이지 참조

2) 특수교육 대상자 선별도구 종류

구분		영역
장애 조기 발견을 위한 선별검사		사회성숙도검사
		적응행동검사
		영유아발달검사
진단 · 평가 영역	시각장애 · 청각장애 및 지체장애	기초학습기능검사
		시력검사
		시기능검사 및 촉기능검사(시각장애의 경우에 한함)
		청력검사(청각장애의 경우에 한함)
	지적장애	지능검사
		사회성숙도검사
		적응행동검사
		기초학습검사
		운동능력검사
	정서 · 행동장애 및 자폐성장애	적응행동검사
		성격진단검사
		행동발달평가
		학습준비도검사
	의사소통장애	구문검사
		음운검사
		언어발달검사
	학습장애	지능검사
		기초학습기능검사
		학습준비도검사
		시지각발달검사
		지각운동발달검사
		시각운동통합발달검사

출처: 국립특수교육원 홈페이지 참조, 표 수정함.

chapter

02 유아특수교육의 필요성과 목적

1 유아특수교육의 필요성

1) 유아기의 중요성

유아기는 발달이 신속하게 이루어지는 시기인 동시에 유아가 학습을 하는 데 가장 반응적이며 수용적인 시기이다. 만약 특정 발달에 있어서 이 시기를 놓쳤을 경우 후에 다른 보상에 의해 같은 발달을 기대하기 어렵다. 또한 유아기는 복잡한 학습을 위한 기초가 형성되는 시기일 뿐만 아니라 발달과 학습이 매우 빠르게 이루어지기 때문에 이 기간에 이루어지는 중재는 유아의 발달에 뚜렷한 차이를 가져올 수 있다. 유아가 생후 몇 년 동안 경험하게 되는 조기 학습과 행동 형성은 이후의 발달의 성격과 속도에 영향을 미친다. 더불어, 지능을 비롯한 다른 능력들도 출생 시 고정되는 것이라기보다는 환경의 영향과 학습을 통하여 어느 정도 증진된다는 이론은 인간의 능력이 환경의 영향으로 인해 변화가 가능하다는 것을 시사하는 것이다. 특히, 유아기는 발달의 결정적 시기이며 학습이 가장 빠르게 이루어지는 기간으로 이 시기에 장애아동이나 장애 가능성이 있는 유아에게 적절한 환경과 경험을 제공하는 중재가 이루어지면 이들의 발달 가능성을 증진시킬 수 있을 뿐만 아니라 장애의 악화나 2차 장애 가능성을 줄일 수 있다.

2) 가족 지원의 제공

장애는 유아의 발달 뿐만 아니라 다른 가족원에게도 영향을 준다. 장애아 부모에게도 어린 장애자녀 또는 장애위험성이 있는 자녀를 적절히 양육하는 방법, 기본적 발달기술의 습득을 위한 지도, 이들의 발달을 위한 적절한 자극의 제공 등을 위한 훈련과 도움이 필요하므로, 유아특수교육은 장애유아 자신에게 도움을 줄 뿐만 아니라 가족들에게도 지원을 제공한다. 즉, 장애 자녀가 가족에 미치는 부정적인 영향을 감소시키고 장애유아가 독립적으로 기능을 할 수 있도록 부모의 역할을 촉진시키는 역할을 한다.

3) 사회 · 경제적 혜택

유아특수교육의 이점은 유아와 가족의 개념을 넘어 사회에 파급된다. 장애 유아에게 주어지는 양적 · 질적 조기중재는 이들에게 발달적 · 교육적 혜택을 주어 성장한 후에 다른 서비스 기관에 수용되는 비율을 감소시키고 취업의 가능성을 높여 경제적으로나 사회적으로 이득이 된다. 또한 장애유아들에게 제공되는 유아특수교육은 이들이 성장한 후의 사회적응능력을 향상시키고 그 과정에서 교육비용을 감소시켜 사회적 · 경제적 혜택과 이익을 가져온다.

2 유아특수교육의 목적

유아특수교육의 기본적 가정은 특수교육을 필요로 하는 유아들에게 교육을 제공함으로써 긍정적인 성장과 발달을 도모할 뿐만 아니라 이들이 가져올 장애 위험성을 줄여 좀 더 나은 삶을 살아가게 하고자 하는 것이다. 이러한 유아특수교육의 목적을 Bailey와 Woley(1992)는 다음과 같이 여덟 가지로 들고 있다.

첫째, 장애아 가족에 대하여 지원을 한다. 교육을 논할 경우 그 대상인 유아가 가장 초점이 되는 것은 당연하며 특히 장애유아의 경우 서비스는 유아의 특성에 의해 결정되나 전문가들은 가족과 분리해서 유아만을 보는 것은 제한되고 단편적일 수밖에 없다는 인식을 하기 시작하였다. 유아는 가족 구성원 전체의 기능에 영향을 줄 뿐만 아니라 가족 개개인의 심리에도 영향을 주며 마찬가지로 가족 구성원들의 기술, 가치, 선택 등도 유아에게 영향을 준다. 이러한 측면에서 볼 때 유아특수교육의 대상자는 유아만이 아니며, 1차적인 대상은 가족으로 그 목표는 가족원이어야 한다는 주장이 강력히 파급되고 있다.

둘째, 유아의 참여와 독립성 그리고 습득을 촉진한다. 참여란, 유아가 물리적 환경이나 사람들과의 상호작용에서 상황에 맞는 적절한 활동을 하는 것이다. 독립성이란 되도록 다른 사람들의 도움을 최소한으로 받으면서 자신의 역할을 할 수 있는 능력을 의미하며, 습득은 다양한 형태의 참여를 통해서 새로운 기술이나 지식을 학습하는 것을 의미한다. 유아특수교육을 통해서 장애유아가 다양한 활동에 적극적으로 참여함으로써 점차 다양한 기술을 습득하게 되고 이는 바로 독립성을 지닐 수 있도록 한다.

셋째, 주요 영역의 발달을 촉진한다. 유아특수교육의 가장 주된 목표 중 하나는 바로 발달상의 지체를 교정하고 그 정도를 감소시키는 것으로, 발달이란 행동, 사고, 감정의 변화와 다양한 영역의 기능적인 능력의 변화를 모두 포함하는 폭넓은 의미로 정의된다. 이러한 발달은 성장, 사회적・물리적 환경과의 상호작용을 통하여 이루어지므로 교사, 부모 또는 전문가들은 유아가 환경과의 의미 있는 상호작용을 할 수 있는 기회를 최대화하여 발달이 촉진될 수 있는 환경을 설계하고 활동을 제공해야 한다.

넷째, 유아의 사회성 발달을 지원한다. 인생의 성공과 관련된 모든 기술들 가운데 다른 사람들과 적절하게 상호작용하는 기술은 가장 중요한 것 중의 하나이므로 장애유아의 사회성 발달을 지원해야 한다.

다섯째, 유아특수교육의 또 하나의 목표는 유아가 학습한 기술을 다른 상황에서도 사용할 수 있도록 하는 것이다. 일반화란 한 상황에서 학습한 행동을 다른 상황에서도 활용하는 것을 의미한다. 습득된 기술이 일반화되지 않는다면 교육의 노력은 부분적인 성취만 이루어진 것이므로 거의 가치가 없다고 할 수 있다.

여섯째, 장애아들이 가정이나 학교, 그리고 지역사회에서 정상적인 생활경험을 할 수 있도록 준비하고 돕는다. 유아특수교육은 정상화의 원리를 바탕으로 이루어져야 하는데, 이는 가능한 자연적인 환경과 정상아와 분리되지 않은 환경 및 시설에서 유아특수교육 서비스를 제공하자는 것이다. 그러므로 장애유아의 조기교육 서비스는 지역사회를 기반으로 이루어져야 하며, 통합교육을 하여 대상 유아와 그 가족을 정상아들이 참여할 수 있는 환경이나 활동으로부터 고립시키지 말아야 한다.

일곱째, 유아와 가족이 유연한 전환을 하도록 돕는다. 프로그램 전환은 유아와 가족이 한 중재 프로그램이나 서비스에서 다른 것으로 옮길 때 발생한다. 유아와 가족체계가 유연한 전환을 하도록 준비하고 돕는 것은 가족체계의 혼란을 최소화하고 서비스의 연계성을 이루게 하며, 장애유아가 보다 정상화된 환경으로 이동하였을 때 성공 가능성을 촉진한다.

여덟째, 장래의 문제나 장애 발생을 예방한다. 유아특수교육의 또 다른 목표는 예방이다. 초등교육이나 중등교육 프로그램에서 가르치는 교사들은 이미 발견된 문제나 지체를 다루게 된다. 그러나 유아특수교육에서는 특정 장애유아가 아직까지 다른 문제를 보이지 않으나 장래에 문제를 보일 가능성이 높은 경우가 있으므로 그러한 지체를 감소시키기 위하여 조기교육을 제공하는 것이다.

chapter

03 특수아동교육의 역사

특수 아동교육에 관심을 갖게 된 것은 어찌 보면 유아교육의 영향이라고 할 수 있다.

유아교육은 독일의 프뢰벨이 1800년대 초기에 세웠던 유치원교육에 의해 시작되었으며, 많은 철학자나 교육학자들의 주장에 그 발전의 근간을 두고 있다 20세기 들어 아동발달에 관한 여러 연구결과들이 유아기가 인간발달의 결정적 시기임을 지적하면서 유아교육의 중요성이 크게 대두되었다. 이러한 유아교육의 발전과 그 효과에 대한 연구들은 장애유아들을 위한 조기교육의 필요성을 강조하게 되었고, 장애유아를 위한 교육 프로그램 발달에 결정적인 영향을 주었다.

- 특수교육의 영향 : 학령기 학생들을 위한 특수교육은 1869년 보스턴의 한 공립학교에서 청각장애 학생들을 위한 학급이 개설되었던 것이 최초인 것으로 알려져 있다. 우리나라의 경우 선교사 Hall 여사가 1894년 점자교육을 시작하여, 1900년 평양에 여자 맹학교를 설립하였다. 1967년 문교부가 마련한 '특수교육 5개년 계획'을 계기로 해서 국가가 적극적으로 특수교육을 발전시키기 위한 노력을 시작했다. 1970년대 들어서면서 우리나라 특수교육의 공적인 책임 확대를 위한 역할로 일반 초등학교에 특수학급이 설치되었고, 1977년 「특수교육진흥

법」이 제정되었다(윤선오 외, 2013).

1994년 개정된 특수교육진흥법은 3~5세 장애유아들의 무상교육을 명시함으로써 장애 영유아의 특수교육에 대한 욕구의 인식과 유아특수교육 프로그램의 발전에 기여하게 되었다.

- 조기교육과 보상교육의 영향 : 조기교육의 효과는 특히 저소득층 유아들을 대상으로 하는 보상교육의 형태로 입증된다. 보상교육은 저소득층의 유아들에게 결핍된 환경을 보상하거나 수정해서 조기 학습경험을 제공하도록 한 것으로서 정부가 조기에 투자를 하여 중재를 할 경우 오히려 이후 특수교육경비를 경감하고 학생들의 유급하는 경우가 적음을 시사하고 있다. 보다 최근에 이루어진 보상교육의 예로는 페리 취학 전 프로그램은 미시간두 입실란티 하이-스코프 연구재단에서 수행된 것으로서 인지발달이 느리고 가정의 경제수입이 해당 인구의 하위 20%에 해당되는 취학 전 유아를 대상으로 하였다. 이 연구에 참여한 유아들이 15세와 19세가 되었을 때 종단연구를 한 결과 매우 긍정적인 효과를 얻었다. 즉, 프로그램에 참여한 유아들은 참여하지 않은 유아들에 비해 읽기, 수학, 언어성취 검사 등에서 더 높은 수행을 보였다. 또한 특수교육의 필요성이 50% 감소되었고 참여 유아들의 일탈행동도 더 적은 것으로 나타났다. 이와 같이 저소득층 유아들에 대한 보상교육의 긍정적 효과는 유아특수교육의 필요성과 중요성을 한층 더 뒷받침해 주고 있다.

그런 시대적 배경에 힘입어 법률적으로 입법화하는 단계에 이르렀다. 장애인 또는 특수교육 관련 입법화는 그리 오래되지 않았다. 1960년대 초까지만 하여도 장애인들에 대한 법적인 관심이 별로 정착되지 못하였으나 최근 20여 년간에 걸쳐 장애인 특수교육 관련 법률제정이 활발해졌다. 법률제정은 특수교육의 성장과 발전에 중요한 영향을 미침으로서 장애를 지닌 유아와 성인들에게 교육적 혜택 및 다양한 권리와 기회를 부여하게 되었다.

1) 개화기 이전의 특수교육

13세기 이전 우리나라의 교육기관에서 장애인을 대상으로 교육을 행했던 기록은 없다. 그러나 고려 23내 원종 때인 13세기 후반부터 맹인들이 직접 업무에 종사하였다는 기록이 있다. 맹인들이 직접 업무에 종사했다는 기록은 없지만, 고려 태조 13년(930년) 서경학교를 설치하여 업무를 가르쳤다는 기록을 보면 장애인들도 이 때 어떤 방식으로든 업무에 대한 교육을 받았으리라 짐작된다. 이후 업무에 종사하는 방식은 광종9년 과거제도에 포함되었으며, 공양왕 원년인 1389년에는 관학으로 발전하였다. 이때 맹인들은 자섬부사와 강안전 시위호군의 벼슬도 받게 되었다.

조선시대 장애인의 교육에 관한 기록으로 세종 27년(1445년) 3월 서운관에서 훈도 4~5명을 두고 10명의 맹인을 선발하여 3일에 한 번씩 음양학을 교육하였다는 기록이 남아있다. 서운관은 세조 12년(1466년) 1월 관상감으로 바뀌었으며, 음양학은 명과학으로, 풍수학은 지리학으로 바뀌었다. 명과학은 관상감의 음양 3과의 하나로 운명 · 길흉 · 화복을 판단하는 학문인데, 이때 명과학교육을 받은 맹인들은 나라에서 행하는 과거에 응시할 수 있었으며, 이에 합격한 자에게는 임금이 검교직이나 체아직을 제수하고 녹봉을 주어 공무에 종사하게 하였다. 따라서 우리의 역사에서 장애인의 교육에 대한 기록은 이것이 최초이다. 물론 이를 오늘날과 같은 특수교육의 개념으로 볼 수 있는지에 대해서는 더 많은 연구가 이루어져야 하겠지만, 이는 세계 최초로 16세기 스페인에서 농아교육이 시작된 시점보다 더욱 빠르다는 데서 주요한 의미를 부여하여야 할 역사적 사실이 된다.

과거 맹인들은 명과맹 뿐만 아니라 관현맹으로도 활동하였다. 관현맹 제도는 고려 문종 30년(1076년)에 시작되어 공양왕 3년(1391년)까지 316년간 존속되었다. 이 제도는 조선조에 들어와서도 지속되다가 고종 21년 폐지되었는데, 관현맹인은 궁중 내연에서 관현합주나 가무반주를 맡은 맹인 음악인이다. 이들은 전공 분야에 따라 여기들의 춤이나 노래에 맞추어 당악과 향악의 반주를 하였다. 당시 맹인을 음악인으로 둔 이유는 첫째, 내외법이 엄격했던 당시 여자들만이 있는 궁중내연에 악공이 들어가 연주를 할 수 없었으므로 앞을 못 보는 맹인들로 하여금 연주를 하도록 하였고, 둘째, 관습도감의 창기가 사죽(絲竹 : 현악기와 관악기)과 장고를 배우지 못하였을 때 궁중의 잔치와 제향을 위하여 이들로 하여금 임시로 반주를 하게 하였으며, 셋째, 실업인을 없애고자 하는 대책의 일환으로 이루어진 정책이었다.

우리의 역사에서 맹인들이 고려 때부터 점복맹이나 관현맹으로 활동할 수 있었던 것은 그에 필요한 교육을 받을 수 있는 제도가 있었기 때문이라고 짐작된다. 때문에 고려시대부터 맹인에 대한 점복교육과 관현교육이 이루어졌다고 짐작되나, 그 구체적인 기록은 찾을 수 없다. 다만 장애인에 대한 교육의 최초의 기록은 조선시대 관학인 서운관에서 교육이 이루어졌다는 기록이 남아있을 뿐이다. 따라서 이에 대한 구체적인 연구가 이루어져야 하리라고 본다(권요한 외, 2015).

2) 근대적 의미의 특수교육의 성립

근대적 의미의 특수교육성립은 여러 측면에서 찾아볼 수 있겠으나 역시 구한말 개화기에 주로 외국인 선교사에 의해서 이루어졌다고 볼 수 있다. 구한말의 개화사상은 개화의 보급과 그 실천을 교육을 통해 하고자 했으며, 이에 따라 교육의 실용화, 민주화, 구국화를 강조하는 신교육운동이 전개됨에 따라 우리나라에서도 전통적인 경전중심의 교육을 탈피하여 새로운 학문 전수를 위한 근대학교가 보급되기에 이르렀다.

1881년 박정양 등 신사유람단은 일본의 각종 교육기관을 보고하는 가운데 맹아원에 관하여 소개를 하고 있는데, 이는 우리나라에 문서상으로 특수교육이 소개된 최초의 기록으로 평가받고 있다. 또한 유길준은 구미 등을 돌아보고 1895년 서유견문이란 저서를 통해 정신지체아 교육, 맹아교육, 농아교육 등에 관하여 당시 구미 특수교육의 모습을 구체적으로 소개하였다. 이는 한국 특수교육 태동에 있어 중요한 의미를 갖는 것으로 평가되며, 이러한 문서나 서적을 통해 소개되는 단계를 거쳐 우리나라에 최초로 특수아동을 위한 교육이 시작된 것은 미국 감리교 선교사이며 의사인 홀(R. S. Hall) 여사였다.

당시 평양 여자 맹학교는 정진소학교(1896년 설립)에 두 명의 맹인여아를 입학시켜 학교 앞에 기숙사를 마련하여 맹아를 수용하고 생활훈련을 하는 한편, 학교에서는 일반 아동과 같이 교육을 받게 했다. 이는 그 시기에 있어서는 서양에 비해 138

년의 차이가 있지만, 오늘날 선진국에서 볼 수 있는 통합교육의 형태를 취한 시간제 특수학급 방식으로서 매우 진보적인 교육이었음을 알 수 있다(이소현 외, 1998).

3) 일제강점기의 구빈보호적 성격의 특수교육

일제가 우리나라를 점령하고 난 뒤 조선총독부를 설치하여 제생원 관저를 제정 공포하고, 구빈보호적 성격을 띤 특수교육을 하였다. 1912년 3월, 조선총독부는 제생원 내에 양육부와 맹아부를 두었는데 양육부는 주로 고아를 양육 보호하고, 맹아부는 맹아와 농아에게 보통교육을 실시하고 생활에 필요한 기능을 가르치는 것을 목적으로 하였다.

이와 같이 제생원 맹아부는 근대적인 교육기관이라기보다 이들 특수아동을 고아와 함께 구빈 보호하는 데 일차적 목적이 있었다. 비록 한국 최초의 공립 특수교육기관으로 해석될 수도 있지만 고아의 양육과 맹농아의 교육을 같은 기관에서 맡고 있었으며, 특수교육에 있어서도 그 교육적 혜택이 일본인과 조선인간에 많은 차별이 있었다.

4) 해방 후 특수교육제도의 정비와 사립 특수학교 설립

1945년 민족의 광복과 더불어 민주교육이 추진됨에 따라 특수교육에 있어서도 제도적 정비를 하게 되었다. 1949년에 제정된 교육법에 특수학교의 설치 의무와 일반학교 내의 특수학급을 설치할 것을 명시하여 특수교육의 법적 근거를 마련하였다. 그러나 당시로서는 법제도적 규정에 불과한 것이었고, 오히려 1950년대를 전후하여 민간독지가에 의한 사립 특수학교가 많이 설립되었다. 따라서 이들 사학이 한국 특수교육 발전의 주도적 역할을 담당해 왔다는 점에서 더 중요한 의미를 지닌다고 할 것이다.

해방 후 최초로 설립된 사립 특수학교는 1946년 대구에 설립한 대구맹아학원(광명, 영화학교의 전신)이다. 외국과 마찬가지로 우리나라에서도 맹·농교육은 비교적 일찍 시작된 반면에 정신지체아나 지체부자유아 교육은 다소 늦은 감이 없지 않다.

한국 최초의 지체부자유아 학교는 1964년에 설립된 연세대학교 세브란스병원 소아재활원 초등학교이며, 정신박약자학교는 1966년의 대구보명학교가 최초이다. 이는 서양에 비해 약 한 세기가 뒤진 셈이다(윤선오 외, 2013).

5) 공적 책임의 확대기

우리나라의 특수교육은 1970년대 들어서야 공적 책임이 확대되기 시작하였다. 1975년 UN은 제30차 총회에서 '장애인 권리선언'을 결의하고, 1976년에는 1981년을 '세계 장애인의 해'로 결의하여 선포하였다. 우리나라도 이를 배경으로 1977년 '특수교육진흥법'을 제정하고, 그 다음해에 시행령과 시행규칙을 제정·공포하여 특수교육에 대한 국가의 임무를 규정하였다. 이 법의 시행으로 과거에 비해 특수교육기관의 수가 많이 늘어나게 되었으며, 특수교육을 받게 된 장애아동의 수도 크게 늘어나게 되었다. 따라서 이때의 특징은 국가의 공적 책임이 확대되고, 특수학급이라는 부분통합을 위한 특수교육기관이 많이 늘어났다는데 있다.

이와 같이 특수학교와 특수학급의 교육을 중심으로 발전되어 오던 우리나라의 특수교육은 1994년 특수교육진흥법의 개정으로 그 방향의 전환을 도모하게 되었다. 이는 그동안 이루어져 온 특수학교와 특수학급의 분리교육만으로는 학교 졸업 이후 장애학생들이 사회에 적응하는 데 어려움이 많다는 인식에서부터 비롯되었다. 따라서 이 법을 통해 특수교육 대상학생들도 이제 일반학급에서 교육받아야 한다는 당위성을 인정받고 있다. 이는 세계의 통합교육이라는 추세를 지향하는 바도 있지만, 그보다는 우리의 교육 원래의 모습을 되살리자는 움직임이라는 데 더욱 중요한 의미가 있다.

그 후, 2007년 「장애인 등에 대한 특수교육법」이 새로 제정되면서 모든 장애학생에게 실질적인 학습권이 보장되기 시작했으며, 특수교육대상 학생의 지속적인 확대와 행정적 · 재정적 토대를 구축하고자 했다(김동일 외, 2010; 윤선오 외, 2013).

chapter

04 특수아동교육의 진단 및 평가

신입 유아가 등원하였다. 그 유아는 유난히 말이 없고 수줍음을 많이 타 수업참여에 어려움이 있었다. 학부모와의 상담결과 대상 유아는 어릴 때부터 말이 없고 조용한 편이라 적응하는 데 시간이 걸린다고 말씀하셨다. 그래서 교사는 유아 특성으로 새로운 환경적응에 시간이 걸릴 것으로 보고 지켜보기로 하였다. 하지만 시간이 지나도 좀처럼 말문을 열지 않고 입학한 지 석 달이 지난 시점에서도 유치원 생활에 어려움을 보였다. 오히려 유아의 행동은 입학 초기보다 훨씬 혼자 돌아다니는 행동이 많아졌고, 특히 수업시간 중 착석이 더욱 어려워지고 수업 참여율이 떨어지는 등 점차적으로 친구들의 놀이를 방해하는 문제행동이 증가하였다. 유아는 어떤 원인으로 부적응으로 하는가? 관찰 및 선별검사를 통하여 유아의 문제행동의 원인과 진단, 지원방법을 찾을 수 있을 것이다.

1 진단과 평가의 이해

1) 진단 및 평가의 개념

진단 및 평가는 특수아동의 발견과 이들의 특수교육을 위한 계획서 작성을 비롯하여 교육적 효과측정에 이르기까지 전반적으로 적용된다. 특수교육에서의 평가는 측정, 사정, 평가 등과 같은 용어와 혼재되어 사용되고 있으며 이들 용어는 모두 과학적이고 객관적인 검사도구를 사용한다는 점에서 공통점이 있지만 그 의미와 범위에서는 차이가 있다.

- 측정(measurement) : 사물을 구분하기 위하여 규칙에 따라 수를 부여하는 절차로 단순히 양적 혹은 수적 특성을 재는 것을 의미하며 신뢰도 및 객관도에 중점을 둔다.
- 사정(assessment) : 사물에 대한 양적인 특성뿐만 아니라 질적인 특성을 파악하는 것을 의미한다.
- 평가(evaluation) : 측정 및 사정을 통하여 양적 · 질적 특성을 파악한 후 가치판단을 통하여 미래 방향을 설정해 주는 것을 의미한다.

평가는 재활단계에서 가장 선행하여야할 것 중 하나로 평가를 통해 관심 문제를 구체화하거나 확인하고 아동에 대한 적절한 의사결정을 내리기 위하여 관련 정보를 체계적으로 모으는 과정이며, 개인의 특성을 양적으로 수치를 재는 측정의 결과에 질적 특성을 파악하는 사정(assessment)을 통하여 아동 교육을 위한 의미를 부여하는 다면적이고 역동적인 일련의 과정이라고 할 수 있다. 특히 특수교육에서의 진단 · 평가는 교육 배치의 결정하는 것이며, 아동에게 어떤 교육을 제공할지에 대한 자료를 제공한다.

2) 평가의 분류

검사 및 평가는 그 목적에 방법과 절차가 다르다. 평가유형에 따라 형식적 평가,

비형식적 평가로 나누어지며 표준화 과정의 여부에 따라 표준화 검사와 비공식적 검사로 나누어진다. 또 검사를 통하여 측정하고자 하는 내용에 따라 발달검사, 지각검사, 지능검사, 적성검사, 인성검사, 학력검사 등으로 나눌 수 있다. 이외에도 평가대상의 수에 따라 집단검사와 개인검사 등 다양하게 분류할 수 있다.

(1) 형식적 평가와 비형식적 평가

형식적 평가는 대게 표준화된 검사를 활용하는데, 이는 제작단계에서 검사의 구성 요소, 실시 과정, 채점 방법, 채점에서 결과 해석에 이르기까지 구조화된 절차로 표준화되어 있다. 특히 결과 해석을 위해 표본샘플로 규준이 작성되어 있으며, 같은 연령, 같은 학년 수준의 다른 아동들과 비교하기 위해 발달점수, 연령점수, 학년점수, 퍼센타일점수 등으로 구성되어 해석한다. 공식검사, 혹은 표준화된 검사의 장점으로는 검사 실시의 간편성, 검사의 신뢰도 및 타당도를 갖춰 객관성을 확보할 수 있다는 점을 들 수 있지만 단점은 사회적으로 바람직한 대답을 하는 등의 피험자의 의도 개입이 있을 수 있으며 검사제작에 있어 문항내용의 제한성으로 상황에 대한 언급이 어렵다는 점을 들 수 있다.

비형식적 평가는 면접, 관찰 등과 같이 표준화된 검사 보다 덜 구조화된 방법으로 아동의 현재 수준과 교육진보와 같은 발달을 확인하는 데 용이하다는 점이 특징이다. 규준화된 규준점수가 없지만 다른 피검자를 참조하지 않고 검사결과를 확인할 수 있는 구조화된 관찰이기도 하다(예 : 검목표). 흔히 개별적으로 행해지며 규준이 없기 때문에 피검자가 그의 능력을 가장 잘 나타낼 수 있도록 기회를 주어 실시할 수 있는 장점도 있지만 검사결과의 해석이 검사자의 재량에 따르므로 특히 주관적인 해석에 주의해야 한다.

(2) 진단검사와 성취검사

진단검사는 피검자가 특정한 영역에서 장애가 있는지 평가하는 검사로 장애를 판단하거나 학습, 혹은 생활에서의 기능적 오류를 찾기 위한 검사로 볼 수 있다. 예를 들어 학습과정에 장애가 있는지를 보기 위한 검사 방법으로, 한 가지 기능과 특성을 심도 있게 측정하는 검사(지능검사, 학습능력검사)와 시 · 지각검사(VMI, BGT)같은 중요한 학습과정 중에서 몇 가지 하위 기능을 평가하는 검사(읽기능력검사)등이 있다. 이러한 진단과정에는 아동의 특성에 따라 교사, 임상심리사, 언어치료사, 물리 · 작업치료사, 사회복지사, 의사 등과 같은 전문가와의 협력이 필요하다.

성취검사는 기본적 학업기능 중에서 피검자의 현재 기능수준을 측정하기 위한 검사로 일정한 학년 수준에서 전형적인 교육과정 자료를 제시하기 위해 선정되어 있으며, 주로 집단검사로 그 결과를 통해 학습의 오류(왜 틀렸는지에 대한 이유) 등을 파악하기는 어렵다.

3) 평가의 유형

평가유형은 다양하지만 흔히 활용되는 평가로 관찰, 면접, 검목표, 평정척도, 투사법, 질문법, 교육과정 중심평가 등을 들 수 있으며 내용은 다음과 같다.

(1) 관찰(observation)

관찰(observation)은 특수아동의 평가에서 아주 흔히 사용되는데 직접관찰을 통한 정보수집을 할 경우 검사자가 아동을 직접 관찰함으로써 보다 정확한 정보를 얻을 수 있다. 특히 표준화된 검사의 활용이 어렵고, 평가 항목이 없는 특이 행동에 대한 특성을 평가하는 데 활용하기 좋으며, 관찰방법으로 결과물의 관찰, 사건 중심 관찰, 시간 중심 관찰을 들 수 있다. 효과적인 관찰을 위해서는 관찰 가능한 행동에 대한 구체적인 조작적 정의하고 그 기술된 정의에 따른 행동의 빈도, 속도, 비율, 지속시간, 위치, 등의 관찰기록 하여 아동의 행동에 대한 객관적이며 구체적인 정보를 제공받을 수 있다.

(2) 면접(interview)

면접(interview)은 자유롭고 융통성 있는 언어적 의사소통을 통하여 개인의 정보, 태도, 신념 등을 자유로운 형식으로 유용한 정보를 얻을 수 있어 유용하지만 면접 실시자에 따라 분류, 평가, 해석의 차이를 줄 수 있어 많은 시간과 비용이 들 수 있다. 이러한 점을 보완하기 위한 방법으로 중요한 정보를 찾기 위해 구조화된 면접을 실시한다.

(3) 대조표(checklist)

대조표는 흔히 체크리스트로 불리고 있으며 대상아동의 일상, 혹은 특정상황에서 나타나는 관찰 행동을 측정하는 것으로 아동에 대하여 잘 아는 보호자, 혹은 교사가 이를 평가하게 된다. 대조표에 표시된 대상자의 성격 특성이나 발달단계(사회, 운동, 언어, 인지)의 행동을 열거한 목록의 평가를 통하여 해당 영역의 특성을 파악한다. 대조표를 통한 평가방법은 해당 행동의 존재나 발생여부를 통한 정보를 수집하는 방법으로 사정의 목표나 결과의 확대해석에는 한계를 갖는다.

(4) 평정척도(rating scale)

행동에 대한 평가방법으로 행동의 존재 유무를 평가하는 것을 검목법이라 본다면 평정법은 주어진 행동의 빈도나 정도 등 질적 수준을 평정하도록 되어 있는데 평정척도 유형은 발생정도, 만족도 등을 일련의 연속된 점수로 나타내기도 한다(예 : 1점, 2점, 3점…5점, 6점, 1-매우 만족, 2-만족, 3-보통, 4-불만, 5-매우 불만족).

(5) 투사법

투사법은 피검자의 성격 특성을 직접적으로 묻는 것이 아니라, 피검자가 의식적·무의식적으로 답한 것을 분석하여 성격특성을 판단하는 방법이다. 피험자 자신은 어떤 답을 했건 간에 자신이 대답한 답의 의미를 알아내기 힘들다. 그래서 투사법은 자의식이 강한 아동과 자기 방어가 강한 아동 등의 성격 특성을 파악하는데 유이하다. 다시 말해 투사법은 자신의 성격을 투영시킨다는 전제를 깔고 있기 때문에 피검자의 솔직한 특성을 파악하는데 용이하다. 대표적 투사 검사법으로 로르샤흐검사(Rorschach's ink blot Test), T.A.T(Thematic Apperception Test : 주제통각검사),

C.A.T(CAT, Children Apperception Test : 아동용주제통각검사), S.C.T(Sentence Completion Test : 문장완성검사)와 H.T.P(House-Tree-Person : 집-나무-사람) 검사법 등이 있다.

(6) 질문지(questionnaire)

질문지(questionnaire)는 연구하려는 가설 혹은 알고자 하는 내용을 일정한 양식을 가진 질문을 활용하여, 그 질문에 직접 반응 할 수 있도록 작성된 것으로 사회조사를 비롯한 특수교육에서 널리 활용되고 있다.

(7) 교육과정중심평가(curriculum-based assessment)

교육과정중심평가는 흔히 형성평가, 중간평가, 기말평가처럼 교육과정 중 평가를 실시하여 학생에게 필요한 교육적 요구를 파악하는 방법으로, 교사는 이러한 평가를 토대로 교육과정에서 발생되는 아동의 학습요구사항과 교육과정 개선을 위한 방법을 찾아내고 나아가 부모와 효과적인 의사소통에 도움(예 : 부모상담 등)이 되게 한다.

(8) 과제분석(task analysis)

과제 분석은 어렵고 복잡한 목표행동을 주로 관찰 가능한 작은 단위로 나누어 적절한 교수 순서로 재배열하는 방법으로 준거 관련 평가에 있어 선행되는 활동이다. 이러한 과제분석은 과제의 조각을 하위과제부터 조금씩 누적하여 익히면 목표행동에 달한다는 가정을 두고 있다. 아동의 학습수준을 고려하여 교사가 체계적이고 논리적인 학습 과제 제시를 할 수 있는데, 교사의 경험, 숙달 정도에 따라 학습 결과의 차이를 갖기 때문에 전문성이 요구된다. 또한 교수 계획, 방법, 평가에서 긍정적 면도 있지만 과제의 기능적 측면 고려가 부족하여 학습가능성에 대한 제한 가능성을 갖는다.

4) 신뢰도와 타당도

(1) 신뢰도(reliability)

신뢰도는 여러 다른 시기에 측정해서 나온 결과가 변하지 않고 일관성 있는 측정치를 보는 것으로, 다시 말해 검사의 시간, 장소, 검사자 등의 조건이 달라지더라도 일관성 있게 재어 주느냐를 보는 것으로 어떠한 목적으로 검사선정을 위해서는 최소한의 신뢰도를 갖추어야 한다. 신뢰도로는 검사-재검사신뢰도, 동형검사신뢰도, 내적 일관성신뢰도 등이 있으며, 이러한 신뢰도는 최소 .80은 넘어야 신뢰할 수 있는 결과라 할 수 있다.

① 검사-재검사 신뢰도(test-retest reliability)

동일한 검사를 동일한 피험자 집단에게 실시 후 동일한 기간에 재실시하였을 때 두 번의 검사 결과점수 사이의 상관계수로 신뢰도를 구한다. 즉, 한 검사를 두 번 실시하였을 때 검사 피검자의 동기, 심신의 변화, 혹은 검사 상황변화에 영향을 받는지, 변화되지 않고 신뢰로운지에 대한 것을 검사-재검사 신뢰도라고 한다. 이때 두 검사 점수 간의 상관관계를 안정성계수(coefficient of stability)라하고 하며 검사-재검사 신뢰도는 동일한 검사를 두 번 실시하기 때문에 연습효과, 혹은 기억 소멸을 고려하여 2주에서 4주 후에 재실시 한다. 특히 선별도구의 신뢰도는 .90의 높은 신뢰도를 요한다(Salvisa & Ysseldyke, 2006).

② 동형검사 신뢰도(Alternate form reliability)

두 가지 동형검사의 일관성을 측정하는 것으로 표면내용은 다르지만 같은 영역을 측정하는 검사도구를 동형검사라 하고, 동형검사 신뢰도란 동형의 검사들 간의 상관관계에 대한 신뢰도를 말하는 것으로 상관관계를 동형성계수(cquivalcnt-form)로 나타낸다.

따라서 동형검사란 개인에게 두 가지 검사를 실시하였을 때 동일한 점수가 나올 것이라고 기대되는 검사이므로 동형 검사는 측정항목의 난이도도 비슷하고 문항 내용도 거의 비슷하지만 검사문항의 내용이 다르기 때문에 검사-재검사에서의 문제점인 연습 효과와 기억의 문제에서 문제점을 해결할 수 있지만, 동형검사의 제작이 어렵다는 단점이 있다.

③ 반분신뢰도(Split-half reliability)

반분신뢰도는 한 개의 검사를 한 피험자 집단에게 실시하되 그것을 적절한 방법에 의해 두 부분으로 나누어 반분된 검사 점수들 간의 상관계수를 산출하여 둘 간의 유사성을 추정하는 신뢰도이다.

검사를 반분하는 방법으로는 검사 문항을 홀수와 짝수 문항으로 나누어서 두 문항 점수들의 상관을 구하는 기우 반분, 문항 특성에 따라 전후로 반분하는 전후 반분, 무작위로 분할하는 방법 등이 있다. 검사의 일관성을 추정하기 위하여 상관관계를 계산하며 두 부분의 상관을 나타내는 것 중 대표적으로 크론바흐 알파(Cronbach alpha) 계수가 있다. 문항의 일관성 측정에 있어 반복측정이 어렵기 때문에 검사 실시 및 해석 지침에서 가장 많이 적용되고 있다(성태제, 2009).

(2) 타당도(validity)

검사가 측정하고자 하는 것을 얼마나 충실하게 측정하는가, 의도하는 바를 나타내는 가의 정도를 말하는 것으로, 측정하고 싶은 전집(全集)을 얼마나 충실하게 측정하는지를 나타내는 정도이다.

① 내용타당도(content validity)

내용타당도는 측정하고자 하는 내용을 얼마나 충실하게 재어주는지를 해당 분야의 전문가의 논리적 분석에 의하여 분석되며 수량적인 분석을 갖는 것은 아니다. 이러한 타당도는 선정된 문항들이 교과 내용이나 학습 과제를 빠짐없이 포함하고 있는지, 문항의 난이도가 피험자들의 수준에 적절한지, 그리고 문항표집이 문항의 모집단을 적절하게 대표하고 있는지에 달려 있다. 예를 들면 수능고사의 내용타당도를 검증하기 위하여 각 교과 분야의 전문가 집단이 출제문제에 대하여 다면적으로

검토하는 것과 같다. 교육과정에서의 내용 타당도는 시험문항이 교육과정의 목표들을 제대로 평가 혹은 측정하고 있는지를 의미하며 내용타당도의 관점에서 교사가 가장 고려해야 할 점은 이 평가(검사)가 과연 학습한 교과 내용이나 수업 목표에 얼마나 일치할 것인가에 대한 것이다.

② 준거타당도(Criterion-related validity)

준거타당도는 한 검사의 타당성이 미래행동을 얼마나 잘 예언하는지, 그 기준과 관련이 있는지와 같이 같은 준거 간의 관계를 분석을 통하여 검사의 타당도를 확인하는 방법이다. 준거가 미래의 성과, 혹은 성공과 같은 결과를 예언하는 것을 예언타당도(predictive validity)라 하며 선별도구일 때 특히 중요하다. 한편 현재 새로이 검사 도구를 제작하였을 때 그 주제나 기능이 이전에 타당도가 확보된 도구와 유사성 혹은 연관성 등을 비교, 검증하는 것을 공인타당도(construct validity)라 하며, 흔히 표준화되어 널리 알려져서 사용되고 있는 검사와 새로 만든 검사 간의 일치정도를 측정한다.

③ 구인타당도(construct validity)

구인타당도란 측정도구가 실제 측정하고자 하는 것에 대하여 그 특성의 구성요인, 혹은 구성개념을 얼마나 잘 측정하고 설명하는지를 경험적으로 측정하는 것으로, 다시 말해 측정하려는 내용의 정의와 실제 측정되는 개념의 일치정도를 보는 것이다. 이러한 구인 타당도를 검토하는 방법으로 요인 분석, 수렴타당도, 변별타당도 등의 방법이 있다.

④ 공존타당도(concurrent validity)

검사내용이 비슷하여 검사를 다른 상황에서 대신 활용할 수 있을 지의 여부를 의미하는 것으로 만약 두 검사 간의 상관이 높다면 복잡한 검사보다 간단한 검사를 활용할 수 있다.

예를 들어 A형의 사회성숙도 검사와 A형의 적응행동검사가 상관이 비슷하다면 보다 간단한 검사를 실시할 수 있을 것이다.

5) 표준화검사

표준화 검사란 검사의 규준이 마련되어 있는 검사를 말한다. 표준화 검사는 규준집단(norm)이라고 하는 나이와 성별이 분명하게 규정된 대표적인 집단을 기준으로 검사의 척도를 만들어 둠으로써 평가대상이 되는 각 개인의 점수를 원래 기준이 되었던 규준집단 내에서의 서열점수로 재해석할 수 있도록 제작된 검사이다. 심리적 현상에서의 개인차를 비교하고 개인의 전체적인 인격적, 행동적 측면을 이해하기 위한 심리학적 측정과정이라 할 수 있다. 심리검사는 결과 뿐만 아니라 심리측정과정을 통하여 인격적, 행동적 측면을 이해하고, 심리적 현상에서의 개인차를 비교한다.

따라서 심리학적 측정이란 개인을 특징짓는 성질로, 즉 심리적 특성을 수량화하는 과정으로 측정하고자 하는 특정한 행동을 체계적이며, 표준화된 방식에 따라 양적으로 측정하여 개인 간 또는 개인 내 비교가 가능하도록 해주는 것을 심리측정법이라 할 수 있다.

(1) 심리 검사의 기본 가정

만약 검사할 때마다 다른 결과가 나온다면 어떻게 될까? 이러한 관점에서 심리검사는 일관된 결과를 갖는다는 가정이 깔려 있어야 한다. 특히 인간의 특성을 파악하는 심리검사에서는 검사 과정에서 여러 요인이 작용하기 때문에 일관된 결과를 갖는다는 가정을 갖는데, 지능검사 뿐만 아니라 성격검사, 직업흥미검사, 운동능력검사를 비롯한 모든 검사에서 아래와 같은 가정을 가지고 제작 및 적용되고 있다.

① 검사자에 대한 가정

표준화된 검사도구는 엄격한 절차에 따라 수행되어야 하는데 그러기 위해서는 검사실시자가 검사도구에 대한 숙련이 되어있다는 가정이 있어야 한다. 뿐만 아니라 아동의 효율적 반응을 위한 아동과의 라포 형성 및 아동반응에 대한 정확한 기록과 규정에 맞는 채점 및 평가를 해야 한다는 가정을 두고 있다. 이러한 관점에서 검사도구 사용에 대한 자격규정이 강화되고 있다.

② 행동표집에 대한 가정

인간의 모든 행동을 측정하기에는 불가능하기 때문에 검사에서의 검사항목(표집행동)은 검사하려는 그 분야의 행동을 대표하며 표집의 크기에 있어서도 역시 적절하다는 가정으로 검사항목이 신뢰할 만하고, 타당하다고 인정되는 표집의 크기를 정하여 활용하고 있다(문수백, 2006).

③ 측정오차에 대한 가정

인간행동이 매번 같지 않듯 모든 평가에서도 오차는 있기 때문에 측정에 대한 오차를 갖는다는 가정이 있어야 한다. 아무리 신뢰도가 높은 검사도구를 사용하더라도 ±5~±10 정도의 오차를 갖고 있어 해석에서 주의를 해야 하는데 특히 표준화 검사 중 지능점수의 결과 점수를 절대시하면 안 된다(이광응, 2006).

④ 문화환경에 관한 가정

검사를 받는 아동들은 반드시 꼭 같지는 않더라도 서로 비슷한 문화 환경 속에서 지내 왔다는 것이 가정되어야 한다.

⑤ 현재행동과 미래행동에 대한 가정

검사 시 행동은 '현재 나타나는 행동에 한정한다'는 현재행동에 대한 가정과 현재 측정된 행동을 통하여 '미래의 행동을 예측한다'는 가정을 갖는다.

(2) 심리검사의 내용

① 적절한 서비스 제공을 위하여 아동 상태에 대한 임상적 진단을 명료화하고 세

분화함.

② 증상과 행동문제의 심각도를 구체화한다.

③ 중재 제공 전 현재 기능, 상태, 아동능력 등을 평가한다.

④ 인지적 기능을 측정한다.

⑤ 잠재능력을 파악하고 적절한 교육 및 치료 유형을 제시한다.

⑥ 치료 전략 등을 기술한다.

⑦ 피검자를 치료적 관계로 유도하고 피검자 자신의 자아 강도와 문제 영역을 인식하도록 돕는다.

⑧ 치료적 반응을 검토하고 치료효과를 평가한다.

2 진단과 평가도구의 이해

1) 진단 및 평가의 절차

Sattler(2008)는 아래의 단계와 같이 진단과정을 11단계로 평가를 나누고 있다. 먼저, 평가자가 의뢰정보의 검토와 수용 여부를 비롯한 아동이 신상과 그 밖에 다양한 정보를 수집하고 이를 통한 평가배터리를 구성하고 검사 실시 후 보고서 작성이 일련의 순서를 정하고 있다. 평가를 수용한다는 전제하에 첫 번째 정보수집단계 두 번째, 배터리 구성 및 검사 실시단계 세 번째, 보고서 작성단계 네 번째, 결과상담단계의 네 가지 절차로 살펴보자.

1단계 : 의뢰 정보 검토
2단계 : 검사 의뢰 수용의 결정
3단계 : 관련 정보의 수집
4단계 : 그 밖의 관련 원인을 분석
5단계 : 다양한 장소에서의 이동 관찰
6단계 : 평가 배터리의 선택과 실시
7단계 : 평가 결과의 해석
8단계 : 중재 전략과 제언
9단계 : 보고서 작성
10단계 : 부모, 아동, 관련자와 결과 상담
11단계 : 권고를 따르거나 재평가

2) 검사의 실시

(1) 정보수집단계

초기상담은 정보 수집단계로 아동평가를 위한 필요정보를 얻는 것뿐만 아니라 부모와의 인간관계를 형성하는 과정이기도 하다.

① 초기상담

가. 발달문제로 의뢰된 아동의 부모면접

아동의 발달 문제로 부모가 처음 진단 평가를 받기 위해 병원, 혹은 상담기관을 방문할 때 부모 자신이 아동의 발달에 대해서 무엇인가 심각한 문제를 갖고 있다는 생각으로 평가를 받는데 주저한다. 그래서 관련 여러 기관을 돌아보면서 각양각색의 조언을 받는 경우가 많다. 또는 가족들의 반대를 무릅쓰고 오는 경우도 있다. 이처럼 진단 평가의 첫 단계인 초기상담은 처음부터 많은 어려움을 갖는데, 특히 유치원이나 학교에서 검사 의뢰를 제안하는 것은 상당한 어려운 일이며, 또한 정보수집에 있어 발달은 신체적 · 정신적 · 사회적 요인과 관련을 갖기 때문에 다양한 관점에서 정보를 수집하여야 하는데 취학 연령에 즈음해서 아동의 발달자료를 수집하는 것은 쉬운 일은 아니다.

먼저, 발달문제의 경우 검사자는 부모로부터 아동의 생육사 중 어떤 점을 주의 깊게 물어야 하는지를 결정한다. 출산 시 상황, 예를 들어 난산인지 조산인지 의학적 문제를 두고서라도 운동발달의 보행과 언어발달의 발화, 혹은 첫 언어 등과 같은 일반적인 발달에 주의를 들어야 한다. 운동 기능의 발달 지체는 그대로 정신 발달 지체와 직접적인 관계가 되지는 않지만 비교적 부모의 기억을 확실이하고 있다면 중요한 단서가 된다. 언어발달에 있어 발화는 중요한 발달지표이긴 하지만 개인차가 크기 때문에 신뢰성에 대한 의문을 둘 수 있지만 아동의 발달의 경향성, 다시 말해 발달이 지체되는 것을 짐작할 수 있도록 한다.

나. 정서적 문제를 갖는 아동의 부모면접

임신이 되었을 때의 본인을 비롯한 주변 사람들의 반응, 원했던 임신이었는지, 임신과정 동안의 어머니의 감정, 아동의 출생으로 변화된 일들(형, 혹은 동생의 반응) 특히 부모의 상호작용 양식의 변화에 대한 이해가 필요하다.

아울러 정서적 문제로 의뢰된 아동의 경우 발달에 문제가 없어 보일 수 있지만 기본적으로 아동의 나이를 비롯한 유아기 때의 특징, 기기 혹은 걷기, 첫 언어의 시작에 관심을 가질 필요가 있다. 왜냐하면 발달적 문제가 아동의 정서발달에 많은 영향을 주기 때문이다. 몸이 둔하거나 운동능력이 떨어지는 학령기 남자아동의 경우 친구들과의 운동 활동에서 배제되거나 이러한 부분이 아동의 신체적 열등감을 준다는 연구들이 있다. 이후 학령기 전후의 아동행동특성과 특히 기억나는 일, 특별한 사항에 대하여 질문한다. 이러한 정보는 아동에 관한 간단한 정보만을 모으는 것이 아니라 일상생활 속에서 아동이 좋았던 일, 혹은 기분 나빴던 일 등과 특히 학교와 가족체계에 대한 정보를 수집하여야 한다.

이후 전반적인 아동의 인지적 특성, 언어적 패턴, 평소 기분, 사고 내용과 과정, 등과 같은 정신적 상태에 대한 정보를 비롯한 그 기저에 무엇이 작용하는지에 대한 통찰과 같은 내용을 듣고, 아동에 대한 부모의 의견을 듣는다. 마지막으로 아동 문제행동의 원인파악에 중점 둔 토의가 도움이 되는데, 이때 초기 정보의 재검토를 통하여 아동 문제 해결에 합리적 방향을 모색할 수 있다.

- 개인 정보 : 아동의 가족사항과 같은 아동주변의 주변 환경에 대하여 질문하는 것으로 이를 통하여 아동서열, 가족관계 및 가족역동을 파악하는 기본 자료가 된다.
- 의뢰사유 : 의뢰사유는 아동의 행동문제를 구체화하고 명확하게 하는 데 있다. 특히 보호자가 제시하는 행동문제에 대하여 그대로 받아들이는 것이 아니라 핵심적인 문제를 찾기 위한 통찰을 하여야 한다. 예컨대 부모가 아동의 행동문제가 심각하다고 의뢰하였지만 상담 및 평가결과 부모의 특성(조급함, 강박적 사고)이 아동행동을 문제시 하는 경우도 종종 발견되기 때문이다. 의뢰사유에 대하여 기술하면서 평가 배터리 구성에 대한 구상이 필요하며 발달적 문제인지,

혹은 정서적 문제인지에 따라 이후 발달과정, 즉 생육사에 대한 질문 내용을 달리하게 된다.

- 생육사 : 많은 경우 임신기부터 현재 아동의 상황까지 아동과 아동주변의 환경변화에 이러기까지 자유로운 질문을 통하여 자료를 수집한다.

임신 및 출산 중의 특별하게 기억되는 일이 있다면 아동의 발달에 전반적으로 영향을 줄 가능성을 갖는데, 현대 의학의 발달로 출산 전후의 의료적 사고가 줄고 있기는 하나 상담경험이 없는, 초기상담일 경우 꼼꼼하게 다양한 정보를 수집하는 게 좋다. 일반적으로 발달장애를 갖는 아동의 경우 여러 기관을 방문하기 때문에 이러한 상담에 다소 냉소적 반응을 보일 수도 있다.

하지만 언어, 운동발달을 비롯한 특별한 정서적 상황(예 : 놀람)에 대한 사항은 아동의 발달과 행동문제의 원인을 알아내는 중요한 생육사 정보수집이 중요하다.

학령기 전후의 아동일 경우 학교, 혹은 유치원 생활에서 일어나는 상황에 대한 일화적 사실에 대한 정보 탐색이 필요하다. 일화 자체가 대개 문제행동이 원인을 찾아내는 열쇠가 되며 이후 아동면접에서 일화적 내용에 대한 아동의 견해를 들어보고, 나아가 심리검사에서 그 원인에 대한 객관적 자료를 찾아 그 원인을 제시하기 위함이다.

② 아동면접

가. 정서문제로 의뢰된 아동면접

보호자와의 면접 후 아동과의 면접시간을 갖는데 이 시간에 부모가 제공한 정보에 대한 확인 혹은 아동의 견해를 듣는다. 이를 위해서는 먼저 아동과의 라포 형성을 위한 노력을 하여야 하고 아동의 편에서 이야기를 듣는 자세가 필요하며 중립을 지켜야 한다. 특히 대개 비행으로 의뢰된 아동의 경우 부모와의 불편한 관계를 갖고 있기 때문에 앞서 부모가 제공한 정보에 대한 강한 믿음을 보일 경우 아동과의 라포 형성에 어려움을 줄 뿐만 아니라 신뢰롭고 지속적인 상담을 어렵게 한다. 많은 경우 부모가 보는 아동의 문제와 아동이 보는 견해가 같지 않은 경우가 많다.

본격적인 아동과의 면접에서는 가족 내 아동의 위치, 구성원들의 성격특성, 구성원들 간의 정서적 친밀도 등을 파악하고 나아가 집에서 평소 어떻게 시간을 보내는지 등을 알아본다.

- 또래관계에 있어 누구와 친하고 잘 어울리는지, 혹은 누구와 불편한 관계를 갖고 있는지, 괴롭힘을 당하고 있는지 등 아동이 속한 집단 속에서의 역동을 파악한다.
- 학교(유치원)생활에서의 만족도는 어떠한지, 학습에 있어 어려운 과목, 혹은 흥미롭거나 잘하는 과목에 대한 정보를 얻는다. 아울러 친구, 교사에 대하여 어떻게 지각하는지, 그리고 방과 후 시간은 어떻게 보내는지에 대한 정보를 아는 것도 중요하다.
- 아동자신이 자신에 대해 어떻게 지각하는지를 알아야 한다. 생의 첫 기억을 비롯한 자신과 타인의 삶에 대한 태도를 파악하기 위한 간단한 검사들을 실시할 수 있다. 특히 투사검사 방법을 활용한 자료 수집이 용이하며(SCT : 문장완성검사, H-T-P : 집-나무-사람 검사, KFD : 동적 가족화 검사), 어린 아동인 경우 퍼펫(손 인형)을 이용한 이야기 놀이를 이용하는 것도 도움이 된다. 여기서 아동의 기본 성향과 일상생활 패턴을 비롯한 잘못된 신념, 대인관계 등 행동문제를 해결하기 위한 단서를 찾는다.

나. 발달문제로 의뢰된 아동의 면접

발달문제로 의뢰된 아동인 경우에도 의뢰내용을 구체화하고 행동문제의 원인을 비롯한 교육 및 재활방법 모색을 위해 아동 면접을 갖는데, 행동문제나 인지적 문제로 아동과의 의사소통이 어려운 경우 부모로부터 행동문제에 대한 동기척도나 행동평정척도를 이용하여 아동 행동을 파악한다. 심각한 발달문제를 가질 경우 표준화된 평가도구를 활용하기도 하지만 정형화된 평가가 어려울 경우 체크리스트와 같이 비형식적인 평가를 통하여 발달상황을 점검하게 된다.

(2) 검사 배터리구성

심리 및 교육평가의 시행은 대상자에게 어떤 방향으로든 영향을 미치며 평가시행 자체가 교육 및 재활의 과정이라고 볼 수 있다. 심리 및 교육 검사는 본질적으로 개인의 행동을 객관적으로 설명하기 위하여 표준화된 도구를 활용한다. 그러기 위해서는 검사 실시하기 전에 의뢰된 문제에 대해 지각하고 아울러 피검사자에 관해 의뢰자가 원하는 내용이 무엇인지에 대한 통찰을 얻기 위해 의뢰된 원인에 대한 다면적 평가를 실시하여야 하며 검사 선정 시 아동의 기본능력뿐만 아니라 연령, 학년수준에 맞는 검사내용의 적절성을 살펴야한다. 이를 위해서 Neukrug와 Fawcett (2006)는 먼저, 검사의 목적을 정하고, 둘째, 목적에 맞는 도구를 확인, 셋째, 도구에 대한 정보를 확인, 넷째, 선택한 도구의 신뢰도, 타당도를 비롯한 실용성을 확인하고, 마지막으로 가장 적절한 도구를 선택하라는 5단계를 제시하였다.

① 심리검사 배터리 구성

검사의 배터리(Battery) 구성이란 아래의 표에서 제시된 검사 등을 이용하여 아동의 특성을 파악하기 위한 검사도구의 선정을 말하는 것으로 장애 유형에 따라 검사의 선정 기준이 달라지지만 일반적으로 아동의 문제 행동에 대한 기록이나 상담결과에 따라 검사를 선정하고 의뢰사유 및 검사 목적에 따라 장애 정도, 특성, 대상연령 등을 고려하여 배터리를 구성하게 된다.

검사의 종류

지능 검사	발달 검사	시지각 · 운동지각 검사	선별 검사
웩슬러지능검사 (K-WISC-Ⅲ/K-WPPSI) 그림지능검사(PTI) 인물화지능검사(DAP) 레이븐지능검사(K-CPM) 카프만지능검사(K-ABC) 한국형지능검사(KISE-KIT)	웩슬러지능검사 (K-WISC-Ⅲ/K-WPPSI) 그림지능검사(PTI) 인물화지능검사(DAP) 레이븐지능검사(K-CPM) 카프만지능검사(K-ABC) 한국형지능검사(KISE-KIT)	웩슬러지능검사 (K-WISC-Ⅲ/K-WPPSI) 그림지능검사(PTI) 인물화지능검사(DAP) 레이븐지능검사(K-CPM) 카프만지능검사(K-ABC) 한국형지능검사(KISE-KIT)	교육진단검사(PEP) 아동기자폐평정척도(CARS) 한국자폐증진단검사(K-ADS) 자폐아동교육진단검사 (K-ASIEP) 이화자폐아동행동발달평가 도구(E-CLAC) 한국주의력결핍과잉행동검 사(K-ADHDDS) 아동·청소년행동평가척도 (K-CBCL)

아동이 어떤 문제를 갖고 있는지를 판별하여야 치료교육을 실시할 수 있기 때문에 어떤 형태로든 측정결과가 제시되어야 한다. 따라서 표준화된 검사가 실시되지

않을 때에는 표준화 절차를 거치지 않은 검사, 검사자의 경험에 의해 아동의 상태를 이해하는 데 중요하다고 생각하는 문항들이나 관련 문헌들을 조사하여 임의로 선정한 문항, 부모를 대상으로 하는 질문, 행동관찰 등을 병행하여 사용한다. 장애학생의 진단·평가를 위한 선별 및 진단·평가는 「장애인 등에 대한 특수교육법」 제14조 1항에 의거 다음의 표와 같이 구성된다.

구분	영역		
장애조기발견을 위한 선별검사	• 사회성숙도 검사 • 적응 행동 검사 • 영유아 검사		
진단 및 평가 영역	시각장애, 청각장애, 지체장애	• 학습기능검사 • 시력검사 • 시기능검사 및 촉기능검사(시각장애에 한함) • 청력검사(청각장애에 한함)	
	정신지체	• 지능검사 • 적응행동검사 • 운동능력검사	• 사회성숙도 검사 • 기초학습검사
	정서·행동장애, 자폐성 장애	• 적응행동검사 • 행동발달검사	• 성격진단검사 • 학습준비도 검사
	의사소통 장애	• 구문검사 • 언어발달검사	• 음운검사
	학습 장애	• 시지각 발달검사 • 시각운동 통합발달검사	• 지각운동발달검사

(3) 검사의 실시

① 검사실시의 사전준비

검사는 검사결과에 대한 책임성을 갖고 임하여야 한다. 특히 진단평가의 경우 결과에 따른 아동의 교육 및 재활방향이 달리지기 때문에 많은 책임감이 따른다. 그래서 유능한 검사자가 되기 위해서는 적절한 훈련과 검사도구 사용의 자격을 갖춰야 한다. 검사를 통하여 아동의 핵심적·개인적 특성을 파악하기 위해 즉, 피검자가 갖고 있는 능력을 충분히 발휘시키기 위해서는 다음과 같은 사항을 고려해야 한다.

가. 검사자 자신에 대한 통찰

첫째, 검사자의 능력에 대한 통찰이 필요하다. 다양한 장애의 유형과 독특한 행동 특성을 갖는데 이 모든 대상의 평가는 어려울 수 있다. 예를 들어 자해행동이 심한 발달장애아동 평가를 위해서는 라포 형성 단계에서부터 노련한 기술이 필요한데, 발달장애아동에 대한 평가 경험이 없다면 이러한 경우 검사를 다른 검사자에게 의뢰하는 것이 바람직하다. 그래서 다양한 아동을 접하고 다른 사람의 피드백과 자기 평가를 통해 검사자 자신의 한계를 아는 것이 중요하다.

둘째, 아무리 표준화된 검사라고 하더라도 검사를 실시하는 동안, 혹은 검사 해석에 있어 피검자에 대한 후광효과와 같은 검사자의 주관이 개입될 가능성에 대한 통찰이 필요하다. 모호한 응답을 할 경우 정답을 유도하거나 피검자에 대한 검사자의 기대가 채점 오류를 범할 수 있다. 이러한 기대효과를 제거하는 것은 어려운 일이지만 검사상황에서는 이러한 영향을 최소화하려는 노력을 해야 한다.

나. 검사기술을 갖출 것

검사자는 피검자의 동기유발을 통하여 최고 수준의 능력을 끌어내는 것도 중요하지만 이보다 아동이 갖는 인지적 특성을 비롯한 정서적 특성을 파악하는 것도 중요하다. 이를 위해서 규준화된 검사관리 과정을 이해하고 표준화된 과정을 벗어나지 않는 범위 내에서 피검자의 다양한 특성에 맞도록 융통성 있게 검사를 변형하여 실시할 수 있어야 한다. 특히 검사 시 피검자가 최선을 다하고 있는지 관찰하고, 지침에 허용한 범위에서 적절한 칭찬과 격려를 제공하며 지루하거나 어려운 문제에 대한 무력감을 느끼지 않도록 배려하여야 한다. 아울러 자기통찰을 통한 검사자의 주관성을 감소시키기 위한 기준과 경험이 필요하다. 검사기술을 반영하고 채점기준의 명확성을 일관성 있고 정확한 결과를 도출하도록 노력해야 한다.

다. 적절한 검사환경

피검자, 특히 영유아의 반응에 예민하게 대처할 수 있는 능숙함이 요구되는데 먼저, 검사는 예약을 통해서 일정을 잡고 또한 미리 아동에게 검사를 실시한다는 것을 알려주어 마음의 준비를 할 수 있도록 하게 하는 것이 좋다. 또한 검사 시간은 최상의 컨디션을 유지하기 위한 방법이 동원되어야 하는데 예들 들어 오전 평가의 경우 수면과 식사 등을 고려하여 전날 일찍 재우거나 검사 시 포만감을 들지 않도록 조절해야 한다.

검사실은 쾌적한 환경을 유지하도록 소음과 조명을 고려해야하며 관계자 외 사람의 출입을 통제하여 검사가 방해 받지 않도록 하고 특히 검사에 방해가 되는 장난감은 미리 치워 두는 게 좋다.

② 검사준비 점검

검사 실시를 위해서는 검사자체를 잘 이해해야 하며, 사전에 실시요강을 숙지하고 많은 연습을 통하여 검사시 필요한 검사도구의 구성을 확인하고 그 밖의 준비물을 준비하여야 하며 집단검사의 경우 충분한 검사지를 확보하여야 한다.

③ 검사 시 기록

- 검사를 실시할 때에는 피검자의 조건을 관찰기록 해 둔다.
- 아동검사의 경우 아동의 태도나 특이한 반응 등을 기록하여 해석 시에 활용한다.
- 검사상황이 특별히 좋지 않은 경우(예 : 신체적인 불편이나 피로, 춥고 더움, 소음 등)를 기록해 두어야 한다.

(4) 보고서 작성단계

심리검사의 보고서는 의뢰된 내용에 검사한 후 사정(assessment)이 결과를 통합하여 작성되며, 의뢰사유와 관련 정보를 제공하고 평가 결과를 토대로 의뢰사유에 대한 객관적 원인을 제시하고 그 결과에 다른 제언을 하게 된다. 이러한 보고서의 작성 목적은 첫째, 의뢰사유와 관련된 정보를 제공하고, 두 번째, 임상적인 가설검증과 수행 프로그램에 대한 근거를 제공하며, 세 번째로 치료계획 뿐만 아니라 면접, 심리측정, 관찰과 같은 여러 가지 정보의 제공과 마지막으로 피검자의 상태에 관한 기록을 남기는 데 있다(Sattler, 1988).

① 보고서의 작성

- 심리검사의 보고서는 의뢰 내용을 검사한 후에 사정(assessment)결과들을 통합하여 작성한다.
- 보고서는 평가결과에 근거하여 객관성과 정확성에 중점을 두고, 간결하고 명확하게 기록해야 한다.
- 실시한 각각의 검사 결과들을 분석하고 종합하여 평가해야 한다.
- 검사결과 뿐 아니라 행동관찰, 다른 검사결과와의 관련성, 검사 동안 피검자의 행동과 관련된 중요한 기질과 성격 등을 종합하여 피검사의 개별성에 대한 정보를 줄 수 있어야 한다.
- 보고서에는 검사의 실시상황, 관찰과 상호작용의 결과 등의 임상적 인상이 제시될 수도 있다.
- 관찰된 내용들이 왜곡되어 기억되거나 잊히지 않도록 보고서는 가능한 한 빨리 작성되어야 한다.

② 보고서의 내용

진단 · 보고서의 일차적 목표는 의뢰된 행동에 대한 해답을 제공하는 것이 기본원칙이지만 의뢰자가 누구냐에 따라 다른 기술이 있을 수 있으며, 일반적으로 진단 · 평가보고서에는 다음과 같은 내용들이 포함된다(Pierangele &Giuliani, 2006).

가. 개인에 관한 정보

개인에 관한 정보내용으로 피검자의 이름, 성별, 생년월일, 의뢰된 기관, 검사기관, 검사날짜, 다른 검사의 결과들을 기록한다.

나. 의뢰사유

의뢰자, 의뢰된 문제, 의뢰행동, 증상을 요약한다.

다. 행동관찰

행동관찰은 피검자의 중요한 행동특성을 이해하는데 도움을 주는데, 행동관찰의 내용으로 피검자의 신체적 현상, 검사자에 대한 반응, 일반적인 행동, 실패시의 태도, 성공시의 태도, 격려에 대한 반응, 활동수준, 자신감, 검사에 임하는 태도, 시-운동 협응력, 특별한 습관 등을 기술한다.

라. 평가결과와 임상적 인상

평가결과와 임상장면에서의 느낌은 의뢰 자료와 평가정보를 통합하고 전체적인 아동의 특성을 나타내준다.

검사의 예

성명	박○○	생년월일	년 월 일
성별	F	검사일	년 월 일
학년	초등 6학년	검사자	이○○
평가도구 : BGT, K-WISCⅢ, HTP, KPI-C, KFD, 기초학습능력검사			
1. 의뢰 사유 가정 및 학교에서의 반항적 태도를 보이며, 학교에서 또래와의 잦은 다툼으로 교사에 의하여 의뢰되었음 2. 아동의 첫 인상 및 행동관찰 예쁘장한 외모에 마른 체구의 여아로 검사실에 입실하였을 때 수줍게 얌전히 자리에 앉아 검사에 임하였다. H-T-P(집 · 나무 · 사람)검사와 BGT(벤더도형검사)를 비롯한 그림 과제 제시를 하였을 때 거부하거나 '잘하지 못하는데'라면서 주저하면서 그림을 그렸다. 특히 KFD(동적 가족화 그림)은 거부하기도 하였다. 지능검사 도중에는 자신의 생일에 대해서 대답을 하지 못하였고 전반적으로 검사에 자신 없는 태도를 보였다.			

검사결과는 검사 중에 느낀 점과 여러 정보를 종합하여 아동의 특성을 기술하는 것으로 평가 점수만 기술하는 것이 아니라 검사간의 비교, 영역간의 비교 등을 종합 정리 하여 제시한다. 기본적으로 피검자의 생활연령, 사용한 검사 종류를 비롯한 각 검사에서 나타내는 결과물인 정신연령, 발달연령, 지능검사의 경우 지능(전체, 동작성, 언어성), 백분위 등급, 강점과 약점의 기술하고 검사결과에 미친 요인과 검사들 간의 상호 관련성과 평가결과를 기술한다.

더불어 임상적 인상을 기술하여야 한다. 다시 말해 피검자의 검사점수, 태도, 기질, 대인관계 등을 고려하여 피검자에 대한 가설을 세우며, 검사 간 비교, 영역간의 비교를 기초로 평가결과를 정리할 수 있다.

3) 검사결과

① 벤더도형검사 결과, 사물의 형태를 그릴 때에 다각형의 겹쳐 그리기 등에서 오류를 보이는 등 시각운동협응력에서 문제가 시사된다. 회상 시에는 두 개를 회상하고 있어, 시각기억력은 약화되어 있다.

② K-WISC-Ⅲ(한국판 웩슬러아동용지능검사) 결과, 현재 지능은 'Moderate Mental Retardation Level(전체 지능 : 49 이하 / 언어성 지능 : 51 이하 / 동작성 지능 : 51 이하)'에 해당되어, 인지적 자원이 매우 빈약하다. 지표점수를 살펴보면, 언어이해 58, 지각조직 51 이하, 주의집중 52 이하, 처리속도 82로, 정보처리 속도가 정상범위인 것에 비해서 모든 인지적 자원이 '경도의 지체 수준 이하'로 나타나고 있다.

전체 지능 49 이하	언어성 지능	상식	공통성	산수	어휘	이해	숫자
	51 이하	4	5	1	3	3	1
	동작성 지능	빠진 곳	기호쓰기	차례	토막	모양	
	51 이하	5	7	3	1	3	

보다 구체적으로 인지적 강점과 약점을 살펴보면, 앞서도 언급한 것처럼 단순하고 반복되는 자극을 빠르게 처리하는 능력은 상대적으로 양호하게 발휘가 되고 있다. 또한 시지각력, 단순지식과 같이 비교적 단순한 과제는 상대적으로 나은 수준이지만, 이 역시도 손상범위에 해당된다. 즉, '하루가 몇 시간인지' 답하지 못할 정도로 시간 개념도 부족하고, 간난한 가감에서도 오류를 보이고 있을 정도로 연산능력도 상당히 저하되어 있다. 그 외에 판단력, 언어개념, 지각적 조직화, 주의집중력 모두 현저하게 저하되어 있다. 특히 숫자 앞으로 뒤로 외우기에서 차이를 보이는 바 시각적 전략에 약점을 보였다.

한편, 기초학습능력검사 결과, 현재의 학력 배치수준은 '2.6학년'으로 실제 학년인 6년에 비해서 상당히 저조한 수행능력을 보이고 있다. 하지만, 이는 지능지수에 근거한 정신연령인 6년 3개월에 비해서는 비교적 적절한 수준으로 학습능력의 부족은 지능의 저하와 관련이 있다. 각 하위검사 별 학습 수준을 살펴보면, 단어읽기와 관련이 있는 '읽기'는 6학년 수준으로 읽기능력 자체에는 큰 무리가 없음이 시사된다. 그렇지만, 독해력을 측정하는 '읽기 Ⅱ'는 1.5학년 수준으로 가장 저조하게 나타나고 있는 바, 제시되는 문장을 읽고서도 의미파악을 하지 못할 것으로 보인다. 또한, 정확하게 관찰하고 조직화하고 관계를 추론하는 능력을 측정하는 '정보처리'는 2.7학년이며, '셈하기' 및 '쓰기'는 각각 2.8년 및 2년으로 기초적인 연산력 및 단어재인력도 상당히 떨어지고 있다. 즉, 제한된 인지능력과 관련하여 초등학교 저학년 수준의 학습능력만을 갖추고 있는 상태이다.

정보처리	셈하기	읽기 Ⅰ	읽기 Ⅱ	쓰기	합계
2.7학년	2.8학년	6학년	1.5학년	2학년	2.6학년

(1) 정서평가

모의 보고에 의한 KPIC평가에서 자아탄력(32T)이 아주 낮게 평가 되었으며 운동발달(60T) 및 언어발달(65T)에도 다소 지연을 보였다. 특히 평소 얌전한 행동특성에 비하여 과잉행동의 경우 임상수준까지 올라간 것은 불안 및 우울척도의 향상이 부주의한 행동을 높게 한 것으로 사료된다.

HTP검사에서 전반적으로 그림의 크기가 작고 왼쪽에 편향되게 그렸는데, 이는 환경에서의 부적응과 과거로의 도피성향과 함께 특히 아무도 살지 않는다는, 굴뚝이 있는 조그만 집을 통하여 가정에서의 심리적 거리감을 표현하였다. 더불어 지면에 붙은 인물화 및 나무와 드러난 뿌리는 불안함과 약한 자의식을 나타낸다고 볼 수 있다.

• 제언 및 결과요약

제언은 심리평가에서 가장 중요한 부분으로 피검자의 전반적인 수준, 강점과 약점, 치료를 위한 조치에 기초를 두고, 알기 쉽고 명확하게 기술해야한다. 제언의 내용에는 검사결과와 일반화 가능성, 이전 검사결과와의 비교, 의뢰자의 호소 내용, 의학적 검사의 결과, 문제를 해결하기 위해 사용할 수 있는 치료프로그램, 치료에서 가족의 역할, 필요한 다른 영역의 평가(언제, 누구에게 의뢰할 것이지) 등이 포함되어야 한다.

결과 요약은 적절히 통합하여 반복적인 내용이나 불필요한 내용이 없도록 한두 개의 간단한 문장으로 정확하고, 명확하며, 간결하게 요약해야 하며, 이 밖에 보고자의 서명과 권고내용 및 요약으로 구성되어 있다.

4) 검사결과의 종합

정서적으로 우울감, 불안감 및 화(anger)가 내재되어 있으며, 대인관계에서의 갈등도 시사된다. 제한된 지적 자원과 관련하여 지속적으로 부적 피드백을 받아왔던 것으로 보이고, 이와 관련하여 자아상도 부정적이고 갈등이 내재되어 있는 것으로 보인다. 특히, 학교생활에서의 갈등이 빈번하게 나타나고 있는데, 또래와의 관계에서의 이질감 및 소외감이 상당하며, 학업적인 성취가 빈약한 것에 대한 부적절감도 시사된다. 명확하게 드러나지는 않지만, 가족화를 거부하고 집 그림에서도 같이 살기를 원하지 않는다고 언급하는 등 가족 간의 관계에서의 부적 정서도 내재되어 있는 것으로 보인다.

5) 제언

아동은 인지적 결함을 보이는 바 '특수교육적 지원'이 필요하다. 특히 자신의 불만에 대하여 언어적 해소가 아닌 공격 행동으로 나타나는 바, '자기주장훈련'을 통한 자기표현에 대한 지원이 필요하며, 가족이 역기능을 보완하기 위한 '가족상담'과 함께 '지속적 운동'을 통하여 협응력 향상이 요구된다.

6) 요약

요약하면, 'Moderate Mental Retardation Level'이 시사되며, 이에 맞는 특수교육적인 접근을 비롯한 자기 주장훈련 및 가족상담을 권고한다.

7) 결과 상담

결과처리를 비롯하여 검사 보고서 작성은 되도록 빨리 작성하는 것이 좋다. 왜냐하면 검사 시 아동의 반응을 기술해 놓지만 시간이 지나면 아동의 반응을 기억하기가 힘들고 또한 여러 아동 평가를 하기 때문에 헷갈려할 수도 있기 때문이다.

결과상담은 보고서에 제시된 바 명확하게 설명하는 것이 필요하며 이해를 돕고자 검사 용지를 제시(예 : 아동이 그린 HTP 그림)하거나 검사 도구를 보여주는 것도 좋은 방법이기도 하다. 결과적으로 검사는 제언을 통한 권고사항을 도출하기 위한 과정으로 특히 권고사항에 대한 상담이 가장 중요하다.

3 특수아동의 선별 및 진단검사도구

1) 장애 조기발견을 위한 선별검사

(1) 스트레스 및 집중력 검사 : 사회성숙도검사(SMS)

① 검사 대상 : 출생 직후에서 30세

② 검사 내용

- 자조(SH : self help) : 일반적 자조능력(SHG), 식사자조능력(SHE), 옷 입고 벗기 및 청결자조능력(SHD)으로 세분되어 있다. 이러한 항목들은 주로 일상생활을 해 나가는 데 필요한 측면을 기술하는 것으로 다른 영역의 발달을 예측할 수 있다.
- 이동(L : locomotion) : 단순한 운동능력뿐 아니라 그와 관련된 사회적 의

미를 갖는 문항으로 이루어짐

- 작업(O : occupation) : 단순한 놀이에서부터 고도의 전문성을 요하는 작업에 이르는 다양한 능력을 알아보는 문항
- 의사소통(C : communication) : 동작, 음성, 문자 등을 매체로 한 수용과 표현에 관한 문항
- 자기관리(SD : self-direction) : 책임 있고 분별 있는 행동에 관한 것으로 독립성과 책임감을 알아보는 문항
- 사회화(S : socialization) : 사회적 활동, 사회적 책임, 현실적 사고 등에 관한 문항

③ 검사의 장점과 단점

가. 장점

- 검사문항을 행동 영역별로 검토함으로써 검사받은 아동의 영역별 행동수준을 측정할 수 있다.
- 수량화된 점수를 통해 종합된 적응행동 수준을 평가할 수 있어서 프로그램의 계획 및 효과의 측정을 용이하게 해준다.

나. 단점

- 면담에 의해 결과가 제시되므로 보호자 판단에 따라 과대 또는 과소평가될 수 있다.
- 나이 많은 정신지체자는 생활연령이 높아 사회성 지수가 지나치게 낮게 나올 수 있다.
- 각 영역별 적응행동 수준에 관한 규준이 없기 때문에 영역별 수준을 비교할 수 없다.
- 검사가 영유아기 아동들의 행동에 관해서는 자세히 나와 있으나 나이가 들어갈수록 문항이 자세히 분류되어 있지 않다. 검사의 구성 117개 문항이 난이도 순으로 배열되어 있다.

(2) 적응행동검사

① 대상 연령 : 만 3세~만 17세

② 구성 : 21개 영역 95개 문항으로 구성되어 있으며, 제1부와 제2부로 나누어져 있다. 제1부는 9개 영역 56개 문항으로 구성되어 있으며, 제2부는 12개 영역 39개 문항으로 구성되어 있는데, 제1부의 9개 영역 중 5개 영역은 2개, 3개, 또는 8개 하위영역으로 구성되어 있다. 또한 적응행동검사는 개인요구 충족, 지역사회 요구 충족, 개인 및 사회적 책임, 사회적 적응, 개인적 적응의 5개 요인으로 구성되어 있는데 첫 3개 요인은 제1부에 속하고 나머지 2개 요인은 제2부에 속한다.

③ 실시 : 검사자가 피검자를 직접 관찰하여 검사문항의 해당항목에 표시하거나 피검자를 잘 아는 사람과의 면담을 통해 각 문항에 대한 반응을 해당항목에 표시한다.

④ 결과 : 21개 영역별로 백분위점수를, 그리고 5개 요인별로 척도점수(평균 10, 표준편차 3)를 제공한다. 또한 적응행동검사는 제1부에 속해 있는 3개의 요인들의 점수들에 의해 산출되는 비교점수를 제공하는데, 비교점수는 피검자의 수준이 일반 아동, 교육가능 정신지체 아동, 훈련 가능 정신지체 아동의 세 준거집단 중에서 어떤 준거집단과 가장 비슷한지를 판별하는 데 활용한다.

(3) KISE-SAB

① 대상 연령 : 정신지체 만 5세~만 17세, 일반아동 21개월~만 17세

② 구성 : 개념적 적응행동검사, 사회적 적응행동검사, 실제적 적응행동검사의 세 가지 소검사로 구성되어 있는데, 이 세 가지 소검사는 각각 72문항, 68문항, 102문항을 포함하고 있어 총 242문항으로 이루어져 있다(AAMR의 정의 입각).

③ 실시 : 아동을 6개월 이상 관찰하여 아동의 특성과 행동을 제대로 파악하고 있는 정보제공자와의 면담을 통하여 실시된다. 검사자는 한 번의 회기 내에 검사 전체를 실시하기 위해 노력해야 한다. 그러나 아동에 대한 정보제공자의 부적절한 정보제공으로 인해 한 번의 회기 내에 검사 전체를 실시하기 어려운

경우 소검사를 단위로 분리해서 실시할 수도 있는데 이와 같은 경우에는 첫 번째 검사와 두 번째 검사의 간격이 일주일 이상이어서는 안 된다.

④ 결과 : 개념적 적응행동지수, 사회적 적응행동지수, 실제적 적응행동지수 및 전체 적응행동지수를 제공하는데, 이러한 지수들은 모두 평균이 100이고 표준편차가 15인 표준점수이다.

(4) 영유아발달검사

① 대상 연령 : 1~42개월 영아

② 검사 소요시간 : 15개월 미만은 30분 내외, 15개월 이상은 60분 내외

③ 실시 : 전문적으로 훈련 받은 경험이 있는 전문 검사자에 의해 시행된다. 검사자가 아이와 1:1로 마주 앉아 여러 가지 검사 도구를 이용하여 검사를 시행한다. 다른 검사와는 달리 아이의 연령, 기질, 성공 등의 여러 요인을 고려하여 융통성 있는 방식을 사용하는 것이 특징이다. 주로 퍼즐, 인형, 감각놀이판 등 아이에게 친숙한 도구를 이용하여 문제를 제시하거나 매트 위에서 자연스럽게 움직이면서 운동기능 등을 측정하기 때문에 검사에 따른 부담감은 거의 없다. 오히려 아이들은 재미있는 놀이를 하는 시간으로 인식하는 경우가 대부분이다.

④ 검사영역 및 내용

검사 영역	문항 수	검 사 내 용
인지척도 (Mental Scale)	178	인지발달 : 기억, 문제해결, 일반화, 분류, 변별, 타인조망, 수세기 언어발달 : 발성, 어휘, 수용 언어, 표현 언어, 전치사 사용 등 개인/사회성 발달
동작척도 (Motor Scale)	111	소근육 발달 : 잡기, 쓰기, 도구의 사용, 손 운동의 모방 등 대근육 발달 : 구르기, 기기, 앉기, 서기, 걷기, 뛰기, 균형 잡기
행동평정척도 (Behavior Rating Scale)	30	아동의 주의 및 각성 상태/ 과제 및 검사자에 대한 참여 정도 정서 조절/ 운동의 질

2) 시각장애 · 청각장애 및 지체장애

(1) 기초학습기능검사

① 대상 연령 : 만 5세~만 12세 11개월

② 구성

기초학습기능검사는 정보처리기능, 언어기능, 그리고 수기능을 측정하도록 구성되어 있다. 정보처리기능은 1개의 소검사, 언어기능은 3개의 소검사, 그리고 수기능은 1개의 소검사로 측정하게 되며, 각 소검사에는 50문항 또는 60문항이 포함되어 있어 270문항으로 이루어져 있다.

③ 실시

기초학습기능검사에서는 5개의 소검사를 정보처리, 셈하기, 읽기 1, 읽기 2, 쓰기의 순서로 실시한다. 각 소검사는 아동의 학년에 따라 검사설명서에 제시된 시작문항 번호에서 시작한다.

④ 결과

기초학습기능검사는 학년점수와 연령점수 그리고 학년별 백분위점수와 연령별 백분위점수를 제공하는데, 이러한 점수들은 각 소검사 및 전체검사로 제시된다.

3) 정신지체

(1) 지능검사 : K-WPPSI(한국판 웩슬러 유아 및 취학 전 아동용 지능검사)

① 검사의 목적

교육, 치료, 연구 등을 위해 지능 측정할 때와 특별 교육이 필요한 아동(영재/지체)을 발견하는 데 사용된다.

- 취학 전 아동의 정신지체의 진단 : 정신지체의 진단을 위해서는 평균이하의 지적기능과 적응행동에서의 결합을 확인해야함.
- 취학 전 아동 영재성에 대한 진단 : 지적 능력 외에도 창의성, 기타 예술, 신체적인 영역 등에서 우수성을 나타내는 것을 포함하는 등에 따라 달라짐

② 대상

만 3세부터 7세 3개월 아동을 대상으로 한다. 그러나 만 3세가 안되었지만 지적 능력이 우수하거나 만 7세가 넘었지만 지적 능력이 떨어지는 아동들에게도 사용할 수 있다. 이들 아동의 경우에는 제시된 규준이 없어 IQ를 정확히 산출할 수는 없고, 아동들이 각 소검사에서 수행한 원점수가 평균적으로 어느 연령수준에 해당하는지를 파악할 수 있다.

③ 구성

동작성 소검사	언어성 소검사
1. 모양 맞추기	2. 상식
3. 도형	4. 이해
5. 토막짜기	6. 산수
7. 미로	8. 어휘
9. 빠진 곳 찾기	10. 공통성
11. 동물짝짓기	12. 문장

④ 실시방법 및 유의점

실시 순서는 위의 표의 번호순으로 실시한다(아동이 특정한 소검사에서 여러 번 어려움을 보이거나 검사를 거부하면 다른 소검사를 먼저 실시하고 생략한 소검사는 나중에 실시한다).

- 모양 맞추기 : 여러 조각을 나열하여 제시하고 제한된 시간 안에 맞추게 한다.
- 상식 : 일상의 사건이나 물건에 대한 지식을 알아보기 위한 검사이다. 여러 개의 그림 중에서 하나를 지적하여 응답하는 그림 문항으로 시작하는데, 이는 언어능력이 떨어지는 유아들에게 유용하다. 그 나머지는 간단한 구두로 응답해야 하는 문항이다.
- 도형 : 두 가지 유형의 과제로 이루어져 있다. 첫 번째 유형은 재인 문항으로 아동은 제시된 그림을 보면서 보기로 제시된 네 개의 도형 중에서 제시 그림과 똑같은 도형을 지적해야 한다. 두 번째 유형은 도형 검사에서와 같이 아동이 그림을 보고 따라 그리는 것이다.
- 이해 : 행동의 원인과 사건의 결과에 대한 자신의 생각을 구두로 표현해야 한다.
- 토막 짜기 : 제한된 시간 안에 두 가지 색깔로 된 토막들로 구성된 모양을 재구성해야 한다.
- 산수 : 기본적인 수 개념에 대한 이해를 알아보기 위하여 그림 문항으로 시작하여 단순한 셈하기 과제, 그리고 마지막에는 보다 어려운 구두문제로 진행한다.
- 미로 : 제한된 시간 안에 점점 더 어려워지는 미로의 통로를 찾는 지필 검사이다. 매우 어린 아동을 위하여 단순한 미로 문제들을 처음 부분에 추가하였다.
- 어휘 : 그림의 이름을 맞추는 쉬운 그림 문항으로 시작한다. 나머지 문항에서는 구두로 제시된 단어들의 뜻을 대답해야 한다.
- 빠진 곳 찾기 : 일상적인 물건 그림에서 빠진 부분을 찾아내야 한다.
- 공통성 : 세 부분으로 구성되어 있는데, 첫 부분에서는 몇 개의 그림들 중에서 제시된 그림들과 같은 특징을 가진 것을 손가락으로 지적해야 한다. 두 번째 부분에서는 구두로 제시되는 주 문장에서 가리키는 개념과 유사한 단어를 사용하여 문장을 완성해야 한다. 마지막 부분에서는 제시하는 두 단어의 공통점을 구

두로 설명해야 한다.

- 동물 짝짓기 : 끼움판 맨 위에 제시되어 있는 보기에 따라 각각의 동물그림이 그려져 있는 구멍 안에 알맞은 색의 막대를 꽂아야 한다.
- 문장 : 숫자 소검사(digit span)의 형식을 이용해 만든 검사로 숫자 대신에 문장을 사용하며, 검사자가 문장을 큰소리로 읽어주면 아동은 이를 그대로 따라해야 한다.

순서	소검사	시작 문항	중지 기준	제한 시간
①	모양 맞추기	모든 아동이 1번 문항부터 시작한다.	3문항을 계속해서 실패하면 중지한다.	각 문항에는 각각 제한시간이 있다.
②	상식	모든 아동이 1번 문항부터 시작한다.	5문항을 계속해서 실패하면 중지한다.	
③	도형	모든 아동이 1번 문항부터 시작한다.	2부에서 2문항을 계속해서 실패하면 중지한다.	
④	이해	모든 아동이 1번 문항부터 시작한다.	4문항을 계속해서 실패하면 중지한다.	
⑤	토막 짜기	6세 미만 아동은 1번부터, 6세 이상은 6번부터 시작한다.	세 도형을 계속해서 실패하면 중지한다.	각 문항에는 각각 제한시간이 있다.
⑥	산수	6세 미만 아동은 1번부터, 6세 이상은 8번부터 시작한다.	5문항을 계속해서 실패하면 중지한다.	12~23번은 제한시간이 30초이다.
⑦	미로	5세 미만아동은 미로 1A부터, 5세 이상은 미로 3A부터 시작한다.	2문항에서 두 시행을 연속해서 실패하면 중지한다.	각 미로에는 각각 제한시간이 있다.
⑧	어휘	모든 아동이 1번 문항부터 시작한다.	4번 문항부터 5문항을 계속해서 실패하면 중지한다.	
⑨	빠진 곳 찾기	5세 미만 아동은 연습문항부터, 5세 이상은 3번부터 시작한다.	5문항을 계속해서 실패하면 중지한다.	
⑩	공통성	모든 아동이 1번 문항부터 시작한다.	2부에서 5문항을 계속해서 실패하면 중지한다.	
⑪	동물 짝짓기			제한시간 5분
⑫	문장	5세 미만 아동은 1번부터, 5세 이상은 6번부터 시작한다.	3문항을 계속해서 실패하면 중지한다.	

때때로 검사자는 아동의 대답이 틀렸는지 아닌지를 즉시 확신할 수 없는 경우일 때 문항은 잠정적으로 통과된 것으로 간주해야하며, 중지 기준에 명확하게 도달할 때까지 다음 문항들을 계속해야 한다. 후에 채점 기준을 검토하여 그 소검사의 중지점 후에도 계속해서 검사를 실시하였다면, 그러한 초과 문항의 점수가 소검사의 점수에 계산되지 않도록 수정해야 한다.

⑥ 장점 및 단점

가. 장점

- 유아지능검사가 개발됨에 따라 일관된 지능이론(Wechsler 이론)에 기초한 지능검사를 통하여 3세 유아부터 성인까지 비교할 수 있게 되었다.
- 검사도구의 색이나 모양 등이 유아들의 흥미를 끌 수 있도록 고안되었다.

나. 단점

- 결과가 숫자로 산출되어 검사자에게 편견을 갖게 한다.
- 문항이 다소 난해하여 아동의 점수가 낮게 나올 수 있다.

(2) 기초학습검사

이 검사는 아동의 학습 수준이 정상 집단과 어느 정도 차이를 보이고 있는 지 알아보거나, 학습 진단 배치에서 어느 정도 수준에 속해야 하는 가를 알아보는 데 도움을 준다. 또한 주의집중력의 어려움이 있는 아동의 학습 수준을 파악하거나 읽기, 쓰기, 산술 장애가 있는 아동을 변별하는데 도움을 줄 수 있다.

특히 학생들의 선수학습 능력이나 학습 결손 상황의 파악, 학생들이 부딪히고 있는 학습 장애의 현상이나 요인을 밝혀내고 개별화 교육프로그램을 작성하는 데 도움을 준다. 조기 취학의 가능 여부 판별, 미취학 아동의 가능 여부 판별, 미취학 아동의 수학 여부 판별, 선수학습 능력과 학습의 결손 상황 파악, 학습 장애 요인 분석, 학습 수준의 이탈도를 판정, 각 학년별, 연령별 규준을 설정하여 학력 성취도를 알 수 있게 한다.

① 대상 연령 : 유치원생~초등학생

② 구성

- 정보처리 : 정보에 대한 아동의 지각과정, 자극에 반응하는 시각-운동과정, 시각적 기억과 양, 길이, 무게 및 크기에 대한 관찰능력과 묶기, 분류하기, 공간적 특성과 시간에 따라 순서 짓기 등의 조직능력, 학습자의 추론 및 적용능력, 유추, 부조화된 관계 알기 등의 관계능력을 측정한다.
- 셈하기 : 숫자변별, 수 읽기 등 셈하기의 기초개념부터 간단한 가감승제, 십진기수법, 분수, 기하, 측정 영역의 계산 및 응용문제 등 실생활에 필요한 기초적인 수학적 지식과 개념을 측정한다.
- 문자와 낱말의 재인 : 문자를 변별하고 낱말을 다른 사람이 이해할 수 있는 언어로 읽는 능력을 측정한다.
- 독해력 : 하나의 문장을 제시하고 그 문장의 의미, 즉 문장에 나타난 간단한 사실과 정보를 기억하고 재생하는 능력을 측정한다.
- 쓰기 : 아동들이 얼마나 낱말의 철자를 잘 알고 있는가를 측정한다.

(3) 운동능력검사

① 운동능력검사 유형

가. 지각-운동검사

1960년대 이전에 개발된 운동수행능력검사는 운동능력, 운동수행, 운동 협응검사 등으로 불렸다. 그러나 최근에는 지각-운동의 효율성을 평가하는 입장이 강하므로 운동능력검사를 지각-운동검사라는 명칭으로 부르는 경향이 높다.

지각-운동검사로 대표적인 도구는 Kephart-Roch의 퍼듀 지각운동검사(1966)로써 균형과 자세, 신체이미지와 좌우식별능력, 지각-운동조화, 시각제어능력, 형태모방 등의 요인을 검사대상으로 삼고 있다.

나. 행동-반응검사

Sherrill은 신체 특정부위의 확인능력, 신체의 좌우판단, 지시에 따라 공간에서의 위치변화, 특수형태의 정적 · 동적 균형, 특정방법에 따라 물건 옮기기, 물체에 대한 시각적 축적능력 등의 행동을 체크해서 학생지도에 활용했다.

다. 균형-유지능력검사

균형은 정적인 균형과 동적인 균형으로 구분된다. 이러한 균형은 눈, 내이, 수용기 등의 작용 등에 의해 유지된다. 눈은 신체적 움직임을 시각적 판단에 의해 중추신경에 피드백을 제공해 주어 중추신경의 지배를 받는 근육이 평형을 유지하도록 하게 한다. 감각수용기는 좌우 흔들림이나 상하이동에 관한 운동적 정보를 중추신경에 전달해서 균형유지를 위한 근육의 긴장과 이완을 초래하게 하며, 내이 역시 운동에 관한 정보를 중추에 전달한다.

균형검사 항목에는 눈을 뜨고 한쪽 발 들기, 눈을 감은 채 한쪽 발로 서기, 눈을 감고 머리에 책 올려놓기, 눈을 감고 등을 구부려 누운 상태에서 하체에 평평한 물체 올려놓기, 눈을 감은 상태에서 책을 손바닥 위에 세우기, 블록 위로 움직이기 등이 있다.

라. 오세레츠키(Oseretsky) 운동능력검사

오세레츠키 운동능력검사는 어린이의 나이에 따라 운동능력의 성숙도를 운동연령(motor age)이란 개념으로 측정하도록 고안된 검사이다. 이 검사는 운동능력의 발달에 관한 정보를 얻을 수 있는 것 외에 지능, 직업, 사회, 일상분야에서 아동의 능력을 평가하는데 기초자료로서의 의미를 가지고 있다.

1923년 소련의 Oseretsky박사가 창안했고, 포르투갈에서 표준화되었으며, 유럽 여러 나라에서 널리 사용되어 왔다. 1946년 이 검사는 Vineland연구소에 의해서 Binet Simon지능검사와 Vineland 사회성숙도검사와 더불어 행동발달상황을 임상평가하는 자료로 미국에서 널리 보급한 바 있다.

이 검사는 개인용 검사이나 경우에 따라서는 집단으로 검사를 실시할 수도 있으며, 모든 연령단계에 일반적 정적 협응 검사, 손동작 협응 검사, 일반 동작 협응 검사, 운동속도검사, 동시적 자발동작검사, 단일동작 수행능력검사 등 여섯 개의 하위검사 영역으로 구성되고 각 영역은 다시 여섯 개의 검사세목으로 분류되어 모두 36

개의 항목을 가지고 있다.

- 오세레츠키(Oseretsky) 운동능력검사의 실제(인적사항 기록)
  - 학교생활기록부를 보고 기재한다.
  - 생활연령은 생년월일을 기준으로 산출한다.
- 검사 실시
  - 검사 내용을 명확하게 이해하도록 한다.
  - 첫 번째 검사에 실패하였을 경우 주의를 환기시킨다.
  - 속도 검사는 가능한 한 빠르기를 강조한다.
  - 두 가지 검사를 연속하거나 같은 검사를 되풀이 할 때는 20~30초간 휴식한다.
  - 일반 아동은 집단검사도 가능하나 정신지체 아동은 개별검사를 하여야 한다.
  - 생활연령에 해당하는 검사부터 실시한다.
  - 생활연령에 해당되는 검사의 수행이 불가능하거나 두 문항 이상 할 수 없을 때는 연령수준보다 낮은 단계로 내려간다.

- 검사 결과 기록
  - 채점표의 '1/2, 2/3' 등은 분모가 검사 실시 허용 횟수, 분자는 검사결과가 '+'로 되는 데 필요한 성공 횟수이다.
  - 성공했을 때 '+', 실패했을 때 '−'로 기록한다.
  - 한쪽 손, 한쪽 발만 성공했을 때 '1/2'로 기록한다. 단 모든 연령 5번과 6번은 부분적으로 성공하여도 '−'로 기록한다.
  - 부분적으로 성공한 문항에 대한 채점은 10세 검사까지는 '+'표 1개에 2개월씩 더해주고, '1/2'로 표시된 것은 1개에 1개월씩 더해주며, 11세 검사부터는 '+'표 1개에 4개월씩 더해주고, '1/2'로 표시된 것은 1개에 2개월씩 더해준다.
- 검사결과 해석
  - 한 연령 단계에서 모든 문항을 통과한 곳을 '기준운동 연령'이라 한다.
  - 운동능력 평가는 생활연령과 운동연령의 차이로 한다.
  - 가벼운 운동지체 : 생활연령으로부터 1년~1년 반 미만 지체

-보통의 운동지체 : 생활연령으로부터 1년 반~3년 미만 지체
-무거운 운동지체 : 생활연령으로부터 3년~5년 미만 지체
-운동능력 백치 : 생활연령으로부터 5년 이상 지체

운동능력을 측정하기 위해서는 어떤 능력을 측정할 것인가를 분명히 정하여 목적에 따라 실시되어야 한다. 정신지체 아동들은 대체적으로 지각-운동, 행동-반응, 균형-유지능력이 떨어지므로 이들의 검사를 모두 실시하여 종합적으로 평가하는 것이 좋으나 시간과 준비가 충분하지 못할 때는 '한국판 오세레츠키 운동능력검사'를 실시하여 낮은 운동 수준을 갖고 있는 아동이 나타나면 운동능력이 열등하게 된 원인을 찾아 적절한 지도가 이루어져야 한다.

4) 정서 · 행동장애 자폐성장애

(1) 성격진단검사

이 검사는 크게 기술척도와 임상척도로 나누어 성격을 측정 · 진단하게끔 되어 있고 여기에 검사받는 사람의 응답의 신뢰성을 간단히 짐작할 수 있는 타당성척도가 추가되어 있다.

① 기술척도

- 안정성(EST : Emotional stability) : 정서적 안정성의 정도를 나타내는 것으로 정신건강과 적응의 기초를 이루고 있는 것이라 할 수 있다. 정서적으로 안정되어 있다는 것은 정신적 균형의 유지, 감정의 안정 및 평온, 확고한 자신과 낙관, 조용하고 침착하며 태연한 것 등을 의미하며, 반대로 정서적 안정성이 낮은 경우는 정신적 불안, 심리적 긴장, 신경과민, 걱정, 근심, 두려움, 죄악감, 불행감, 자기 무가치감 등을 말한다.
- 지배성(DOM : Dominance) : 인간관계에서 과업수행 · 결정 · 결단에서 지도력, 주동력, 창안력, 설복력, 통솔력, 진취성과 박력, 자기결정, 집단에서의 적극

적 참여, 주체성 등을 포함한다. 이 특성은 추종성, 맹종성, 위축, 열등감, 방관자, 소극적 역할, 피(被)암시성 등과 반대되는 특성이다.

- 사회성(SOC : Sociability) : 대인관계, 사회관계에서의 사교성, 군거(群居)성, 협동성, 사회적 의존성, 모방성, 유통용의성, 대인순응성, 관용성 등을 포함한다. 이 특성의 점수가 낮은 경우, 위의 여러 성질이 약함을 뜻하며 즉 고립, 사회적 접촉의 기피, 방관, 비사교성, 비활동적 성격을 나타낸다.
- 책임성(RES : Responsibility) : 인내성, 주의집중, 자기통제, 자율성, 끈기, 성취동기, 의지력, 신뢰성을 포함하며, 책임을 신중히 생각하고 맡은 일에 끈기 있게 완수하며 자발성이 강한 정도 등을 말한다. 이 특성은 무책임, 책임회피, 투사, 무반성, 불평, 불만 등의 성격경향과 반대된다.
- 사려성(REF : Reflectiveness) : 심사숙고, 행동보다 사색의 시간을 보내고 이론적 · 반성적 · 공상적 · 이상적인 경향을 보이며, 어떤 사상 · 사태의 원인 규명, 배후의 추정, 반박, 논증 · 증명 · 추리 등을 즐기는 이지적 경향을 의미한다.
- 동조성(CON : Conformity) : 순응성, 대응성, 준법성, 도덕성, 동화성, 인습성, 규준성, 순종성 등을 포함하며, 조화와 원만을 즐기고 전통에서의 좋은 점을 높이 평가하고 따르는 성격경향을 가리키는 것으로 동일친(identification)의 경향도 이에 포함한다.
- 남향성(MAS : Masculinity) : 남성적인 성격 특성으로서 남성성이라고도 불리며 여향성(여성적 성격)과 대조된다. 정력, 운동, 노동이 필요한 활동적인 일을 즐기며, 일반적으로 흥미, 역할에 있어서도 쉽게 여성적 경향과 구별되는 특성이다.
- 충동성(IMP : Impulsiveness) : 단순성, 사태의 감정적 처리, 즉흥성, 폭발성, 자유개방성 등을 발하며, 판단이나 행동이 기분에 좌우되고, 침착성과 자제력이 결여되는 경향을 뜻힌다.
- 우월성(SUP : Superiority) : 우월감-열등감의 정도를 표현하는 것으로서 우월감이 높을 때는 든든한 자신감을 가지고 자기 과시적 행동이 강하며, 열등감은 때때로 방어적 행동 또는 보상적 노력의 표현으로 나타난다. 그리고 자기 자신

에 대한 과대평가와 자기과시의 경향은 비정상적 우월성으로 편집적 경향으로 나타난다.

② 타당성척도

타당성척도는 성격적 특성을 진단하기 위한 것이 아니라 주로 피검자의 검사태도를 포착하려는 것으로서, 검사문항에 대한 응답에서 피검자가 그 문항내용을 얼마나 잘 이해했는가, 얼마나 솔직하고 성실하게 자기의 경험이나 정의적 상태를 나타냈는가, 자기 방어적 태도 또는 심리적 노출경향이 어느 정도인가 등을 밝혀내고자 하는 것이다. 그리하여 이 점수에 비추어 검사결과의 신뢰성, 타당성을 파악하려는 척도이다.

③ 임상척도

- 우울경향(DE : Depression) : 우울증의 임상적 징후의 정도 및 농도를 뜻한다. 우울경향의 특징은 일반적으로 자기의 가치와 또는 인생에 대하여 비관·염세·무망(無望)감 내지 절망감, 자기무력감, 무가치감, 주관적 불신감, 사고와 행동의 완만, 무기력, 죽음과 자살에의 편견에 사로잡히고 항상 자기 부정적 판단의 경향을 나타낸다.
- 불안경향(AN : Anxiety) : 불안은 심리학적으로 여러 가지로 표현될 수 있으나, 성격진단검사에서는 말하는 불안은 모든 정신 병리적 경향에 거의 수반되는 경향으로 생각된다. 상담치료 장면에서 활용될 수 있도록 여러 장면, 여러 대상에 대한 불안을 나타내는 문항으로 조직되어있다.
- 편집경향(PA : Paranoid tendency) : 집착, 의심증, 과민증 및 각종 망상(피해망상·관계망상·과대망상 등)의 정도와 증후를 가리킨다. 그러나 뚜렷한 병리적 경향만이 아니라, 자기의 능력에 비하여 너무 높은 목표를 그리며, 현재의 처지나 상황을 잘못 파악하고 해석을 내림으로써 공격적 경향을 나타내며, 대인관계에서 과민하고 부드럽지 못하고 원한을 잘 품고, 시비를 걸고 소송하기를 좋아하는 성격경향을 포함한다.

- 내폐경향(AU : Autism) : 비교적으로 또는 절대적으로 우위를 차지하는 현실도피 또는 현실과의 관계단절 상태를 말하며, 정신분열경향의 특징이라 할 수 있다. 내폐적 경향이 있는 사람의 내폐적 세계는 외계(外界)현실과 똑같이, 혹은 그 이상으로 현실성을 갖는다. 내폐적 사고의 내용은 그 사람의 욕망과 공포이며, 상징성이 큰 역할을 하고 이론적 연결성이 없고 괴상한 공상이라도 환자에게는 현실과의 하등의 모순을 느끼지 않는 비이론성을 가진다.
- 신경경향(NE : Nervousness) : 흔히 임상심리학에서 규정짓고 있는 히스테리(Hysteria), 정신박약(Psychothenia), 신경박약(Neurasthenia), 불안신경(Anxiety neurosis)과 같은 정신 병리적인 특징으로서의 신경증만을 뜻하는 것이 아니라, 정서적 불안의 원인으로 나타나는 신체적 증후, 즉 어느 정도 만성적인 두통, 경기(痙氣), 현기(眩氣), 불면, 악몽, 피로 등은 물론 이에 대한 습관적인 과민, 세심 또는 흥분과 같은 심리적 긴장 · 갈등을 수반하는 보다 넓은 의미의 신경질적인 성격경향을 말한다. 따라서 이와 같은 증후는 불안성의 상실과 심한 충동성이 복합적으로 작용하는 것이므로 불안, 편집 및 내폐경향 그 자체의 원인으로서 작용할 때도 있고, 이들의 결과로 조장될 수도 있기 때문에 정신 불건강의 증후로서 특히 중요시되는 특성이다.

(2) 행동발달평가

① 검사의 대상

자폐 장애가 문제가 되는 연령부터 초등학교 상급생까지의 자폐아, 정신지체아, 기타의 장애아를 대상으로 부모 또는 아동의 일상생활 전반을 가장 잘 알고 있는 사람이 평가한다.

② 검사의 구성 및 내용

이 검사의 척도는 척도문항, 비척도문항의 두 가지 유형의 문항으로 구성되어 있다. 척도문항에서 각 단계를 발달순서에 따라 5단계로 나누어, 그중 하나만을 선택하도록 되어 있다. 척도영역은 식사습관, 배설습관, 옷 입기, 놀이, 타인과의 놀이, 대인관계, 언어, 표현활동, 취급하기, 행동의 자율 등이고, 비척도문항은 수면습관, 놀이, 운동성, 감정표현, 감각습관 등으로 해당되는 모든 문항에 표시하도록 되어 있다.

③ 검사의 실시방법 및 유의점

- 아동의 일반적인 행동특징을 개괄적으로 파악하는 것이므로 그 아동의 일상생활 전반을 가장 잘 알고 있는 사람이 평가한다. 대상아가 가정에서 양육되는 경우에는 어머니가 평가자가 되고, 시설아동의 경우는 보모가 평가자로 적합하다.
- 평가자의 대상아에 대한 평가는 단기간의 관찰을 기초로 하는 것이 아니고 1개월 정도의 평균적인 상태를 파악하는 것이 필요하다.
- 평가는 번호순으로 하는 것이 원칙이나 평가가 어려운 경우는 물음표를 붙여두고, 나중에 상담하여 평가한다.
- 척도문항의 경우 관찰의 편의를 위해 발달용 사이코그램과 병리용 사이코그램에 평가단계를 각각 옮겨 적는다.
- 대상아동이 완전히 달성하여 통과한 곳이 기본적 평가단계가 된다. 단계를 결정하기 어려운 경우에는 기본적으로 밑의 단계로 평가하고, 두 단계에 걸쳐 행동이 관찰되는 경우는 단서를 붙여 양쪽 단계에 평가한다.

④ 검사결과의 처리 및 해석

결과는 검사지의 번호순서대로 하지만 척도문항의 경우 관찰의 편의를 위해 발달용 사이코그램과 병리용 사이코그램에 평가단계를 각각 옮겨 적는다. 이 사이코그램이 완성되면 그림의 면적이나 각 문항에 따른 요철상태로 대상 아동의 발달이나 병리상태를 알 수 있다. 예를 들면, 면적이 크고 요철이 적은 영역은 발달적으로 신장되어 문제가 보다 적음을 알 수 있다. 또한 장애가 큰 영역도 쉽게 파악된다. 그리고 각 문항별로 연령별 대표단계를 사이코그램상에 표시한 것과 비교한다.

E-CLAC Psychogram(병리문항)

아동명 ________(남 · 여)____세____월 __________년____월____일생

________년____월____일______________ 형제____________

________년____월____일(제___회)________ 평가자__________

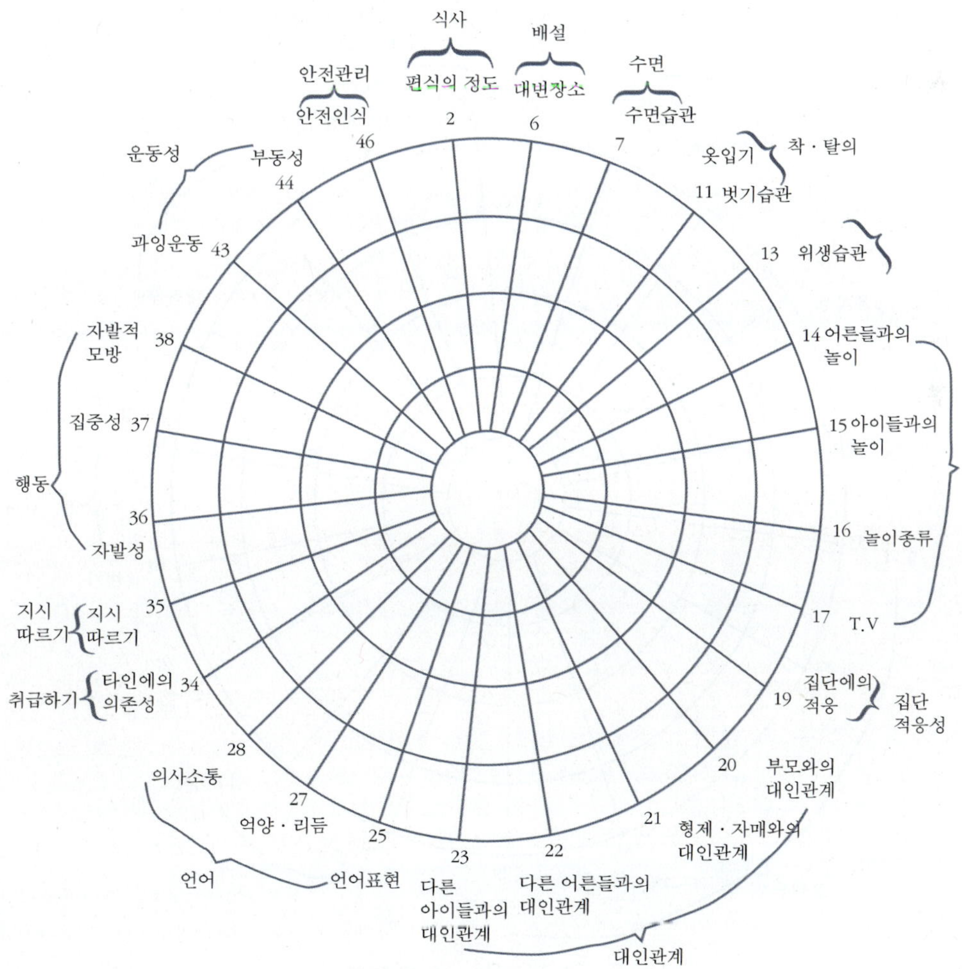

E-CLAC Psychogram(발달문항)

아동명 ____________(남 · 여) _____ 세 _____ 월 ____________ 년 _____ 월 _____ 일생

초진일 ____________ 년 _____ 월 _____ 일 ____________ 형제 ____________

평가일 ____________ 년 _____ 월 _____ 일(제 ___ 회) ____________ 평가자 ____________

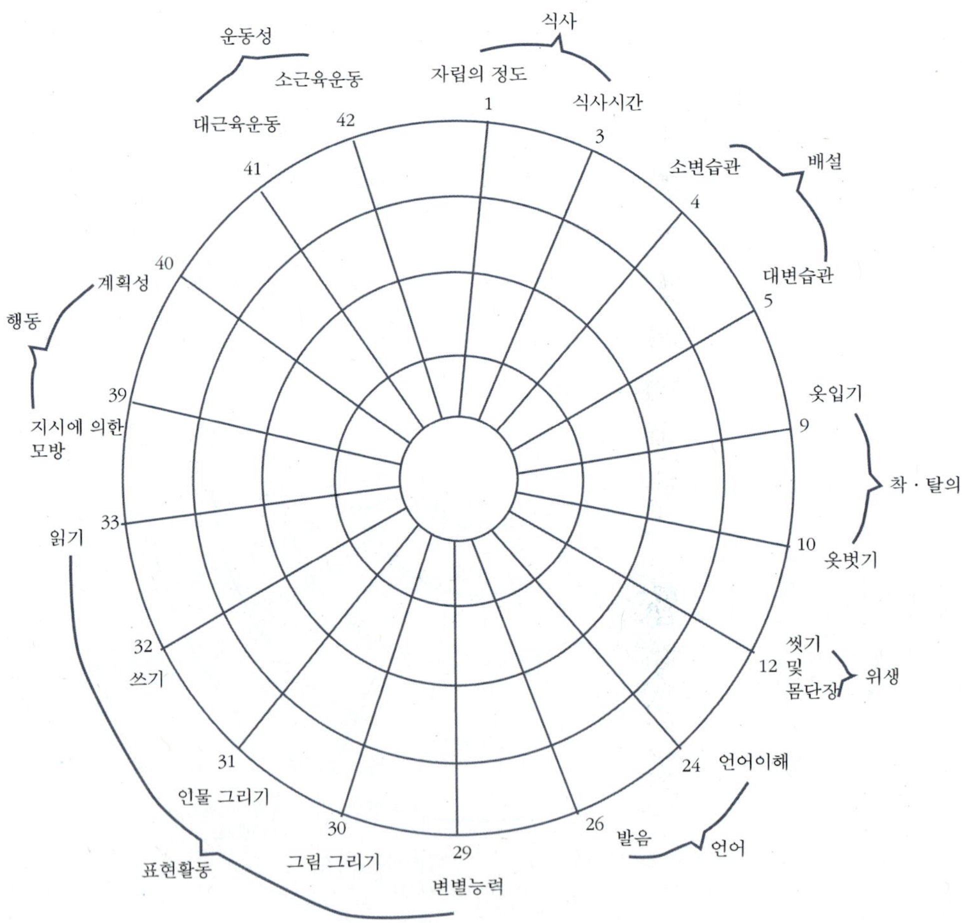

E-CLAC Psychogram

(3) 학습준비도검사

① 검사대상

이 검사는 일반직으로 보면 부가적인 개별진단을 받아야 할 필요가 있는 아동선별에 대한 객관적인 자료로 개개 아동의 학교생활과 학습의 예언 아동 개개인의 개인차 이해 선별 기능에 따라 학급의 소집단, 혹은 초기의 반 편성의 자료 등으로 사용된다.

② 검사의 구성 및 구성요인에 따른 각 내용의 특징

이 검사는 8개의 하위구성요인에 모두 27개의 문항으로 만들어져 있는데, 각 문항은 발달이론에 기초를 두었고 임상경험으로부터 귀납적으로 도출된 것이다.

- 검사의 하위 구성요인
  - 축적된 지식
  - 신체개념의 발달
  - 정서적 성숙에 대한 지각
  - 부모상에 대한 지각의 정확성
  - 적절한 놀이에 대한 지각
  - 시각-운동 협응
  - 지시 따르는 능력
  - 기억

③ 검사의 구성요인에 따른 각 내용의 특징

- 축적된 지식 : 10개의 문항으로 구성되어 있는데, 여러 가지 사물, 동물, 식물, 그리고 인긴행동에 관한 일반직이고 친숙한 개념과 같은 시식 이해 정도를 측정한다. 아동은 교사가 지시하는 그림을 찾으면 된다.
- 신체개념 발달 : 사람 전체를 그리게 하여 가장 대표적인 개념이라 할 수 있는 세 개의 개념, 즉 팔, 입, 동체의 표출은 각 1점씩 배점하여 3점 만점으로 채점

한다. 사람 그리기는 아동에게 검사의 첫 경험에 대한 동기 및 흥미 유발을 위한 것이다.

- 정서적 성숙 : 감정 표현을 나타내고 있는 얼굴표정에 대한 지각도를 알아보는 것으로 성난 혹은 웃는 얼굴의 표정을 바르게 구별하게 하는 것이다. 여기에는 또한 놀잇감에 대한 적절한 판단을 알아보는 항목도 있다.
- 부모상에 대한 지각의 정확성 : 아버지와 어머니가 평소에 하는 일과 역할을 관심 있게 보아서 그들에 대한 올바른 지적 능력이 있는지를 재는 것이다.
- 놀이지각 : 현재 어린이 자신이 어떤 수준에서 놀이하고 행동하고 있다고 생각하는가에 대한 자기개념에 대한 평가를 하는 것이다.
- 지각–운동 협응 능력 : 학습의 가장 기초적인 준비기능으로서의 지각 운동발달 이론에 근거한 문항들로 구성되어 있다. 정사각형, 마름모 도형을 그리는 묘사 능력과 굽은 길을 따라 바르게 선을 그을 수 있는 눈-손 협응을 평가한다.
- 지시 따르는 능력 : 지시내용을 꼭 한번만 천천히 읽어주고 부가적 설명이나 질문에 대한 응답하는 능력을 평가한다.

5) 의사소통장애

(1) 구문검사

① 검사의 목적

- 언어이해력에 어려움을 보이는 아동 중 특히 구문의미를 이해하는 데 어려움이 있는 아동을 판별하고자 할 때
- 단순 언어장애(SLI) 아동의 하위유형을 판별하거나 여러 언어하위영역 중에서 구문의미에 대해 아동이 가지는 강점과 약점을 파악하고자 할 때
- 짧은 시간에 평가하고자 할 때
- 치료교육의 기초방향을 얻고자 할 때
- 치료교육의 효과를 살펴보고자 할 때

② 검사 대상

- 언어이해력에 어려움을 보일 가능성이 있는 만 4세에서 초등 3학년 정도의 구문이해력 범주에 있는 아동
- 장애아동의 경우 생활연령은 9세를 넘더라도 구문이해력이 초등 3학년 아동보다 지체를 보이는 경우에는 사용 가능
- 연습 문항에서 과제를 수행할 수 있는 능력을 보인 아동들에 한해 검사 실시

③ 김사 문항 구싱

- 7개의 문항을 통해 만 4세에서 초등학교 3학년 수준의 구문의미 이해력을 측정한다.
- 발달적 난이도를 고려하여 쉬운 항목에서 어려운 항목 순으로 배치되었다.
- 한 개의 목표항목 검사 시에 모두 세 개의 그림을 제시하는데, 하나는 정답항목이고 두 개는 혼동항목으로 구성되어 있다.
- 57개의 검사문항을 아동 언어학적 관점에서 크게 문법적 요소와 의미적 요소에 초점을 두어 두 부분으로 분류하였다.

④ 검사 실시 시간 : 10~15분 정도 소요

(2) 한국어 표준 그림 조음음운 검사(KS-PAPT)

① 검사대상 : 3세 이상

② 검사목적 : 우리말 자음과 모음 산출에 문제가 있는 조음음운장애 아동을 선별하고, 선별된 조음음운장애 아동을 정밀 진단하는 선별 및 진단 겸용 검사도구

③ 검사의 특징

- 선별검사와 정밀검사로 나누어져 있어서 아동의 오류를 간단하게 선별한 후, 정밀 진단검사를 실시할 수 있다.

- 단어 수준에서 음절수를 고려하여 1음절, 2음절, 다음절로 구성하여 음절의 난이도를 고려한 정밀 진단을 할 수 있도록 제작하였다.
- 음소의 위치를 기존의 3위치(어두, 어중, 어말)가 아닌 4위치(어두 초성, 어중 초성, 어중 종성, 어말 종성)로 제작하여 어중을 2위치로 나누어 분석함으로써 단어수준에서 정밀 분석이 가능하도록 하였다.
- 자음정확도 분석 뿐만 아니라 음운변동 분석까지 할 수 있도록 제작하여 대상자의 조음음운에 대한 다각도 분석이 가능하도록 하였다.

<table>
<tr><th>구분</th><th>구문의미 이해력 검사</th><th>언어이해 · 인지력검사</th><th colspan="2">그림어휘력검사 (Peabody Picture Vocabulary Test-Revised: PPVT-R)</th><th colspan="2">언어문제 해결력 검사</th></tr>
<tr><td>목적</td><td>구문의미 이해력 측정</td><td>언어 이해력 및 인지력 측정</td><td colspan="2">수용어휘력 측정</td><td colspan="2">상위언어기술(논리적인 사고과정의 언어화) 측정</td></tr>
<tr><td>대상</td><td>만 4세~만 9세</td><td>만 3세~
만 5세 11개월</td><td colspan="2">만 2세 0개월~
만 8세 11개월</td><td colspan="2">만 5세~만 12세</td></tr>
<tr><td rowspan="3">구성</td><td rowspan="3">문법 : 38개 문항
의미 : 19개 문항
(총 57개)</td><td rowspan="3">40개 문항</td><td>품사</td><td>범주</td><td>그림판(17개)</td><td>문항(50개)</td></tr>
<tr><td>명사 57%
동사 20%
형용사 12%
부사 1%</td><td>동물, 건물, 음식, 가구, 가정용품, 신체부위, 직업, 도형, 식물 등</td><td rowspan="2">학령기 아동이 직 · 간접적으로 경험 가능한 상황</td><td rowspan="2">원인이유 (18개)
해결추론 (20개)
단서추측 (12개)</td></tr>
<tr><td colspan="2">총 112개 문항</td></tr>
<tr><td>실시</td><td>• 연습문항 실시
• 1번 문항부터 실시
• 검사자가 읽은 문장을 듣고 그림을 지적 (정신지체, 자폐장애, 청각장애, 언어장애, 지체부자유, AHDH 아동에게 실시가능)</td><td>생활연령(CA)에 따른 시작문항 번호부터 실시</td><td colspan="2">5개의 연습문항 실시 후 생활연령에 따른 문항부터 실시</td><td colspan="2">그림판 제시 후 검사지의 질문을 하고 아동의 대답을 기록
채점기준에 따라 0, 1, 2점</td></tr>
<tr><td>결과</td><td>연령·학년에 따른 백분위점수</td><td>백분위점수·등가연령</td><td colspan="2">백분위점수·등가연령</td><td colspan="2">각 범주별(원인이유·해결추론·단서추측), 총점 백분위점수</td></tr>
</table>

(3) 언어발달검사

<table>
<tr><th>구분</th><th>영·유아 언어발달 검사 (Sequenced Language Scale for Infants : SELSI)</th><th colspan="2">우리말 조음·음운평가 (Urimal Test of Articulation and Phonology : U-TAP)</th><th colspan="2">취학 전 아동의 수용언어 및 표현언어 발달척도 (Preschool Receptive-Expressive Language Scale : PRES)</th><th>한국표준수용어휘력 검사</th></tr>
<tr><td>목적</td><td>영유아의 수용언어 및 표현언어 능력을 조기평가</td><td colspan="2">조음·음운장애아동의 발음을 체계적 평가</td><td colspan="2">언어발달 지체 여부 판별</td><td>수용어휘력평가</td></tr>
<tr><td>대상</td><td>4개월~35개월</td><td colspan="2">만 2세~만 12세</td><td colspan="2">만 2세 0개월~ 만 6세 5개월</td><td>만 2세~만 12세</td></tr>
<tr><td rowspan="3">구성</td><td rowspan="3">수용언어검사 : 56문항
표현언어검사 : 56문항
(총 112문항)</td><td>그림낱말 검사</td><td>그림문장 검사</td><td>수용언어 영역</td><td>표현언어 영역</td><td rowspan="3">500개 문항(100개씩 5조로 구성)
100개 그림판</td></tr>
<tr><td rowspan="2">낱말 수준의 자음 · 단모음검사</td><td rowspan="2">문장수준의 자음 · 단모음검사</td><td>45문항</td><td>45문항</td></tr>
<tr><td colspan="2">90문항</td></tr>
<tr><td>실시</td><td>• 부모·주양육자와의 면담
• 검사자는 문항 내용을 읽어 주고 응답자가 '예/아니요' 대답</td><td colspan="2">1. 그림낱말검사 실시
2. 그림문장검사 실시</td><td colspan="2">1. 수용언어검사 실시
2. 표현언어검사 실시</td><td>• 5조 중에 한 조를 결정
• 1번부터 100번까지 해당 어휘를 차례로 부름(또는 수화, 지화)
• 피검자의 반응에 따라 O/X 표시
• 검사자가 불러주는(또는 수화, 지화) 어휘에 해당하는 그림을 지적(정신지체, 자폐장애, 청각장애, 지체부자유아동에게 실시가능)</td></tr>
<tr><td>결과</td><td>수용언어, 표현언어, 언어전반별 백분위점수·등가연령</td><td colspan="2">• 정상발달비교 : 정상아동의 음소습득 연령 제시
• 낱말수준, 문장수준별 음소(자음/모음) 정확도산출</td><td colspan="2">• 언어발달연령(연령등가점수) : 수용언어, 표현언어, 통합언어
• 백분위점수: 수용언어, 표현언어</td><td>일반 아동·정신지체 아동별 백분율·수용언어연령 제공</td></tr>
</table>

6) 학습장애

(1) 지각운동발달검사

① 검사대상

3세에서 11세 정도의 아동(4세에서 8세까지가 최적) 및 지각-운동능력의 발달이 지체되어있다고 추측되는 자를 대상으로 사용할 수 있다. 원칙적으로 개별검사를 실시하는 것이 바람직하나 4세 이상의 어린이는 집단검사도 가능하다.

② 검사의 구성요소

이 검사는 두 개의 하위검사로 구성되어 있으며, 각각의 검사목적과 내용은 다음과 같다.

- 지각검사(P) : 27개 문항

이 하위검사는 취학전 아동의 문자 읽기 쓰기 등에서 필요하다고 생각되는 간단한 도형이나 기호의 변별 및 도형-배경지각 등 시지각의 발달을 평가하는 것을 목적으로 한다. 이 하위검사는 다시 3개 영역으로 구성되어 있다.

③ 실시요령

이 검사는 실시에 특별히 곤란한 점은 없다. 그렇다고 하여 모든 검사가 그러하듯이 안일한 생각으로 실시하면 객관적인 결과를 얻을 수 없으므로 주의사항을 엄수하고 반드시 정해진 검사방법에 따라 실시해야 한다.

(2) 시각-운동 통합발달 검사(Developmental Test of visual-Motor Integration : VMI)

① 검사대상 : 만 2~15세 아동을 대상으로 장애를 초기에 발견하고 학습과 행동장애를 예방하기 위해 일반학교에서 선별하는 것이다.

② 검사방법

검사용지는 치밀하게 구성되어 있다. 검사용지의 뒤에서 시작하도록 한 것은 사용하지 않을 종이에 연필 흔적이 남지 않게 하기 위한 것이다. 개별검사는 4세 이하의 어린이면 좋다. 4세에서는 통상 소집단으로 실시할 수 있다. 15인의 학급, 혹은 5세 이상의 학급에서는 검사자 외에 보조자를 두고 어린이가 검사용지를 바로 놓고 진행할 수 있도록 도와준다.

검사를 실시한 어린이 한 사람 한 사람에 대해서 개인 자료의 문제점란에 기입하여야 하지만 이 기입용지의 위 칸은 교사, 혹은 검사받은 어린이가 기입할 수 있다.

③ VMI의 목적 및 활용

시지각과 미세한 운동 신경의 상태를 평가하기 위해서이다. 시지각과 소근육운동의 협응능력을 평가하는 검사로서 개인이나 집단에게 실시될 수 있지만 개인용으로 사용되는 것이 더 일반적이다.

④ 검사내용

시각-운동 통합 발달 검사는 본래 장애를 초기에 발견하고 학습과 행동의 장애를 예방하기 위해 일반학교에서 스크린 검사로서 활용하도록 고안된 것으로 몇 백명의 어린이에게 현존하는 기하학도형과 새로운 기하학도형 및 검사를 통해 실험을 실시한 후 24개의 도형에 의한 현재의 VMI계열이 확립되었다. 각각의 도형은 발달연령과 발달 특성을 가진 것이다.

⑤ 검사항목

- 눈-손 협응(eye-hand coordination) : 시각적 경계를 따라 정밀한 직선이나 곡선을 그리는 능력을 측정한다.
- 공간 위치(position in space) : 주어진 그림을 보고 일련의 비슷하지만 다른 그림들 가운데 공통적인 특성에 따라 두 개의 그림을 짝짓는 능력을 측정하며,

그림의 역전과 회전의 변별이 포함된다.

- 따라 그리기(copying) : 그리기 위한 모델로 제시되는 그림을 보고 종이 위에 그리는 검사로, 그림의 특성을 재인하는 능력과 모델을 따라 그리는 능력을 측정한다.
- 도형-배경(figure-ground) : 혼란스럽고 복잡한 배경 속에 숨겨진 특정 그림을 찾는 능력을 측정하는 검사로, 숨은 그림 찾기이다.
- 공간 관계(spatial relations) : 시각적으로 제시된 패턴과 같은 모양을 만들기 위하여 바둑판 모양으로 그려진 일정한 간격을 유지한 점 사이를 연결하는 능력을 측정하며, 사람의 신체와 공간과 관련된 모양과 형태의 분석이 포함된다.
- 시각 통합(visual closure) : 주어진 그림을 보고 불완전하게 그려진 일련의 그림들 가운데 아동은 그림에서 빠진 부분을 완전하게 재인하는 능력을 측정한다.
- 시각-운동 속도(visual-motor speed) : 네 종류의 서로 다른 기하 도형으로 이루어진 자극 그림가운데 두 개의 도형 속에 특별한 표시가 있다. 아무런 표시가 없는 네 종류의 도형들로 채워진 반응지를 제시하여 정해진 시간 내에 특정 그림에 특정 표시를 할 수 있는 민첩성을 측정한다.
- 형태 항상성(form constancy) : 하나 이상의 변별적 특성(크기, 위치, 음영 등)에 따라 변이된 두 개의 그림을 짝짓는 능력을 측정하는 검사로, 찾아야 할 표적 그림은 크기, 위치, 형태에 있어 자극 그림과 다른 여러 개의 그림 속에 숨겨져 있거나 복잡하게 그려진 배경그림 속에 숨겨져 있는 경우도 있으며, 어떤 속성이나 형태의 지배적인 특성을 인식하는 것이다.

⑥ 결과분석

아동의 VMI 연령을 결정하기 위해서는 연속해서 3과제에 실패할 때까지 통과한 도형 수를 합계한다. 이 합계가 아동의 원득점이다.

아동의 원득점에 대응하는 등가연령을 검사용지의 개인자료의 해당란에 기입한다. 채점기준의 바람직한 사용법은 의심스러운 경우에 판단의 보조로서 나타나고 있는 합격과 불합격의 실례를 사용하면서 나타난 각각의 기준에 근거해서 재생된 도형을 평가하는 것이다.

구분	기초학습기능 수행평가체제-읽기검사 (BASA-Reading)	읽기진단 검사	학습준비도검사 (First Grade Screening Test : FGST)	KISE 기초학력검사 (KISE-Basic Academic Achievement Test : KISE-BAAT)	기초학습기능검사 (Individual Basic Learning Skill Test)
목적	읽기장애진단·변화점검	읽기수준 평가	초등학교 2학년 수준의 학습을 수행할 만한 준비성이 없는 것으로 생각되는 아동 선별	읽기, 쓰기, 수학 기초학력 측정	학습수준파악
대상	초등학교 1학년~초등학교 3학년	초등학교1학년~고등학교1학년	유치원 졸업생~초등학교 1학년	만 5세~만 14세	만 5세 0개월~민 12세 11개월

구성

기초학습기능 수행평가체제-읽기검사 (BASA-Reading)

기초평가		형성평가
읽기 검사 자료 1	읽기 검사 자료 2	
읽기 검사 (1) 읽기 검사 (2)	빈칸채우기	

읽기진단 검사

- 20단계 위계화(10개 학년의 학기별 읽기수준파악)
- 각 단계별 네 가지 영역
  - 입으로 읽기(읽기속도 : 느림, 보통, 빠름)
  - 눈으로 읽기
  - 듣기 이해
  - 단어파악
- 각 영역별 읽기수준 판단 : 독립적/교수적/좌절적 수준

학습준비도검사 (FGST)

요인	문항 수 (27)
지식	10
신체개념	1
정서적 지각	2
부모상지각	2
놀이지각	4
시각-운동 협응	3
지시순종	3
기억	2

KISE 기초학력검사 (KISE-BAAT)

읽기	선수기능	360
	음독능력	
	독해능력	
쓰기	선수기능	300
	표기능력	
	어휘구사력	
	문장구사력	
	글 구성력	
수학	수	780
	도형	
	연산	
	측정	
	확률과 통계	
	문제해결	

기초학습기능검사

기능	소검사
정보처리기능	1.정보처리
언어기능	3.읽기I
	4.읽기II
	5.쓰기
수기능	2.셈하기

구분	기초학습기능 수행평가체제-읽기검사 (BASA-Reading)	읽기진단 검사	학습준비도검사 (First Grade Screening Test : FGST)	KISE 기초학력검사 (KISE-Basic Academic Achievement Test : KISE-BAAT)	기초학습기능검사 (Individual Basic Learning Skill Test)
실시	Ⅰ. 기초선 확인 1. 읽기검사자료 1 • 읽기검사(1) • 읽기검사(2) • 읽기검사(1) -원점수의 중앙값 산출 2. 읽기검사자료 • 빈칸 채우기 • 원점수 산출 3. 규준참조 4. 결과기록표 작성 Ⅱ. 형성평가를 통하여 지속적인 성장 점검	1. 입으로 읽기 2. 눈으로 읽기 3. 듣기 이해 4. 단어 파악 특정영역이 좌절적수준일 경우 해당 영역의 교수적 수준(읽기 수준이 몇 학년에 해당되는가)을 파악할 때까지 검사진행	적정인원 : 25~30명 검사시간 : 제한 없음(초등학생 : 약40분, 유치원 졸업생 : 약 50분)	• 구성영역 순으로 실시 : 특정영역을 기피하거나 지루해하면 다른 영역부터 실시 후 빠진 영역 실시 • 한 회기(session)에 실시하기 어려울 경우 영역별로 분리 실시 가능. 단, 재검사 실시까지 일주일 이하의 간격	• 구성 표에 제시된 순서로 실시, 학년에 따른 시작문항 번호에서 시작
결과	백분위점수 T 점수 T=50+10(z) 학년등가점수	학습장애·학습부진 교수적수준·완전학습	• 백분위점수 : 남녀·전체별·표준점수(M=100, SD=15) : 지역(도시·지방·전국)별로 나누어 남녀·전체	소검사별 백분위점수, 학력지수(M=100, SD=15), 학년규준	학년·연령 등가점수, 학년별·연령별백분위점수

4 표준화 검사도구의 종류

1) 신생아 · 영아검사

검사도구명	대상	주요 특징	개발자	비고
아프가 검사 (Apgar Scale)	신생아(출생후 1분과 5분후)	태어난 아기의 건강상태를 평가하여 위급한 중재가 필요한가를 결정하기 위해 개발한 현재까지 가장 널리 사용되는 신생아 검사도구	Virginia Apgar	
신생아행동검사 (Braxelton Neonatal Behavioral Assessment Scale:NBAS)	출생 후 1개월이내의 신생아	환경자극에 대한 반응과 관련된 28개의 항목과 반사행동 관련 항목 20개로 구성. 모든 항목은 다시 습관화, 지행성, 운동, 상태범위, 상태조절, 안정성, 반사 등의 7개의 하위 영역으로 나뉨	Brazelton (1973년)	
베일리 영아 발달 검사 (Bayley Scale of Infant Development)	출생1개월부터 42개월까지 발달적으로 지체된 영아	BSID-Ⅱ는 정신척도와 운동척도 그리고 행동평가 척도로 구성. 정신척도는 총 178문항으로, 운동척도는 신체조절 정도와 대근육 및 소근육의 협응 능력을 측정하는 총 111문항으로, 행동평가 척도는 총 30문항으로 구성되어 있는데, BSID의 세 가지 척도 중 미래의 기능을 가장 잘 예측해 주는 것으로 보고되고 있음.	Bayley (1969년 1판, 1993년 2판)	
베일리 아동 발달 평가 도구 Ⅲ	1개월에서 42개월까지	국제적으로 가장 잘 알려져 있는 1개월의 영아에서부터 유아에 이르기까지의 포괄적인 발달 테스트 도구. 베일리Ⅲ는 아직 말을 하지 못하는 어린이조차도 그들의 기능에 대한 상세한 정보를 얻는 것이 가능하고 아기들은 인지, 언어, 사회-정서, 운동과 적응행동의 다섯 가지 요소로 검사를 실시함		
신생아 지각 검사(Neonatal Perception Inventory: NPI)	<NPI-Ⅰ> 출산 후 하루나 이틀째 된 영아 <NPI-Ⅱ> DBI는 한 달 째 되는 영아	NPI-Ⅰ과 Ⅱ는 1부터 5의 척도로 평정하는데, 각 항목별로 어머니가 생각하는 보통 아기들의 수준과 자신의 아기 수준에 대해 평정하게 되어 있어 자신의 아기가 보통보다 항목별 특성이 더한지 덜한지를 표시함.	Broussard ER & Hartner S(1964)	
영유아 기질 검사-Thomas와Chess 척도	3세부터 7세까지	<부모용> 활동성, 리듬성, 접근성, 적응성, 반응역, 반응강동, 기분주의, 전환성, 집중력/지속성 등의 아홉 가지 요인으로 구성 <교사용> 활동성, 접근성, 적응성, 반응강도, 반응력, 기분, 지속성 등의 일곱 가지 요인으로 구성	Thomas & Chess(1963년)	

2) 발달검사

검사도구 명	대상	주요 특징	개발자	비고
덴버발달선별 검사(Denver Development Screening Test : DDST)	생후 1개월~6세 유아	생후 1개월에서 6세까지의 Denver시에 거주하는 정상소아 1,036명을 대상으로 105개의 항목을 사용하여 표준화한 것으로 네 가지 영역, 즉 전체운동(gross motor), 언어(language), 미세운동-적응기능(fine motor- adaptive), 및 개인성-사회성(personal-social) 으로 구성되어 있고, 피검사의 연령에 알맞은 여러 가지 과제를 제시하여 그것을 수행하도록 되어 있음.	W. K Frankenburg (1967년 1990년 2판 개정)	
교육진단검사(psycho educational Profile: PEP)	생활연령 1세~12세이면서 정신연령이 1세~5세인 아동	95문항의 발달척도와 44문항의 병리척도로 구성. 발달척도는 모방, 지각, 작은 근육운동, 큰 근육운동, 눈·손 협응, 언어이해 능력, 그리고 언어표현 능력 등의 7개 하위영역으로 구성되어 아동의 기능적 발달수준을 측정하도록 되어 있고, 병리척도는 대인감정, 사람사귀기, 물건다루기, 그리고 언언 등의 5개 하위영역으로 구성되어 병리적 행동이나 정신장애의 정도를 평가하도록 되어 있음.	Schopler, Reichler (1979년)	
한국판-덴버발달 선별검사(K-DDST)	생후 2주~6년 4개월	덴버발달선별검사의 한국판으로 유아의 발달 상태를 알아보기 위한 104개의 검사항목이 4개의 발달영역으로 구분되어 구성되어 있음.	이근 (1990년)	
아동발달검사 (K-CDI)	12개월~6세 5개월	부모 관찰을 통하여 아동의 심도 있는 발달적 정보를 얻는 체계적인 아동발달검사로 미국에서 개발된 'The Child Development Inventory'를 한국 실정에 적합하도록 표준화한 아동발달 검사	김정미· 신의선, 도서출판 특수교육	
영유아를 위한 사정, 평가 및 프로그램 체계(AEPS)	• 0세~3세용 • 3세~6세	AEPS는 장애 영유아 및 장애 위험에 있는 대상을 위한 기능적이고 협력된 사정, 목표, 개발, 중재 및 평가체계로 0세~6세 발달 범위에서 사정·평가, 교육과정, 가족참여 요소를 포괄적으로 연결하고 있음. 발달영역을 0~3세, 3세~6세로 구분하여 제시하며, 다운증후군, 척추파열과 뇌성마비와 같은 이미 밝혀진 발달 장애를 포함한 다양한 범위의 중재요구를 갖는 유아들에게 적합	도서출판 특수교육	

검사도구 명	대상	주요 특징	개발자	비고
영유아발달선별검사 (K-COR)	0세~5세	유치원, 어린이집 0~5세 영유아를 위한 간편 발달선별검사 도구로 부모로부터 얻은 정보와 검사자가 관찰한 아동에 대한 정보를 통합하여 아동의 발달기능과 요구를 평가하는 검사.	김정미·신의선, 도서출판 특수교육	
한국판 유아발달 선별검사(DIAL-3)	초등학교 취학 전 아동의 발달정도에 대한 선별 검사용 도구	유아의 발달 상태를 간단히 검사하여 발달 지체나 장애 가능성을 예측하고 잠재적 학습 문제, 발달상 문제, 장애위험의 가능성이 있는 유아를 선별할 수 있으며, 심층적 진단을 필요로 하는 발달지체 유아를 조기에 선별할 수 있음. 또한 부모와의 면담(부모용 질문지), 검사자의유아행동관찰(검사 기록지), 유아의 운동영역, 언어영역, 인지영역에 대한 검사 수행(검사 기록지)을 통해 종합적인 유아의 발달 정도를 선별할 수 있음.	전병운·조광순, 도서출판 특수교육	
부모작성형 유아모니터링체계 (K-ASQ)	4개월 ~60개월	K-ASQ는 미국에서 개발된 Ages & Stage Questionnaires(2판)를 한국의 실정에 적합하게 전국의 영유아 및 부모 3,000쌍 이상과 함께 적용하여 연구된 부모작성용 선별 도구이다. 저비용으로 출생 후 첫 5년간의 결정적 시기에 발달 지체 유아를 선별할 수 있음. 질문지는 삽화로 표현되어 부모님이 사용하기 편리하며 가정이나 보건소, 병원, 어린이집, 십대부모 프로그램, 그 밖의 유아가 있는 환경에서 사용할 수 있음.	서울 장애인 복지과	

3) 지능검사

검사도구명	대상	주요 특징	개발자	비고
국립특수교육원 한국형 개인 지능검사 (KISE-KIT)	5~17세	검사의 목적은 피검사자의 지적능력에 대한 정보제공이며 청각장애가 있는 경우에도 일반 아동과 마찬가지로 언어성 검사와 동작성 검사를 모두 실시 할 수 있고 언어성 검사는 시각장애가 있어도 실시가 가능한 장점을 가짐. 발달 장애학생의 접근이 용이하도록 쉬운 문항을 포함하였고, 한국의 전통과 문화를 검사에 반영하여 개발됨. 검사의 구성은 언어성 검사(낱말 이해, 계산, 낱말 유추, 교양, 문제해결, 수기억), 동작성 검사(그림배열, 이름기억, 칠교놀이, 숨은그림, 그림무늬, 손동작) 영역으로 총 12개의 소검사로 구성되어 있음	박경숙·정동영·정인숙, 교육과학사 (2001)	

검사도구명	대상	주요 특징	개발자	비고
한국 웩슬러 아동용 지능검사 (K · WPPSI)	5세~ 15세	검사는 피검사자의 지적능력에 대한 다양한 정보를 제공하는 검사로 언어성 검사영역(상식, 산수, 이해, 어휘, 공통성, 숫자문제)과 동작성 검사(빠진 곳 찾기, 차례 맞추기, 토막 짜기, 모양 맞추기, 미로 찾기) 영역에서 총 12개의 소검사로 구성되어 있음	한국교육 개발원	
한국 웩슬러 유아 지능 검사 (K · WPPSI)	만 3세~ 7세 3개월	한국형 K-WPPSI를 개발한 기본목적은 만 3세~7세 3개월까지의 WPPSI-R의 규준을 만들기 위해서였다. 교육, 치료연구 등을 위해 지능을 특정할 때와 특별한 교육이 필요한 아동(영재/지체)을 발견하는데 사용. 만 5세에서 7세 아동 중 지능이나 의사소통 능력이 평균 이하인 아동에게는 K-WPPSI를 사용하는 것이 좋음.	박광배· 박혜원· 곽금주	
카우프만 아동용 검사 (Kaufman Assesment Battery for Children : K-ABC	2.5세 ~ 12.5세	검사의 주된 목적은 인지능력과 성취도의 사정이지만 학습장애와 다른 특수아의 심리적, 임상적, 심리·교육적 사정을 목적으로 하기도 함. 본 검사는 신경심리학자와 임상심리학자들이 연구하여 제안한 인지처리과정 이론을 근거로 하여 만들어짐. 따라서 지능을 측정하는 척도는 인지처리과정 척도라고 불리기도 함. 이 척도는 특정과제의 내용에 대해 바르게 답했느냐, 혹은 틀리게 답했느냐에 관심을 갖는 것이 아니라 답을 하기 이한 인지과정에 초점을 맞춤	Alan S. Kaufman & Nadeen L. Kaufman	
슬로슨 지능검사 (Slosson intelligence Test for Children and Adults)	영아~ 성인	지적능력을 간단하게 개별적으로 검사하는 선별도구. 영아에서 성인에 이르기까지 실시 가능함. 슬로슨 지능검사에 포함된 문항들은 스텐포드 비네에 나오는 문항들과 유사함. 거사 내용의 주된 유형은 산수추론, 어휘, 청각 기억, 상식 및 이해임	Richard L. Slosson, Slosson Educational Publications Inc(1963년, 1981년 개정판 출판)	
유아지능검사	만 3세 6개월~만 6세 6개월	취학 전 아동의 지적발달 정도를 객관적으로 파악하기 위한 개인 기능검사. 검사 결과는 아동 개인에게 필요한 교육계획을 수립하고 적절한 학습 환경을 제공하는 근거로 사용될 수 있음. 검사자가 말로 질문을 하면 피검사자인 유아가 네 개의 그림에서 정답인 하나를 손으로 가리키는 식으로만 반응하도록 되어 있어서 구어가 결여된 장애아동에게 사용할 수 있음	중앙적성 역구소	
한국판 그림 지능 검사	4세~7세	성격상 수줍은 아동이나 언어장애가 있는 아동은 답을 알고 있으면서도 대답을 못할 수 있으며 손으로 조작하는 동작능력에 장애가 있는 아동도 검사를 받을 수가 없거나 불리한 점수를 받을 수밖에 없는 기존의 지능검사와 다른 지능검사로 고안됨. 그림으로 된 사선	J. L. French, 중앙적성 연구소	

검사도구명	대상	주요 특징	개발자	비고
		다형의 지능검사로서 검사자가 말로 질문을 하면 피검사자인 아동은 4개의 그림 중에서 정답이 되는 한 개의 그림을 골라내도록 되어 있음. 이때 대답은 말로 해도 되고 말이 서툴거나 말을 못하는 아동은 손가락이나 눈짓으로 정답을 가리킬 수 있음.		
인물화에 의한 간편 기능검사	유아, 초등학교 아동 및 정신지체아, 특수학교 아동	이 검사는 Goodenough-Harris Drawing Test를 원본으로 하여 우리나라에 맞도록 개정한 것이며 자기자각과 신체개념에 대한 발달지표를 말해줌으로써 지적 성숙을 측정하게 해 준다. 학생의 일반적인 능력수준에 대한 정보를 가질 수 있어 선별도구로서도 사용된다.	김재은·김동극·여광응·교육과학사 (1973)	
고대・비네 지능검사 (K・BINET)	만 4세 이상~만 15세 미만 대상	Alfred Binet가 1905년에 처음 시도한 지능검사법을 바탕으로 한 스탠포드 비네검사를 한국판으로 표준화한 지능검사도구. 피험자 연령은 만 4세 이상 만 15세 미만을 대상으로 하지만 정신지체와 같은 장애아동은 성인이라고 실제 연령을 불문하고 만 14세로 간주하여 해당 환산표를 기준으로 판단할 수 있음	전용신	
카이제・코스 정신발달검사 (KISE-KOHS)	• 일반 아동일 경우 3세~5세 11개월 • 정신지체 아동일 경우 연령에 관계없이 시행	4개의 입방체를 가지고 아동이 제시된 도판과 같은 모양으로 직접 배열하도록 하는 일종의 수행검사(Performance test)로서 언어적 요인의 영향을 제거하기 위한 비언어적 지능검사 도구이며 개별적으로 혹은 다른 검사와 병행하여 사용할 수 있음. 유아와 정신지체 아동 등의 인지적 발달 수준과 지적 능력을 체계적으로 측정·평가할 수 있으며 비언어성 검사이기 때문에 문맹이나 준문맹인 아동, 교육적 혜택을 받지 못한 아동, 그리고 이중 언어를 사용하거나 제한된 언어적 기술을 가진 아동들을 선별하는데 유용함.	여광응·김영환·감춘일·문태영	
종합인지기능 진단검사 (CAS)	만 5세 ~12세	계획(Planning), 주의집중(Attention), 동시처리능력(Simultaneous), 순차처리능력(Successive) 처리과정에 기초하여, 정상 아동의 인지적 특성을 찾아내거나 영재아동을 변별하고자 하는 경우 진단자료로 활용할 수 있으며, 뇌성마비아동, 뇌손상 아동, 시청각장애 아동들을 진단하는데 활용됨. 매우 적은 수준의 지식만을 요구사고 광범위한 인지과종을 측정하고 있다는 측면에서 정신지체 아동 및 ADHD아동을 진단하는 데 활용될 수 있음.	문수백·이영재·여광응·조석희, 학지사	

4) 기초학력검사

검사도구명	대상	주요 특징	개발자	비고
기초학력검사 (KISE-BAAT)	5세~ 14세	KISE-BAA는 학교 학습에서 부진을 나타내는 아동을 선별 또는 진단하고 이들이 부진을 나타내는 영역과 수준을 파악하는 데 더욱 중점을 두어 규준참조검사로 개발되었음. 읽기, 쓰기 및 수학검사 각각을 교육프로그램의 수립과 시행에 필요한 정보를 확보하는 데 도움을 주기 위하여 2종의 동형검사로 개발하였음	박경숙·김계옥·송영준·정동영·정인숙, 서울문화 (2004, 재판 2008)	
기초학습 지능검사	• 유치원~ 초등학교 6학년 • 능력이 부족한 장애아동	조기취학의 가능여부 판별, 미취학 아동의 수학여부 판별, 선수학습 능력과 학습의 결손 상황파악, 학습장애 요인 분석, 아동의 학습수준의 정상과의 이탈도 판정, 각 학년별, 연령별 수준을 설정하여 학력 성취도를 알 수 있음.	한국교육개발원 (KEDI)	
FGST 학습준비도 검사	• 특수교육 대상아동 • 초등학교 취학 전 아동	특별한 교육적 요구를 가진 아동의 독특한 요구를 충족시켜 주기 위하여 개발된 것으로서 선별 기능에 따라 학급 내의 소집단편성이나 초기의 반편성의 중요한 자료나 지침으로 사용될 수 있음. 지능의 발달이 부진하거나 뇌기능이 온전치 못하거나 혹은 정서장애로 인하여 학습장애 문제를 가지고 있는 아동을 조기 선별할 수 있는 자료임.	김정권·여광응	

5) 지각 및 운동능력검사

검사도구명	대상	주요 특징	개발자	비고
시지각 발달검사 (Developmental test of Visual Perception)	• 3세~8세 • 개인 및 집단으로 실시할 수 있음	여러 가지 시지각을 측정할 수 있는 검사들은 대개 집단용이 아닌 개별검사로 실시하게 되어 있고, Bender검사의 Koppitz 채점법의 연령 기준 외에는 모두가 연령기준을 마련해 놓지 않고 있음. 따라서 이런 검사로는 시지각 능력을 진단하기에 적합하지 못한 점이 많아 보다 객관적인 도구의 필요성이 대두 되자, Frostig가 시지각 발달검사를 연구 개발하였으며, 우리나라에서는 여광응(1993)이 번역하여 소개함.	Marianne Ftostig, Consulting Psychologists Press, Inc(1966)	
시각-운동통합 발달검사 (Developmental test of Visual-Motor	• 만 2세~8세 (short form) • 2세~5세 (long from)	검사지는 아동들이 모사할 24개의 기하도형을 제시하고 있다. 기하도형은 굵은 검정색으로 인쇄되어 있고 각 페이지마다 3개씩의 기하도형이 배열되어 있으며, 각 도형 아래에는 아동이 도형을 모사할 공간이 마련되어 있음.	Keith E. Beery and Norman A. Buktenica. Follett	

검사도구명	대상	주요 특징	개발자	비고
integration : VMI)		기하도형은 가장 단순한 것에서 가장 복잡한 것으로 난이도에 따라 배열되어 있음. 또 각 도형은 경험의 차이에 크게 좌우되지 않고 아동의 흥미를 유지하며 실시할 수 있는 도형으로 구싱되어 있음.	Educational Corporation (1967)	
한국판 오세레츠키 운동능력검사	4세~16세	단순한 양적 측정뿐만 아니라 협응, 속도, 자발 동작, 단일 동작 수행능력을 측정하는데 주목적이 있음. 4세~16세까지 6개 하위검사 영역으로 구성되고, 다시 각 영역마다 4~10세까지는 1년 단위로, 11~16세까지는 2년 단위로 검사문항이 분류되어 하위검사마다 문항수가 10개이고, 따라서 총 36개 문항을 가지고 있음.	김정권·권기덕·최영하, 특수교육 (1987)	
지각운동 발달검사	3~11세	취학 전 아동의 읽기와 쓰기지도와 관련이 있는 시지각, 상지의 운동 및 지각-운동통합에 관한 과제를 부여함으로써 지각-운동통합행동의 시지각운동 및 시각운동통합능력의 발달을 종합적으로 분석하며 2개의 하위검사로 지각검사 27문항, 운동검사 32문항으로 구성되어 있음.	박화문·구본권, 대구대학교 출판부 (1990)	
시지각 검사 도구	• 아동용 검사 : 4세~8세 • 성인용 검사 : 뇌손상 환자 (시력이 20/80 이하, 검사지시를 이해하지 못하거나, 집중력이 떨어지는 환자는 제외함)	피검사자의 운동능력과 상관없이 실시할 수 있는 빠르고 간단한 시지각 검사로서 판별, 진단, 연구의 목적으로 사용되며 MVPT-R의 개정판으로 기존의 검사 항목에 11세 이후의 아동을 위한 검사 항목이 추가 되었으며, 학습, 운동, 인지 장애를 가진 환자에게 유용하게 사용할 수 있음.	• 아동용 : Ronald P. Colarusso, Donald D. Hammill (1972) • 성인용 : Mary Jane Bouska, Eugene Kwatny (1983)	
아동운동신경 및 인지능력발달 도구	0세~3세, 2세~6세, 6세~13세	아동의 신경운동 기능과 인지적 능력 발달의 지연 정도를 알아보기 위해 고안된 도구로 발달정도에 대한 진단 및 추적 조사에 사용. 학교나 치료실 기관에서 사용할 수 있으며, 운동, 적응성, 언어, 개인-사회성의 4개 영역으로 나뉘어져 있어 각 영역에 따른 수행 정도를 측정 주루 진단용으로 쓰이며 DDST로 판별해낸 발달지연 아동의 추적조사를 위해 사용되기도 함.	Arnold Gesell(1980)	
한국판 시지각 발달검사 (K-DTVP-2)	4~8세	K-DTVP-2는 시지각 및 시각-운동 통합능력을 측정하는 검사로서 8개 하위검사를 통해 공간관계, 공간위치, 형태항상성, 도형-배경을 측정. K-DTVP-2의	문수백·여광응·조용태	

검사도구명	대상	주요 특징	개발자	비고
		결과는 시지각 결손 아동의 수준과 현재상태를 파악하고, 시지각 및 시각-운동능력에 문제가 있는 아동들에게 특별한 훈련 프로그램의 영향을 보여주는 것 등으로 활용됨.		

6) 문제행동검사

검사도구명	대상	주요 특징	개발자	비고
문제행동 발생 동기와 관련된 변인의 조사 (Motivation Assesment Scale : MAS)	아동	모든 문제행동 발생에는 환경적 요인에 대한 개인적인 대처양상이 각기 다르게 나타날 수 있음. 이에 대한 변인의 평가를 위해 고안됨.	O'Neil(1997)	
벅스의 행동평정척도(Burks' Behavior Rating Scales : BBRS)	유아, 초·중등	벅스의 행동평정척도(Burks' Behavior Rating Scales : BBRS)는 학급이나 가정에서 행동상의 결함 때문에 학교나 관련 집단에서 상담을 필요로 하는 아동들에게 나타나는 종합적 원인론적 행동양상의 식별을 위해 고안된 것임.	Harold F. Burks, Ph. D western Psychological Services (1986)	
아동행동평정척도 (K-CBCL)	4~17세	행동문제의 평가와 동시에 사회능력척도를 제작하여 문제행동증후군척도와 유사한 과정을 통해 표준화 기준을 마련함으로서 정서행동문제뿐만 아니라 아동·청소년의 적응능력의 평가도 병행하였음.	홍강의·오경자·이혜련	

7) 사회성, 적응행동검사

검사도구명	대상	주요 특징	개발자	비고
국립특수교육원-적응행동검사 (KISE-SAB)	5세~14세	2002 AAMR의 적응행동 규정에 따라 개념적 적응행동검사, 사회적 적응행동검사, 실제적 적응행동검사로 구성되었으며, 우리나라의 사회 문화적 맥락과 생활양식에 적합한 내용과 방법으로 적응행동을 평가하는 문항으로 구성됨. 일반 학생과 정신지체학생을 대상으로 표준화하여 일반학생은 물론, 정신지체학생 집단의 규준으로도 비교 할 수 있도록 구성됨.	정인숙·강영택·김계옥·박경숙·정동영, 서울문화(2003; 재판 2008)	
교우 관계 사정(Sociometric Assessment)	아동	아동의 사회적 유능감을 측정하는 방법 중 가장 흔한 방법 중의 하나로 교유관계의 사정을 들 수 있음. 교우관계 사정은 크게 또래 지명법, 평정 척도법, 또래 행동기술법의 세 유형으로 나눌 수 있음	Moreno	

검사도구명	대상	주요 특징	개발자	비고
사회성숙도 검사(Social Maturity Scale)	0세~만 30세	117개의 문항으로 구성되어 있고 이것을 각 연령 단계로 묶어서 제시하고 있으며, 피검사자와의 면접이나 보호자와의 면접을 통하여 그의 일상생활에서 행동을 면접자가 표시를 하도록 되어 있음. 검사문항은 일반 자조 능력, 독립적 식사 능력, 작업 능력, 의사소통, 운동 능력, 사회화 정도의 8개의 영역으로 구성.	E. A. Doll, 중앙 적성 연구소	
한국판 적응행동검사 (K-SIB-R)	11개월~ 17세	정신지체 아동의 진단과 분류에 기여하여 적절한 배치를 도와줄 뿐 아니라 직접적인 교수 및 훈련 목표 설정을 도와주며, 훈련 프로그램과의 연결이 가능하도록 되어 있음. K-SIB-R의 검사 결과는 개별화된 가족 지원서비스 계획, 개별화 교육 계획, 개별화 프로그램계획, 또는 개별화 전환계획의 교수 및 훈련 목표 설정에 적합함.	백은희·이병인, 학지사	
파라다이스 한국표준 적응행동검사 (PABS-KR)	• 만 2세 (25개월) ~만 6세 (82개월) • 만6세 ~12세	유아와 초등학생을 대상으로 적응 행동 수준을 간편하고 정확하게 평가하는데 사용됨.	유재연·이준석·신현기·전병운·고등영, 파라다이스 복지재단	
유아성격검사 (PTYC)	만 4세~7세	아동이 가지고 있는 성격특성을 진단할 뿐만 아니라 더 나아가 정서발달, 자아, 그리고 정신건강을 정확하게 파악하는 데 그 목적이 있음. 성격특성을 간단하게 묘사하고 있는 26개의 그림과 지시문으로 이루어져 문자에 익숙하지 않은 아동에게도 무리 없이 사용이 가능함.	송인섭, 학지사	

8) 언어 검사

검사도구명	대상	주요 특징	개발자	비고
언어이해-인지력 검사	3세~6세 미만	3세부터 6세미만의 학령 전 아동들에 대한 언어 이해력 및 인지력을 측정하는 검사임. 동일 연령 내에서 언어발달의 개인차를 뚜렷이 변별해내기 보다는 언어적 발달지체를 가리기 위해 제작된 것이므로 일반 아동은 물론 정신지체, 청각장애, 언어장애, 자폐장애, 주의력결핍 과잉장애 등의 문제를 가진 아동들에게 적용할 수 있음.	서울장애인 종합복지관 기쁜소식	
그림 어휘력 검사	2세~8세 11개월 장애아동을	장애아동의 어휘능력을 측정하기 위해 고안됨. 정상아동은 물론, 정신지체, 청각장애, 언어장애, 뇌손상, 자폐장애, 행동장애, 뇌성마비 등으로 인해 언어에	서울장애인 종합복지관 기쁜소식	

검사도구명	대상	주요 특징	개발자	비고
	포함한 모든 아동	문제가 있는 아동들의 수영어휘 능력을 평가하는 데에 활용될 수 있음. 검사도구는 그림어휘력검사 실시요강, 그림어휘력 검사 그림자료, 검사지로 구성.		
문장이해력 검사	4세~6세 11개월	문장이해능력의 수준을 측정하는 것이며, 그 대상은 정상 아동은 물론 정신지체, 청각장애, 언어장애, 자폐장애, 주의력 결핍 과잉행동장애, 뇌성마비 등의 문제로 인해 언어에 문제를 가지고 있는 아동들임.	서울장애인 종합복지관 기쁜소식	
취학전 아동의 수용언어 및 표현언어 발달척도	2세~6세	아이들이 흥미 있어 하는 컬러 그림과 친숙한 장난감들은 아이들이 재미있게 검사에 임하면서 자신의 능력을 최대한 발휘할 수 있도록 돕고 있음. 장애를 연구하는 전문인들이 연구도구로 활용할 수 있으며 언어발달지체 및 언어장애를 진단하고 중재계획을 세우는 지침으로 활용될 수 있음.	김영태, 서울장애인 종합복지관	
언어 문재해결력 검사	만 5세~12세	학령기에 가까워지거나 학령기에 있는 아동을 대상으로 특정한 상황에서 대답하는 능력을 평가함으로써 언어를 통한 문제 해결 능력을 측정하고자 함. 하위 범주에 대한 검사결과를 기록하고 그 기록을 통하여 대상 아동의 언어 문제해결력의 강·약점을 파악할 수 있는 프로파일이 있음.	배소영·임선숙·이지희, 서울장애인 종합복지관	
한국어 발화 분석 2.0(KCLA)-2학급용		언어발달상 중요하다고 입증된 지표들을 중심으로 언어평가에 대한 객관적 결과를 얻을 수 있도록 함. 정상아동 뿐 아니라 언어발달장애 아동에 대한 언어 발달 정도를 살펴보기 위한 여러 요소들을 고려하였고, 영어권 소프트웨어에 대한 비교·분석을 통해 검사자나 치료사가 사용하기 편리하도록 하였음.	배소영, PICD	
일리노이스 심리언어검사 (ITPA)	3~8세	아동의 지적 능력을 언어 학습능력 측면에서 개별적으로 심리언어발달을 측정하며, 표상수준과 자동수준의 2단계로 구성됨.	Kirk, 박혜숙 역, 대학서림 (1994)	
한국 표준어음검사	만 4세~17세 청각장애 아동, 일반 아동, 장애아동	청각장애 아동과 일반 아동의 어음청력 검사를 실시할 목적으로 만들어짐.	최성규, 한국언어 치료학회	
파라다이스 유창성 검사	취학 전 아동~성인, 유창성에 문제를 가지고 있는 아동 및 성임 장애인	유창성 장애 문제를 종합적으로 평가할 수 있는 표준화된 검사도구가 거의 개발되지 않은 실정에서 유창성 장애의 평가가 주관적 인상에 의존하거나 또는 외국에서 개발된 검사 도구를 그대로 번역하여 사용하고 있는 현실이므로 이러한 현실적 요구에 부응하여 유창성 문제를 종합적인 측면에서 평가할 수 있는 검사로 유창성 장애의 정확한 진단 및 중재에 도움을 주고자 한 검사임.	심현섭·신문자·이은주, (주)파라다이스 복지재단	

검사도구명	대상	주요 특징	개발자	비고
영유아언어발달 검사	생후 5개월~36개월	정상발달 아동뿐 아니라, 언어발달 지체나 장애를 나타낼 가능성이 있는 유아 및 아동들의 언어능력을 평가하는데 사용할 수 있음. 생활연령이 검사상의 정상발달연령보다 많은 언어장애 아동들의 언어 능력에 대한 대략적인 언어발달 정도를 알 수 있게 해주는 지표로 사용됨. 일반인용과 전문가용 두 가지로 제작되어 일반인용은 영·유아의 언어문제 유무를 판별하기 위한 선별검사용으로 수용언어, 표현언어, 전반언어의 발달정도가 정상인지, 전문가에게 평가를 의뢰해야 할지를 제시해 줌.	김영태, 한국언어청각임상학회	
구문의미 이해력 검사	만 4세~9세 (또는 초등학교 3학년)	1994년에 발간된 『문장 이해력 검사』를 수정, 보완한 검사도구임. 이 검사도구는 만 4~9세(또는 초등학교 3학년) 수준의 구문의미 이해력을 측정하는 표준화 언어검사도구임. 이해 언어에서의 언어발달장애를 판별하는데 사용할 수 있으며, 단순언어장애(SLI) 아동의 하위유형을 판별하거나 상대적인 강·약점을 파악하고자 할 때 사용할 수 있음.	서울장애인 종합복지관	
아동용발음평가 (APAC)	만 3세 이상의 취학 전 아동이나 취학 전 아동 수준의 발음 능력을 보이는 취학아동	아동의 조음음운능력이 연령에 알맞은지를 평가하는 검사도구. 일반 아동의 경우 조음음운발달이 정상적인지, 언어발달지체 아동을 대상으로 조음음운발달이 생활연령이나 언어연령에 맞는지 청각장애가 있거나 말 산출 기관의 구조적인 문제가 있거나 신경손상에 의한 말장애가 있는지 등 조음음운 능력을 알아볼 때 사용할 수 있음.	김민정·배소영·박창일, 휴브알엔씨	
스트룹 아동색상-단어검사	4세~5세	학습과 주의력, 문제 해결능력, 사회적 판단 및 정서조절에 관여하는 인간의 고등인지기능인 전두엽 실행기능을 평가하는 검사로써 학교에서의 또래관계, 교사와의 관계 및 가족관계 등 실제 생활에 적응할 수 있는 능력을 예측하는데 도움이 되는 정보를 제공함. 개인이나 집단을 대상으로 5~10분의 짧은 시간 내에 간편하게 실시할 수 있음. 주의력결핍 과잉행동장애, 틱장애, 학습장애, 품행장애, 강박장애, 아스퍼거장애 및 뇌손상이 있는 아동과 정상아동을 유의미하게 판별해 줌. 연습효과가 적어 짧은 시간 내 재검사가 가능한 전두엽 기능 검사임.	서울대학교 병원, 학지사	

9) 자폐성 장애 진단 검사

검사도구명	대상	주요 특징	개발자	비고
자폐영아검목표 (Checklist for Autism/PDD in Toddlers : CHAT)	영아~ 18개월	18개월 정기점진 시에 소아과 의사가 간단히 영아들을 검사하여 발달상 문제가 있는 것으로 의심이 되는 영아를 전문가에 의뢰하도록 이 검목표가 개발됨. 따라서 CHAT는 자폐장애의 조기 진단 및 중재를 위한 선별 검사도구라고 할 수 있음.	Baron-Cohen · Allen, Gillberg Head to Toe(1992)	
자폐증 유아선별 부모용 간편 체크리스트	3세~6세 일반유아	미국정신의학회의 자폐장애진단 기준에 기초하여, 우리나라 자폐아 부모들을 대상으로 한 신뢰도 검사를 거쳐 구성. 총 23개 항목 중에서 4개의 영역에서 각각 1개 이상을 포함해 총 5개 이상의 행동특성을 보이면, 일단 자폐증 증상이 있는 것으로 의심됨.	홍강의·정보인·이상복, (1997)	
아동기 자폐증 평정 척도(Childhood Autism Rating Scale: CARS)	2세~15세	자폐증과 기타 발달장애를 알 수 있도록 구별하는 것과 자폐증의 장애정도를 알 수 있도록 구성되어 있으며, 최저 15점(정상)부터 최고 60점까지의 범위 중 자폐증과 기타 발달장애를 구분하는 경계 점수는 30.0점이며, 30.0~36.5점은 경증 및 중간 정도의 자폐증, 37.0~60.0점은 중증의 자폐증으로 분류함.	Schopler, AGS(1986)	
자폐아 행동 체크리스트(The Autism Behavior Checklist: ABC)	18개월~ 35세	57게 항목으로 구성되었으며 신체영역, 대인관계영역, 신체 및 사물사용영역, 언어영역, 사회성 및 자조기능의 5개 하위영역으로 구분됨. 평가는 자폐 문제의 심각성에 따라 1점에서 4점까지의 가중치가 주어지며 전체득점 158점 중 68점 이상일 경우 자폐 가능성이 매우 높은 수준임.	Krug, Arick, Almond(1980)	
한국판 사회적 의사소통 설문지(SCQ)	자폐스펙트럼 장애가 의심되는 환자	DSM-IV 및 ICD-10의 진단 기준에 의거하여 자폐스펙트럼장애가 의심되는 환자를 1차 선별할 수 있는 설문지로서 ADI-R에서 문항을 추출하여 만들어졌음. 주고받는 사회적 상호작용, 언어와 의사소통, 행동의 제한적, 반복적, 상동적 패턴 등 3위 하위영역에 대해 보호자가 평가한다. 각 항목마다 절단점이 있어서 일정점수 이상일 경우 ADI-R, ADOS 등 보다 정일한 검사를 요구하는 환자를 선별할 수 있음.	서울대학교 병원	
이화 자폐아동 행동발달평가도구	자폐성을 지닌 아동이나 자폐아동, 정서, 행동장애 아동	일본 정신의학연구소에 의해 제작된 정교식 CLAC-Ⅱ를 모형으로 하여 발달영역과 병리영역에 관한 내용을 수정, 보완하여 우리나라의 자폐아동 행동발달 평가도구를 개발한 것으로 우리나라 아동의 행동발달 규준과 병리성 수준을 평가함. 이 도구는 면접용 자폐아동 행동발달 평가도구로서 초기 면접 시 저항, 주의산만 등으로 검사 실시가 불가능한 자폐아를 대상으로 실시할 수 있는 장점이 있음.	김태련· 박랑규, 도서출판 특수교육	

검사도구명	대상	주요 특징	개발자	비고
자폐증진단 면담지(ADI-R)	자폐스펙트럼 장애가 의심되는 환자, 정신연령 2세 이상	자폐스펙트럼 장애의 진단 및 감별진단 DSM-IV 및 ICD-10의 진단 기준에 의거하여 자폐스펙트럼장애를 정확히 진단하고 감별 진단하는 것을 목적으로 함. 자폐스펙트럼장애와 기타 발달의 장애들을 감별할 수 있음. 주고받는 사회적 상호작용, 언어와 의사소통, 행동의 제한적·반복적·상동적 패턴, 발생시점 평가 등 4개의 하위영역에 대해 면담하고 평가하는 구체적 가이드라인을 제시함.	분당 서울대학교 병원, 학지사	

PART 2 특수아동의 범주

01 정신지체장애 아동

chapter

1 정신지체장애의 정의

정신지체에 대한 정의는 다양하고 유동적이다. 정신지체 아동을 지능이 낮은 아동으로 간단히 생각하는 사람들이 많은데, 사실 정신지체 아동들의 집단도 매우 다양한 정도와 특성을 가진 아동들의 집단이다. 20세기 초반 Doll(1941)은 정신지체를 다음과 같이 정의하였다. "우리는 적절한 정의와 개념에 필수적인 것으로 여겨지는 문장과 시사점을 통해 여섯 가지 준거를 찾아냈다. 즉, ① 사회적능력의 장애이고, ② 정상 이하의 정신능력으로 인해 나타나며, ③ 발달에 장애를 가져오며, ④ 성장기에 나타나고, ⑤ 기질적인 원인을 가지며, ⑥ 본질적으로 치료 불가능하다는 것이다." 이와 같은 Doll(1941)의 정의는 정신지체의 정의에 계속적으로 영향을 끼쳐 왔으며, 처음 네 요소는 최근의 정의에서도 발견된다. 본 장에서는 정신지체의 개념과 정신지체 아동의 특성, 그리고 교육방법에 대해서 살펴보려고 한다.

이 정의의 주요 세 가지 요소는 유의하게 평균이하인 지적 기능, 적응적 제한성, 그리고 발달기 동안에 야기되는 것 등이다.

(1) 유의하게 평균이하인 지적 기능

지적 기능 수행이 평균보다 유의하게 낮은 것으로 특징지어진다는 것은 지적 기능 수행을 측정할 목적으로 개발한 한 가지 이상의 개인용 일반 지능 검사가 포함되는 검사에서 IQ 표준 점수가 약 70 내지 75이하라는 것을 의미한다. 즉, 표준화된 지능검사에서 정신지체 아동은 IQ 수준이 규준치보다 표준 편차가 2표준편차 (−2 SD) 이상 아래에 속하여야 한다.

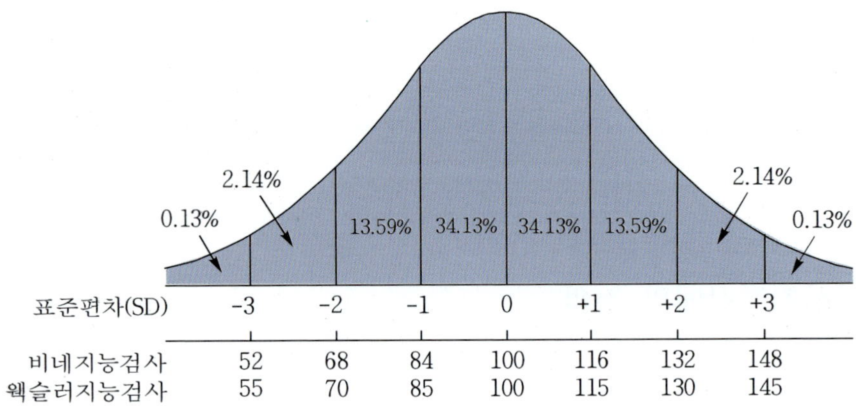

정상분포 곡선과 지능지수와의 관계

(2) 적응적 제한성

지적 기능 수행이 유의하게 낮다는 것만 가지고 정신지체로 진단해서는 안 되며, 이와 동시에 적응 기술에 제한이 있다는 증거가 있을 때에만 정신지체로 진단해야 한다는 것이다. 그리고 적응기술의 제한 범위는 적어도 두 가지 적응 기술 영역을 포함할 정도로 넓어야 하며, 적응기술 영역은 의사소통, 자기관리, 가정생활, 사회성 기술, 지역사회 활용, 자기 지시, 건강과 안전, 기능적 학업교과, 여가, 직업기술 등 10개이다. 이러한 기술들은 성공적인 생활 기능에 핵심적이며 정신지체인을 위한 지원의 필요성과 자주 관련된다(Heber, 1961).

(3) 발달적 시기

발달적 시기를 임신에서 18세 이전으로 언급하고 있다. 만 18세란 이 사회(역자 주 : 미국)에서 전형적으로 성인의 역할이 기대되는 나이에 근접한다. 다른 사회에서는 아마도 다른 연령 기준이 더욱 적절한 것으로 결정될 수도 있을 것이다(박승희 역, 1994).

AAMR(2002)에서 제안한 정신지체의 정의에 따르면 "정신지체란 지적 기능과 개념적, 사회적, 실질적 적응기술에서 상당한 제한이 나타나는 장애이며, 이는 18세 이전에 시작된다."라고 정의하고 있다. 이 새로운 정의를 적용하기 위해서 AAMR은 다음과 같은 다섯 가지 필수적인 가정을 제시하였다.

첫째, 현재 기능상의 제한은 반드시 개인의 또래 연령집단과 개인이 속한 문화적 배경을 포함한 지역사회 환경의 맥락 안에서 고려되어야 한다.

둘째, 타당한 평가는 문화적 · 언어적 다양성뿐 아니라 의사소통, 감각, 운동, 행동상의 차이점도 고려하여야 한다.

셋째, 개인이 지닌 제한점은 흔히 강점과 함께 나타난다.

넷째, 개인이 지닌 제한점을 묘사하는 목적은 필요한 지원의 프로파일을 개발하기 위함이다.

다섯째, 적절한 개별적 지원을 지속적으로 제공하면 정신지체인의 삶의 기능이 전반적으로 향상될 것이다(최중옥 외, 2002).

1) 미국심리학회(APA)정의

Jacobson과 Mulick를 중심으로 한 미국심리학회(American Psychological Association) 33분과는 1996년 『정신지체의 진단과 전문적 치료를 위한 지침서』를 출판하고, 그 지침서에 정신지체를 다음과 같이 정의하였다. "정신지체는 일반적인 지적기능에서의 유의한 제한성, 그와 동시에 적응 기능의 유의한 제한성, 그리고 지능과 적응상의 제한성이 22세 이전에 시작되는 것을 말한다(Jacobson & Mulick, 1996)."

APA의 정의를 검토해 보면, 그것이 본질적으로 약간의 변화만 있을 뿐 1983년

AAMR 정의의 구조로 돌아간 것임을 알 수 있다. 적응행동 대신에 적응기능이라는 용어가 사용되었으며, 출현시기의 상한 연령이 18세에서 22세로 연장되었다(신종호 외 역, 2002). APA지침은 장애 정도에 따른 분류체계, 즉 경도, 중등도, 중도, 최중도를 권장하고 있다. 이 지침에서 '장애 정도는 네 범주의 IQ점수와 그에 대응하는 적응 기능의 공존 여부에 따라 결정된다(Jacobson & Mulick, 1996).'고 말하고 있다. 다음의 표는 정신지체의 정도와 IQ 및 적응 기능 간의 관계를 보여 준다.

정신지체의 정도와 적응기능 간의 관계

정신지체의 정도	IQ 점수 범위	IQ 분류 표준편차	공존하는 적응기능 제한의 범위
경도	55~70	-2SD	두 개 또는 그 이상의 영역
중등도	35~54	-3SD	두 개 또는 그 이상의 영역
중도	20~34	-4SD	모든 영역
최중도	20 이하	-5SD	모든 영역

출처 : Jacobson & Mulick(1996)

2) 한국의 법적 규정

우리나라의 장애인 등에 대한 특수교육법(2008)과 장애인복지법 시행규칙(일부개정 2016.11.24)이 있다.

(1) 우리나라의 장애인 등에 대한 특수교육법(2008)

지적 기능과 적응행동상의 어려움이 함께 존재하여 교육적 성취에 어려움이 있는 사람이라고 정의한다(특수교육원, 2016).

(2) 장애인복지법 시행규칙의 규정

우리나라의 장애인복지법 시행규칙은 정신지체인을 1, 2, 3급으로 나누고 다음과 같이 규정하고 있다.

- 1급 : 지능지수 34 이하의 자로 일상생활과 사회생활의 적응이 뚜렷하게 곤란하여 일생동안 타인의 보호가 필요한사람.
- 2급 : 지능지수 35 이상 49 이하의 사람으로 일상생활의 단순한 행동을 훈련시킬 수 있고, 어느 정도의 감독과 도움을 받으면 복잡하지 아니하고 특수 기술을 요하지 아니하는 직업을 가질 수 있는 사람.
- 3급 : 지능지수 50 이상 70 이하의 사람으로, 교육을 통한 사회적·직업적 재활이 가능한 사람.

장애인복지법 시행규칙이 지능지수의 상한을 70으로 규정하는 데 비해, 특수교육진흥법 시행령은 지능지수의 상한을 75로 규정하고 있다. 또한 장애인복지법 시행규칙은 일반지능과 일상생활·사회생활·직업생활을 동시에 고려하여 정신지체 여부와 그 등급을 판별하도록 규정하고 있다. 그러나 특수교육진흥법 시행령은 적응능력의 결함이 무엇인지 분명한 규정을 하지 않은 것이 이 정의의 한계라 할 수 있다(이성현, 2001).

2 정신지체장애 아동의 분류

1) 미국정신지체협회(AAMR)의 분류

미국정신박약연구협회(AAMD) 시대에는 치매, 백치, 천치로 3분류하였다. 그러나 Heber(1961) 등은 정신지체란 용어를 사용하였으며, 이를 경계선급 정신지체, 경도, 중등도, 중도, 최중도로 5분류하였다. 1973년부터는 이를 경도, 중등도, 중도, 최중도로 4분류하였다. 그러나 미국정신지체아협회는 1992년도 연차회의에서 정신지체의 정의를 수정하면서 이와 같은 분류체계를 사용하지 않기로 하고, 어떤 지원(지원의 종류와 강도)이 요구되는 아동이라고 기술하기로 하였다.

요구되는 지원의 강도는 다음과 같이 분류되며 정의된다(American Association on Mental Retardation, 1992).

(1) 간헐적(Intermittent) 지원이 필요한 정신지체

필요에 따른 지원을 말한다. 항상 지원을 필요로 하는 것은 아니며, 인생의 전환기(예 : 실직 또는 심각한 질병으로 인한 위기 상황)에 단기적인 지원 등과 같은 일시적인 필요에 따른 지원이며 제공하는 지원의 강도가 높을 수도 있고 낮을 수도 있다.

(2) 제한적(Limited) 지원이 필요한 정신지체

시간에 걸쳐 일관적인 지원을 말한다. 그러나 간헐적이 아니라 시간 제한적인(time-limited) 지원강도로 보다 강도 높은 지원 수준보다는 적은 수의 지원 인력과 적은 비용이 들 수 있다(예 : 시간 제한적인 고용 훈련 또는 학교에서 성인기로의 전환을 위한 지원).

(3) 확장적(Extensive) 지원이 필요한 정신지체

적어도 몇몇 환경(직장 또는 가정과 같은)에서 정기적으로(예 : 매일), 시간 제한적이 아닌(예 : 장기적 지원, 장기적인 가정생활 지원) 지원을 말한다.

(4) 전반적(Pervasive) 지원이 필요한 정신지체

지속성과 높은 강도의 지원을 말한다. 전반적 환경에 걸쳐서 제공되며 잠재적으로는 삶을 유지하기 위해 필요한 것을 특징으로 지원하는 수준이다. 확장적이거나 시간 제한적인 지원보다 전형적으로 더 많은 수의 지원인력과 더 많은 개입을 필요로 하는 지원이다(신종호 외 역, 2002).

2) 미국 정신의학협회의 분류(AAMD)

(1) 경도(mild) 정신지체

IQ는 50~55부터 약 70까지에 속한다. 정신지체의 약 85%를 차지한다. 학령 전

(0~5세)에 사회기술과 의사소통 기술을 발전시킨다. 흔히는 일반 아동과 구별되지 않는다. 10대 말까지 약 6학년 수준의 학문기술을 습득할 수 있다. 성인기에 최소한의 자기-지원에 적절한 사회적 기술과 직업적 기술을 획득할 수 있다. 그러나 감독 · 지도 · 보조가 필요할 때도 있다. 적절한 지원을 하면 지역사회에서 독립적으로 또는 지원 상황에서 성공적으로 생활할 수 있다.

(2) 중등도(moderate) 정신지체

IQ는 35~40부터 50~55에 속한다. 정신지체인의 약 10%를 차지한다. 대다수는 아동 초기에 의사소통 기술을 획득한다. 직업 훈련을 받을 수 있고, 사회적 · 직업적 기술 훈련을 받아 감독 하에서 어느 정도의 경제적 역할을 할 수 있다. 교과에서는 2학년 수준 이상으로 향상되기 어렵다. 친숙한 곳에 혼자 다닐 수 있게 배울 수 있다. 사춘기에 사회적 관습을 몰라 동료관계를 제대로 하지 못할 수도 있다. 대다수는 성인기에 보호 작업장이나 일반적인 작업 집단에서 감독 하에 비숙련 작업이나 반숙련 작업을 할 수 있다. 일반적으로 감독 하에 지역 사회 생활에 적응을 할 수 있다.

(3) 중도(severe) 정신지체

IQ는 20~25부터 35~40에 속한다. 정신지체인의 3~4%를 차지한다. 아동 초기에 의사소통에 필요한 말을 거의 또는 전혀 습득할 수 없다. 학령기에 말을 배울 수 있고, 초보적인 자기 보호 기술 훈련을 받을 수 있다. 학문학습준비기술을 어느 정도 배울 수 있다. 대다수는 집단가정(group home)에서 또는 그들의 가족과 지역 사회 생활에서 적응을 한다.

(4) 최중도(profound) 정신지체

IQ는 20 또는 25이하에 속한다. 정신지체인의 1~2%를 차지한다. 대다수는 정신지체를 설명하는 신경학적 조건을 가진다. 아동 초기에는 감각 운동 기능 수행에 상당한 장애가 있음을 보인다. 부단한 보조와 감독을 받아 ,보호자와의 개별화된 관계에서 최적한 발달이 이루어지게 할 수 있다. 운동발달, 자기보호, 의사소통기술은 적절한 훈련을 받으면 향상된다. 일부는 철저한 감독과 보호 하에 간단한 과제를 수행할 수 있다(Heber, 1961).

3) 교육적 분류

교육적인 목적에 의해 일반적으로 지능 지수가 75 이하이면 정신지체로 인정하지만 IQ가 75 이하인 경우라 하더라도 그 능력의 차이가 너무 크기 때문에 이를 보통 세 집단으로 분류한다.

Kirk(1972)는 교육 목적에 유용한 분류를 했는데, 오늘날까지도 그 분류가 특수교육현장에서 많이 고려되고 있다.

(1) 교육가능 정신지체(Educable Mentally Retarded)

교육가능 정신지체는 발달 속도는 늦지만 생활에 필요한 초보적 지식과 기술의 습득이 가능한 IQ 50~75사이에 속하는 정신지체이다. 교육가능 정신지체는 다음과 같은 세 가지 영역에서 발달 가능성을 가지고 있다.

① 최소 수준에서 이론 교과를 배울 수 있다.
② 지역 사회에서 독립해서 살아갈 수 있는 사회적 적응을 배울 수 있다.
③ 성인으로서 부분적 또는 전체적으로 자활할 수 있을 정도의 직업적 능력을 배울 수 있다.

대부분의 경우 유아기나 아동 초기에는 교육가능 정신지체는 지체된 것이 인식되지 않는다. 일반적으로 취학 전 연령에서는 아동에 대한 기대를 지적인 내용에다 크게 두지 않기 때문에 유아의 성숙이나 정신적 성장 등을 주의 깊게 살펴보아야만 지체된 것을 알 수 있다.

교육가능 정신지체는 학습 능력이 사회적 기대의 중요한 부분이 되는 학령기인

학교에서 처음으로 판별될 수 있다. 대부분의 경우 지체의 원인을 설명할 수 있는 명백한 병리학적 상태는 없다.

(2) 훈련가능 정신지체(Trainable Mentally Retarded)

훈련가능 정신지체는 지능이 떨어져 교과학습을 습득할 수 있는 능력은 거의 없고 성인이 되었을 때 사회에서의 독립이 어려우며, 직업적 능력에 있어서도 감독이나 도움 없이 완전히 자활하기가 어려운 IQ 25~50 사이에 속하는 정신지체이다.

그러나 다음과 같은 네 가지 영역에서 학습할 수 있는 능력을 가지고 있다.

① 자립(self-help skill : 옷 입고 벗기, 화장실 이용하기, 음식 먹기 등)

② 가정, 유치원, 학교, 이웃에서 겪게 되는 일반적인 위험으로부터 자신을 보호하는 능력

③ 가정이나 이웃에서 요구되어지는 사회적 적응(역할 분담, 소유권 존중, 가족과 이웃에 협동하기 등)

④ 가정이나 보호된 환경에서 일을 도움으로써 얻게 되는 경제적 유용성에 관한 지식

대부분 훈련가능 정신지체아는 말하기, 걷기 등에 현저하게 뒤지기 때문에 유아기나 아동 초기에 지체된 것을 발견할 수 있다.

(3) 보호급 정신지체(Custodial Mentally Retarded)

보호급 정신지체는 가정이나 시설에서 완전히 보호 수용해야하는 IQ 25 이하에 속하는 정신지체이다. 이들은 중도의 정신지체 때문에 자기 보호, 사회화, 경제적 유용성 등의 능력을 배울 수 없으며 자신의 욕구를 충족시키기 위해서 계속적인 도움을 필요로 한다. 또한 다른 사람의 도움 없이는 살아갈 수 없기 때문에 일평생 완전한 보호와 관리가 필요하다.

3 정신지체장애 아동의 원인

정신지체의 원인은 여러 가지 원인으로 발생하게 되는데, 생물학적 원인, 정신사회환경적 원인 또는 사회문화 적응적 원인, 그리고 두 가지가 결합된 원인 등이 있다.

지금까지는 정신지체장애 아동의 약 25%는 생물학적 원인이며 나머지 약 75%는 정신사회환경적 원인 또는 두 가지 원인에 의한 것으로 생각되어 왔다. 그러나 최근에는 원인파악을 위한 광범위하고 적극적인 연구에 의해 약 30~40%만이 원인불명으로 남고, 나머지는 그 원인이 밝혀지고 있다. 정신지체장애 아동의 구체적 원인을 유전적 원인, 출산 전 원인, 환경적 요인, 기타 원인으로 나누어 보면 다음과 같다(김이영 외, 2015).

1) 유전적 원인(염색체)

유전적 원인 중 염색체 이상은 정신지체와 연관이 매우 높다. 그러나 염색체 이상이 반드시 정신지체와 연관되는 것은 아니다. 예를 들어, Turner 증후군을 가진 아동 중에는 보통 또는 보통 이상의 지능을 가진 경우도 있다.

(1) 다운증후군(Down syndrome)

다운증후군을 가진 환자의 얼굴이 몽고족과 닮은 데 착안하여 몽고리즘이라 명명하기도 한다. 연구가 지속되면서 환자들의 염색체 수가 47개이며, 21번째 염색체가 3개라는 것이 발견되어 21-trisomy라 했다. 이런 변이가 일어나는 이유는 정자 또는 난자 형성 때 비분리가 일어났기 때문이며, 이와 비슷하게 모자이크형 또는 염색체 수가 46개인 전좌형이라는 변형도 있다. 다운증후군은 신생아 700명 중 1명 꼴로 출현하며, 전체 장애아동 중 10%를 차지한다.

21-trisomy형은 산모의 연령과 발생빈도가 밀접한 연관관계가 있어서 고연령일수록 위험률이 높아지며, 다운증후군은 임신 14~16주에 무뇌증, 무척추증과 함께 기

형아검사 조기 발견할 수 있다. 반면 전좌형은 유전적 성향이 있는 것으로 초산이나 젊은 연령층의 산모에서도 출현빈도가 높다.

2) 유전적 원인(염색체 이상 외)

(1) 페닐케톤뇨증

혈액 속에 축적된 페닐알라닌이 두뇌 발달을 초래하는 것인데 신체가 페닐알라닌이라는 음식 물질을 타이로신으로 변환시키지 못하는 증상에서 출현하는 대사장애이다. 이는 신생아 때 선별 검사를 하여 페닐케톤뇨증 여부를 알아보고, 페닐알라닌의 섭취를 조절하는 식이 요법을 계속함으로써 예방할 수 있다.

(2) 갈락토스혈증

갈락토스를 대사하지 못하여 정신지체를 초래할 수 있는 질환이다. 이것은 출산 초기의 황달과 백내장의 원인이 되기도 한다. 갈락토스혈증도 페닐케톤뇨증과 마찬가지로 우유 등과 같은 특별한 음식을 조절하여 조기 발견하여 예방할 수 있다(전경원 외, 2015).

3) 감염

감염은 임신한 산모, 영・유아에게서 발생하여 정신지체를 일으킬 수 있다. 특히, 풍진, 매독 등의 질병을 산모가 앓았을 때 태아는 정신지체가 될 가능성이 높으며, 임신 초 3개월 이내에 풍진에 감염된 경우에는 더욱 더 치명적이다. 또한 풍진과 AIDS에 감염된 태아는 '소두증' 증상을 보이기도 하는데, 소두증은 머리가 작고 이마가 비스듬한 특징이 있다. 소두증에 걸린 영유아는 대부분 중도나 최중도의 정신지체를 가지게 될 확률이 높다.

4) 중독

중독도 감염과 마찬가지로 임신한 산모, 영 · 유아에게 발생하여 정신지체를 일으킬 수 있다. 산모가 태아에게 치명적인 코카인이나 헤로인 등의 마약이나 그보다 약한 담배, 알코올, 카페인 등을 복용하여 중독되면 태아의 행동 발달에 지체를 가져올 수 있다. 특히, 술이나 담배를 많이 하는 임산부는 조산하거나 정서 · 행동 및 신체적 문제가 있는 아기를 출산할 가능성이 높은 것으로 보고되고 있다(Hetherington & Parke, 1986).

태내알코올증후군(Fetal Alcohol Syndrome, FAS)은 다운증후군과 함께 일반적으로 알려진 정신지체의 원인이다(Edwards, 1981). FAS는 알코올 중독인 산모에게서 태어난 아기에게 많이 나타나는 경우로 정신지체와 함께 행동 및 신체적 장애를 동반한다. 이러한 위험성을 비추어 볼 때 산모에게 알코올은 아주 적은 양이라도 태아에게 손상을 입힐 수 있으므로 산모의 알코올 절제는 반드시 필요하다.

4 정신지체장애 아동의 진단

특수교육의 장 전체를 통하여 판별과 진단에 대한 불확실한 문제가 여전히 남아 있다. 이용 가능한 수많은 검사들, 측정 도구가 있음에도 불구하고 진단 전문가는 여전히 정신지체 아동의 적응행동과 학습 가능성의 정확한 평가를 하는 데는 많은 어려움을 겪는다. 정신지체의 심각한 정도 및 아주 정밀한 판별을 실시함에 있어서 임상학자들은 아동들 개개인을 위한 구체적 측정과 관찰에 있어서 한계에 봉착하게 된다. 예컨대 어떤 검사는 장애가 심각한 중도 정신지체 아동에게는 부적당한 것 같으나, 경도 정신지체 아동에게는 아주 적당한 것이 있다.

정신지체의 정상적인 진단 업무는 짧은 기간 동안 이루어지는 업무가 아니다. 판별은 반드시 아동의 정신 능력과 적응행동 특성들이 모두 충족되도록 측정되어야만 한다. 예를 들어 한 아동이 적응행동에 결함이 있다고 확인되었지만 평균 지능지수

(IQ)를 가지고 있다고 검사되었으면 그는 학습장애 또는 아마도 정서장애로 분류될 것이다.

정신지체의 판별과 진단은 몇 가지 주요 욕구들을 충족해야만 한다. 첫째, 배치 목적을 위하여 사용되어야 한다. 둘째, 평가 자료는 개인 간 차와 개인내차를 비교하기 위하여 사용되어야 한다. 셋째, 정신지체로 판별된 아동을 위한 객관적이고 교정적인 전략들을 수립하는 데 도움을 주는 정보의 수집으로서 치료 계획 또는 적용 프로그램의 준비를 위하여 판별과 진단이 이루어져야만 할 것이다.

1) 유아기의 판별

어떤 장애의 상태이든 조기 판별은 매우 중요하다. 조기 판별은 조기 교육을 통하여 아동의 문제들을 개선시킬 수 있다.

유아의 정신 발달 특성이나 지능 발달의 지체 상태에 따라 정신지체를 예견하거나 진단하기는 어렵다. 비교적 중도(重度) 정신지체 유아에 대해서는 부모가 발견하는 것이 가능하지만, 경도(經度) 정신지체 유아는 그 발달 지체를 알지 못하고 넘기는 경우가 많다. 취학 전 유아기 판별의 주요 초점은 그들이 학교에 취학한 후에 경도 정신지체로 분류될 위험이 있는 아이들을 판별하는 것이다. Simner(1983)는 각종 조사 연구를 재검토하여 경도 정신지체 유아에게는 경고의 표시가 있음을 환기시켰다. 앞으로의 학교생활에 실패가 예상되는 유아는 놀이나 지도 시 주의집중시간, 주의 산만, 기억 시간, 수업 중 말의 유창성, 수업 중 흥미와 참여, 문자나 수의 식별 능력 등의 관찰이 중요함을 지적했다.

유아기에 발달 지체를 발견하는 방법을 살펴본다.

(1) 관찰

일상생활의 행동을 계속해서 긴밀히 관찰함으로써 행동상의 특이성을 발견할 수 있다. 특히 유의해서 관찰해야할 행동은 말의 유창성, 교육활동에 참가해서 노는 태도의 부적절성, 부적응, 자조능력을 중심으로 한 사회 성숙도가 현저하게 낮음 등이다.

(2) 검사

관찰 후에 정신 발달 검사나 지능 검사를 이용하여 진단하며, 유아기의 심리적 특성과 장애 특성을 고려하여 실시한다. 유아용 집단 지능검사에서 득점이 낮은 유아를 곧바로 정신지체로 의심하는 것은 위험하며, 전문가에 의한 개별적인 개인용 지능 검사를 실시해야 한다.

(3) 생육력 조사

관찰과 검사로부터 얻은 자료에 의해 정신지체의 의심이 있을 경우에는 그 발생 원인과 생육 과정을 조사해서 진단의 중요한 참고 자료로 삼게 된다.

(4) 신체적 · 의학적 검사

발달 지체 유아로 보이는 여러 가지 신체 또는 신체적 기능의 장애를 신체적·의학적 검사를 통해 정신지체인지 아닌지 확실히 해야 한다.

2) 학령기의 판별

경도 정신지체의 경우에 학령기 판별이 매우 중요하다. 왜냐하면 경도 정신지체의 많은 경우에 아동이 학교에 입학할 때까지 알아차리지 못한다. 이들 아동들의 판별에는 교사들의 역할이 결정적인 위치를 차지한다. 교사들은 오랜 시간동안 학생들을 관찰하고, 교실 내에서 학업 성취와 교실 안팎에서의 사회적 행동을 알아차릴 수 있을 뿐만 아니라 교사들은 이전 학년의 아동들을 맡았던 다른 교사들의 관찰과 논평 그리고 타당한 학교 기록들에 접근할 수 있다. 그러므로 담임교사들은 아마도 경도 지체 학생들이 가지고 있는 문제들과 그들의 욕구를 확인하는데 최전선에 있어서 최초로 판별할 가능성이 많다.

그러나 심한 정신지체 아동들을 위한 진단은 그다지 중요한 것은 아니고, 이들 아동들은 뚜렷한 문제들을 가지고 있고, 이런 문제들은 이미 학교 입학 전에 잘 진단되었기 때문이다.

학령기에서의 판별에서 기본적인 진단 초점은 지적 기능과 적응행동의 측정이다.

3) 지능 검사

정신지체의 평가에 있어서 우선 중요한 두 가지 영역은 지능지수(IQ)와 적응행동과의 관계이다. IQ검사는 1905년 Alfred Binet가 처음으로 정신 능력을 객관적으로 평가할 수 있는 검사를 고안하였다. 30개 문항으로 구성된 이 검사는 단순한 감각능력이 아닌 기억력, 이해력, 어휘력 등의 기능을 측정하는 문항으로 되어있다. 그 이후로 이 검사는 지능 측정의 가장 중요한 도구가 되었다. 아직도 지능검사를 통하여 학문적 성취의 예언에 상당히 성공적으로 사용되고 있다.

정신지체 아동은 IQ 수준이 규준치보다 표준 편차가 2표준편차(−2SD) 이상 아래여야 한다는 정의적 표준에 충족하기 위하여도 지능의 평가는 중요하다. 좀 더 중요한 사실은 아동의 인지적 기능의 진단 자료가 교육적 프로그램 작성과 아동의 교육적 배치를 결정하는 측정의 하나로서 사용된다는 것이다.

좀 더 심한 정신지체의 범위에 있는 아동들은 가끔 WISC-R같은 표준화된 IQ검사로써 검사되지 않는다. 기질적 두뇌 질환과 신체장애가 있는 경우에는 IQ수준을 발달검사, 적응행동 측정, 관찰 그리고 다른 도구들에 의해 힘들게 수집된 정보에 의하여 평가되어진다(MacMillan, 1982).

지능 검사에는 개인용 검사와 집단용 검사가 있다. 집단용 지능 검사는 개인용 지능 검사에 비해 정확성과 예언력이 낮기 때문에 정신지체를 진단할 때는 개인용 지능 검사를 더 많이 사용한다.

우리나라에서 보편적으로 많이 사용되는 개인용 지능 검사는 '고대-비네 지능검사'(전용신, 1971)와 'KEDI-WISC'(박경숙 외, 1987)가 있다.

4) 적응행동의 평가

정신지체의 평가와 정의에 적응행동이 포함됨으로써 많은 적응행동 검사들이 발달하였다. 그러나 지능의 경우에서처럼 단순하고, 한정되고, 객관적인 평가 절차가 존재하지는 않는다. 하나의 문제는 적응행동의 정의가 불명확하다는 것이고, 다른 하나는 개념이 상대적이라는 것이다.

적응행동 검사는 일반적으로 행동의 명세서와 목록들로 이루어져 있다. 이들은 아동들 가까이에 있는 부모, 교사 또는 가장 가까운 보호자 등의 사람들과 면접에 의해 작성된다.

우리나라에서 일반적으로 사용되는 검사는 '사회성숙도 검사'(김승국 · 김옥기, 1995)와 '적응행동검사'(김승국, 1990)등이 있다.

5 정신지체장애 아동의 특성

정신지체는 단지 천천히 느리게 발달하는 것이지 중단을 의미하는 것은 아니다. 정신지체가 있는 개인들은 지적 발달이 불완전하거나 또는 손상되었다고 설명하는데, 그들의 문제는 지능의 발달과 적응행동에서 특별하게 지체된다는 것이다. 그들의 학습 능력과 학습한 것을 유지하는 능력이 전혀 존재하지 않는 것이 아니라 제한되었을 뿐이다.

정신지체의 정도는 매우 중요하며, 그 지체 정도에 따라 행동과 능력이 다양한 수준에서 제한받게 된다. 정신지체는 연속체적인 관점에서 단지 학습에만 문제를 가지고 있는 아동들인 경도 정신지체아로부터 그들의 다른 환경에 적절히 적응하지 못하거나 이동할 수 없을 정도로 심각한 아동들은 최중도 정신지체까지 존재한다.

정신지체아에 대한 아주 초기의 적절한 조치는 아동의 발달에 장애의 충격을 줄일 수 있음을 보여준다. 다운증후군이 있는 몇몇 아동들이 유아기에 일찍 적절한 조치를 시작하였을 때 정상적인 발달적 유형에 접근하였다(Beers & Beers, 1980).

1) 경도 정신지체장애 아동의 특성

경도 정신지체장애 아동들은 정신지체인들 중 가장 높은 수준의 적응행동 및 지적 기능을 보인다. 정신지체 아동들이 운동, 사회성, 언어 기능들의 발달에서 지체의 속도가 그들의 비장애 또래들과 두드러지게 다를 수 있지만, 그러나 경도 정신지체 아동의 경우 학교에 들어갈 때까지 알아차리지 못하는 경우가 종종 있다. 흔히 교과에서의 어려움과 행동문제들이 함께 나타나야 비로소 걱정하기 시작한다. 학습 문제들은 때때로 읽기와 같은 어느 한 과목에서 특별하게 나타나기도 하지만, 전 과목에 걸쳐 확인되는 경우가 더 많다.

또래의 비장애 아동들만큼의 언어 및 의사소통 능력을 가지지 못한 아이들은 대인관계에서 움츠려들거나 부적절한 방식으로 사람들의 주의를 끌려 할 수 있다. 부적절한 사회적 행동은 많은 요인 때문에 생길 수 있다. 경도 정신지체 아동들은 바람직한 행동과 그렇지 못한 행동의 기준을 명확하게 구별할 수 없기 때문에 부적절한 행동을 할 수도 있다. 문제행동은 또한 학습에서 맛본 실패로 인한 좌절로부터, 또는 옳지 못한 행동을 부추기는 다른 아동들의 인정과 주목을 받기 위한 시도로써 생길 수도 있다(신종호 외 역, 2002).

경도정신지체장애 아동들은 실패에 대한 예상을 가지고 새로운 상황들에 접근한다는 것이다. Schloss, Alper와 Jayne(1994)는 그들의 연구에서 정신지체아들이 실패에 대한 높은 예상을 가지고 있음을 발견하였다. 자신이 실패할 것이라는 건설적이지 못한 태도를 보이는 사람들과 함께하는 사람들은 노력을 권장하고 보상하는 상황들을 마련해야 한다. 이러한 경도 정신지체아들에게는 성공을 경험하고 성공했을 때 그것을 인식하는 것이 중요하다. 민감한 교사는 정신지체 아동이 때때로 발생하는 어쩔 수 없는 실패를 딛고 일어설 수 있도록, 반복된 성공을 통하여 충분한 자신감을 얻게 하는 방식으로 학습에서의 경험을 조성해야 한다. 성공을 경험할 기회를 증가시키는 방법에는 세부적이고 현실적인 목표들을 설정하고, 특정 행동에 대해 즉시 피드백을 제공하며, 성취에 대해 보상을 해주는 것 등이 있다.

Zigler(1999)는 정신지체 아동들은 자신들 스스로의 능력을 믿지 못하도록 학습화되었기 때문에 문제해결에 있어서 스스로의 힘에 의지하기보다 다른 사람이 도움을 받으려고 하는 외부지향성이 널리 퍼져 있다고 주장한다.

2) 중등도(中等度) 정신지체장애 아동의 특성

중등도(中等度) 정신지체장애 아동은 지적 능력에 한계가 있어서, 추상적 사고를 요하는 일에 어려움을 겪으며, 그리고 새로운 상황과 일반적인 학습에 문제를 가지고 있다. 그들은 대체로 10세가 될 때까지 학습 활동을 위한 준비가 되어 있지 않다. 중등도(中等度) 정신지체 아동들은 또한 매우 뚜렷한 적응 행동의 결함을 갖는다. 그들은 개인 간의 관계에 있어서의 문제 ,사회적 개념, 정서적 불안정, 그리고 의사소통의 문제 등을 가진다. 나이가 들수록 그들의 지체가 점점 명백해지는 경향으로 그들의 발달적 지체의 폭이 점점 넓어진다. 이것은 경도(輕度) 정신지체 아동이 성인이 되면 상태가 점점 지체의 폭이 좁아지는 것과 대조를 이룬다.

3) 중도(重度) 정신지체장애 아동의 특성

일반적으로 전문가들과 의사들은 중도(重度) 정신지체와 최중도(最重度) 정신지체아를 같은 집단으로 보는 경향이 있다. 사실, 중도(重度) 정신지체와 최중도(最重度) 정신지체 아동들은 그들의 지체의 범주가 겹쳐지기는 하지만 각각 몇 가지 방면에서 서로 다르다.

중도(重度) 정신지체 아동들은 성공적인 적응을 하는 데는 많은 어려움을 겪게 된다. 그들은 가정, 학교, 사회가 바라는 지적, 그리고 적응행동 요구에 대처하기 위해서 철저한 교육적·기술적 조치가 제공되어야만 한다. 중도(重度) 정신지체 아동은 고유한 정신 지체 이외에 추가적인 장애의 발생률이 증가하며, 언어의 결핍 문제, 사회적 기능의 부적응, 운동발달 결핍, 이동의 부자유, 실금, 감각 손상, 발작, 그리고 뇌성마비 등 추가적 장애를 가질 수 있다. 정신병적 질환은 보통 사람들보다 약 네 배 이상 발병한다고 보고되고 있다. 부적응 행동은 중도(重度) 정신지체와 최중도(最重度) 정신지체 아동들에서 모두 공통적으로 발견되며, 기초적인 기능들을 획득할 수 있기 때문에 화장실 사용 습관 조절, 식사하기, 표적에 공 던지기, 단순한 언어적 지시 이해, 간단한 놀이와 게임 등에 참가하기 등을 배울 수 있다(Anderson & Greer, 1976).

4) 최중도(最重度) 정신지체장애 아동의 특성

최중도(最重度) 정신지체 아동들은 대부분 심하게 손상을 입은 장애인으로 그들의 장애 특징과 정도가 너무 심하기 때문에 철저한 훈련과 치료의 다양한 형식들 없이는 그들은 사실상 적응행동을 나타낼 수 없다.

5) 다운증후군(Down's syndrome) 의 특성

다운증후군은 중등도(中等度) 정신지체와 중도(重度) 정신지체 아동의 전체 인구 중 대략 10%로 추산된다(Hallahan and Kauffman, 1986). 이 상태는 정신적 그리고 신체적 이상들로 특징지어지며, John Langton Down(1866)에 의하여 최초로 명명되었다. 아동들의 얼굴 특징을 보고 Down은 그 상태를 '몽고인 백치(Mongolian idiocy)'라고 이름 불렀다. 오늘날 우리는 의미상 맞지 않고 발달적으로 부적당한 '몽고리즘(Mongoloid)'이라는 말을 사용하지 않는다.

다운 증후군은 유전적 이상과 결부된 상태의 하나이다. 중요한 획기적 발견은 1959년에 있었는데, 과학자들이 21번째 잉여염색체의 발견과 그것이 다운 증후군과 관련이 있다는 것이다(Carr, 1975).

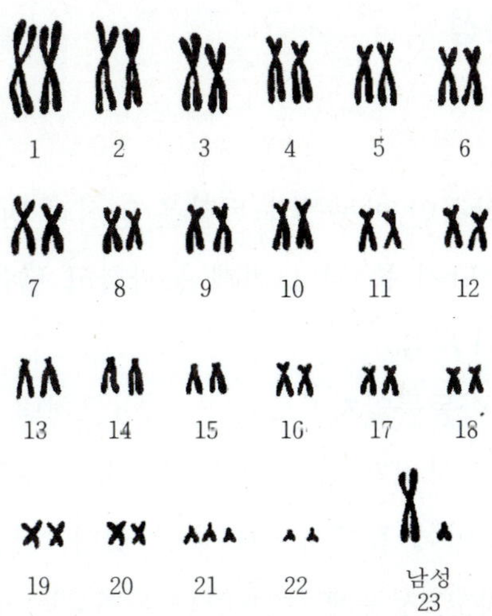

다운증후군 남자의 염색체 구조

잉여염색체의 영향은 신체와 지적 발달을 황폐화시키는 결과를 가져온다.

지적으로 다운 증후군 아동은 경도에서 중도(重度)정신지체까지 범위 안에 속하나, 대부분 중등도(中等度)정신지체로 분류되는 경향이다.

다운 증후군 아동은 다른 감각과 건강상 문제가 생길 위험성이 높다. 약 40% 정도가 선천성 심장 질환을 가지고 있고, 기타 위장 장애 및 호흡기 전염병에 대한 저항의 감소가 일반적이다(Blackman, 1984). 다운 증후군 아동 중에서 백혈병의 출현율은 정상아동들 보다 15배 정도 더 높게 나타난다(Whaley and Wong,1979). 또한 중이염에 민감하고 그 결과로서 생기는 전도성 난청의 경우가 많다(Bluestone, 1982).

다운 증후군에게서 흔히 보이는 기타 건강문제들로는 눈과 귀의 감염, 비만, 거칠고 건조한 피부의 특징을 보는 피부문제, 치아와 잇몸의 문제, 그리고 청각장애 등이 있다(Puechel, 1997).

최근 몇 년 동안 사이에 다운 증후군 아동들의 수명이 일반 사람들의 수명에 근접하기 시작했으나 아직 사망률은 높다. 특히 출산 전후와 생후 1년간은 매우 높다. 그 이유는 선천성 심장 질환 및 전염병에 대한 민감성 때문이다. 1년이 지나면 사망률은 상당히 감소한다. 5~10세 사이에 생존 가능성은 정상아동보다 단지 6%만 적을 뿐이다.

6) 학습과 기억의 특성

(1) 학습

정신지체 아동들은 정상적인 아동들과 똑같은 양식과 방법들로 같은 인지적 발달단계를 통과한다. 그들은 단지 좀 더 느리게 통과하고 낮은 성취 수준을 달성할 뿐이다(Weisz and Zigler, 1979).

비록 정신지체가 있는 아동들일지라도 다른 사람들처럼 같은 양식의 기초적인 것을 학습할 수 있지만, 경도 장애가 있는 학생은 지적 기능의 모든 면에서-개념 학습, 기억, 주의 집중, 그리고 언어 등에서 어려움이 있다. 학습상 어려움은 종종 사회적 · 정서적 문제를 야기하고, 성공에 대한 강한 동기유발의 감소를 수반한다(Harter,

1978). 정신지체 아동들은 초기 학창시절에 자주 실패감을 경험하기 때문에 미리 실패를 예상하고, 실패를 야기하는 상황을 피하려고 하는 경향이 있고 결과적으로 낮은 소망과 목표를 설정한다. 이러한 실패의 예상과 회피적 경향은 동기유발에 부정적 영향을 미친다(이상춘 · 조인수, 1989).

경도 정신지체 아동은 운동기능, 사회적 기능, 언어기능 면에서 발달이 늦다. 학교에서 경도 정신지체 아동은 다른 정상 아동들이 한 학년 동안 성취할 수 있는 것들을 약 2~3년에 걸쳐 성취한다. 대부분의 경도 정신지체 아동은 읽기, 언어적 기교, 수학 등은 2~5학년 수준밖에 미치지 못하며, 구두 언어와 듣기 기능은 소유할 수 있을 것이고 지시하기와 지시 따르기는 충분히 할 수 있다. 그러나 학교생활을 계속할수록 정상아동들과의 학력의 차이는 점점 더 넓어질 것이다.

정신 연령과 읽기 성취능력 간에는 신뢰성 있는 관계가 있으며, 읽기 지체가 지체된 학습자들 중에서 가장 널리 보급되어져 있는 문제이다. 또한 많은 정신지체 아동들은 그들의 실제 정신 연령보다도 읽기 성취가 전반적으로 낮으며, 읽기 이해력에서도 수준 이하의 성취를 나타낸다(Dunn, 1973).

많은 경도 정신지체 아동은 또한 수학과 연산에 있어서 많은 문제들을 경험한다. 그들은 셈하기, 숫자 쓰기, 조합 등을 배우는 데 기초적인 기능의 곤란을 겪는다. 어떤 정신지체 아동들은 기초적인 덧셈과 뺄셈은 비교적 잘할 수 있다(Connor, 1983). 그러나 그들은 추상적인 개념과 상징들을 수반하는 수학의 개념을 이해하는 데는 문제를 가지고 있다(Vitello, 1976).

(2) 기억

정신지체 아동들은 학습 장면의 열쇠인 기억에 특별한 문제를 가지고 있다. 그들은 대부분 단기 기억에 어려움이 있으며, 기억을 하기 위한 전략들 시연(rehearsal), 군화(clustering), 정교화(elaboration) 등을 효과적으로 사용하지 못한다. 즉, 단기기억에서 실패하는 이유는 적절한 학습 전략을 사용하지 못하기 때문이다(Bray, 1979).

정신지체 아동들은 구체적인 정보보다 추상적인 개념을 기억하는데 좀 더 어려움이 있다. 정신지체 아동이 일단 정보를 충분히 익혔다면 그들의 장기 기억은 보통 정상인과 비슷하다(Ellis, 1983).

정신지체 아동들은 정보를 기억하는 데 어려움을 가지고 있는 것으로 보고되고 있다. 깊은 사고를 요하는 복잡한 문제에서 정신지체아는 간단한 문제보다 어려움을 가지며 이 점에서 기억력이 비장애아와 큰 차이를 보인다(최중옥 외, 2002).

7) 언어의 특성

말과 언어의 문제는 일반인에 비하여 정신지체인들에 있어서 훨씬 더 빈번하게 발생한다. 인지능력과 언어발달이 밀접한 관련이 있으므로 이와 같은 결과는 예상치 못하는 결과는 아니다. 정신지체인들이 말에 관하여 가장 자주 보이는 문제들로는 조음장애와 음성장애, 그리고 유창성장애 등의 문제이다(Hardman, Drew, & Egan, 1996)

정신지체 아동들의 언어 수준은 정상아동들보다 일반적으로 수준이 낮다. 더욱이 정신지체 아동들의 언어는 종종 그들 자신의 정신연령보다도 일반적으로 낮다. 정신지체 아동들은 매우 느리게 언어를 배운다. 그들은 어휘의 양, 문장 길이, 문장 구성 등의 발달에서도 지체됨이 입증되었다. 그들의 표현하는 언어가 보다 단순한 경향이 있고 그리고 문법 규칙의 일반화에 어려움을 겪는 아동들도 있다.

정신지체 아동의 언어 발달은 지능이 낮을수록 언어장애가 심하다. Spreen (1965)은 교육가능 정신지체(IQ 75~50)의 40%, 그리고 훈련가능 정신지체(IQ 50~25)는 90%가, 보호급 정신지체(IQ 25 이하)는 100% 모두 언어장애가 있다고 보고하였다. Jordan(1976)에 의하면 경도 정신지체 아동은 일반적으로 말을 시작하는 시기가 늦고, 함묵증(mutism)을 가지는 경우가 드물며, 중등도 정신지체 아동은 일반적으로 단조로운 표현이 빈번한 언어적 특성을 가지나, 중도 정신지체 아동은 보편적으로 함묵증을 가지고 있으며, 언어발달 수준이 열등하고, 소리 지르기를 빈번하게 한다고 하였다.

경도 정신지체 아동의 경우 조음상의 문제를 갖고 있거나 제한된 어휘만을 사용하는 경우가 있지만 정상적인 문장을 만들거나 복잡한 구문을 이해하는데 어려움을 갖는 사람은 거의 없다(여광응 외, 1992).

8) 사회적 특성

정도가 심한 정신지체 아동들과 청소년들은 그들 또래의 일반 아동들보다 사회적 · 행동적 문제들을 더 많이 보인다(Lovell & Reiss, 1993). 예를 들어, 놀이 상황에서 심각한 발달지체를 보이는 장애 아동들은 또래들과의 상호작용 빈도가 낮고, 혼자 놀거나 아무런 의도 없는 행동을 하는 경우가 더 많았다. 정신지체 성인들 역시 일터에서 상대방의 비판을 받아들이고, 갈등을 해결하며, 지시를 따르고, 대화에 참가하는 데 어려움을 보이는 것으로 나타났다. 경도정신지체 아동들에게서도 비슷한 문제들이 확인되었는데 파괴적 행동, 주의집중 결핍, 낮은 자아존중감, 과잉행동, 산만함, 대인관계 인지적 문제해결에서의 어려움 등이 포함된다(신종호 외 역, 2002).

특히 다운 증후군이 있는 아동과 같은 지체된 사람들에 대한 성격에 관하여 많은 고정관념들이 있다. 아마 가장 널리 알려진 것으로는 정신지체 아동들은 더 없이 행복하고 신뢰성이 있으며, 만족하여 삶의 복잡성을 모른다는 것이다. 그러나 정신지체 아동들도 다른 일반인들과 똑같이 기분이 좋은 날도 있고 기분이 나쁜 날도 있다.

정신지체 아동들은 종종 특별한 개인적 사회적 문제를 갖는다. 일반적으로 그들은 지체 없는 정상적인 아동들에 의하여 잘 수용되지 못하고 거부되는 수가 많다(Corman and Gottlieb, 1978). 또, 그들 친구로부터 고립되는 경향이 있음을 시사해 주는 많은 증거가 있고, 대부분 친구가 거의 없으며 학교생활에서 소외되고 있다.

이러한 거부의 주요 원인은 정신지체 아동이 또래들에게 수용되고 인기를 얻을만한 많은 사회적 기술을 배울 능력이 부족하다는 점에 있다. 인기는 주로 총명하고 재미있으며 재치 있는 대화를 하는 능력과 어린이가 노는 복잡한 놀이를 이해할 수 있는 능력 등에 좌우된다. 이러한 종류의 사회적 기술이야말로 정신지체 아동에게 가장 결여된 것들이며 이를 가르치기란 사실상 불가능하다(김정휘 역, 1991).

정신지체 아동의 낮은 성취와 잦은 실패 경험은 그들에게 부정적 자아개념을 갖게 하며 더 나아가 자존심에 심한 손상을 입는 등의 문제를 자주 겪게 된다. 정신지체 아동들의 사회성 결함의 행동에 대한 담임교사의 허용적이며 수용적 반응이 또래 동료들에게 정신지체 아동들이 보다 잘 수용되는 데 중요한 효과가 있을 수 있다(Foley, 1979).

6 정신지체장애 아동의 지도

정신지체 아동의 지도는 두 가지 영역에서 접근하는 것이 좋을 것이다. 먼저 지적인 능력의 특성을 고려한 지도 영역과 또 하나의 영역은 적응행동 능력의 특성을 고려한 적응행동지도의 영역이다.

1) 지적 능력 특성 및 지도

(1) 주의 집중 곤란의 지도

무언가를 배우기 위해서는 우선 관심을 갖고 과제를 보는 능력이 있어야 하는데, 이를 주의집중력이라고 한다. 그러나 정신지체 아동은 학습을 위한 준비 단계인 주의력이 부족하기에 학습에서 실패할 확률이 높다. 주의집중 지속시간이 짧고, 주의집중의 범위와 초점을 맞추기 어렵거나 선택적 주의 집중 능력이 부족한 아이들을 대할 때는 다음의 사항들에 중점을 두고 아동들을 지도한다.

선택적 주의 집중능력이란 중요한 것과 중요하지 않은 것을 구별하여 더 중요한 것에 집중할 수 있는 능력을 말한다.

① 관찰을 통해 아동의 흥미와 욕구를 파악한다.

일반인이건 장애인이건 자신이 좋아하는 것이나 하고 싶은 일에 집중을 잘한다. 예를 들어, 평소에 아동이 좋아하는 것(사람, 사물, 음식, 장소 등)과 싫어하는 것이 무엇인지 기록해 두었다가 과제를 제시할 때, 혹은 과제를 성공적으로 수행하였을 때 강화물로 이용한다. 관심 있어 하는 내용이므로 훨씬 적극적으로 참여하는 모습을 볼 수 있다.

② 활동적, 감각적, 구체적인 자료나 활동을 이용한다.

구체적인 자료나 활동으로 직접, 감각적으로 경험할 수 있게 하는 것이 좋다. 예를 들어, '크다/작다'라는 단어를 가르칠 때 단어카드로 가르치기보다 직접 찰흙을 이용해서 크고 작은 물건들을 만들어 보게 한다. 또, 감각적 활동을 할 때 동물의 소리를 말로 전달하는 것이 아니라, 직접 들려준다면 효과가 더욱 크다.

③ 불필요한 주변 자극을 제거하여 주의 집중을 도와준다.

구체적 자료를 이용하여 중요한 자극을 부각시키는 것과 더불어 주변의 불필요한 자극이나 환경을 제거하여 필요한 자극만 제시하는 것도 아동이 주의 집중하도록 돕는 방법이다. 예를 들어, 학생이 수업에 집중하지 못하고 장난감을 가지고 논다면 장난감을 보이지 않는 곳에 치우거나 조용하고 작은 방에서 수업을 진행한다.

④ 필요한 자극에 집중하도록 촉진을 제공해 성공감을 갖도록 도와준다.

촉진에는 구어적 촉진, 몸짓 촉진, 모델링, 신체적 촉진 등이 있다. 예를 들어, 종이 몇 장을 스테이플러로 찍어야 할 때 "종이에 스테이플러 찍어요."라고 말하는 것은 구어적 촉진, 스테이플러로 찍어야 한다는 신호로 스테이플러를 살짝 건드리는 것은 몸짓 촉진, 먼저 찍는 모습을 보인 후에 학생에게 모방하도록 하는 것은 모델링, 학생의 신체를 움직여서 과제 완성에 요구되는 동작을 하도록 하는 것을 신체적 촉진이라 한다.

(2) 느린 학습속도의 지도

정신지체 아동도 일반적인 발달 단계를 거치지만, 같은 나이의 일반 아동에 비해 발달 속도와 배우는 속도가 느릴 뿐만 아니라 학습하는 데 걸리는 시간도 많이 걸린다. 이런 경우에는 속도를 재촉하거나 대신해 주기보다는 장래에는 가능하리라는 확신을 가지고 기다려 주는 인내심이 필요하다.

① 학생의 현재 수준을 정확히 파악하여 능력에 맞는 과제를 제공한다.

학습, 생활, 운동면 등에서의 아동의 능력이 어느 정도인지 파악해서 학생의 능력에 맞는 과제를 제시하는 것이 중요하다. 아동에게 너무 쉬운 과제는 흥미가 떨어져서 시시하고 어려운 과제는 좌절하게 한다.

② 생활 연령과 정신 연령이 동시에 고려된 학습 과제를 제공해야 한다.

아동의 실제나이는 13세, 그러나 정신 연령은 3세 수준이라면 어떻게 가르쳐야 할지 난감하다. 예를 들어, 빨간색을 가르친다고 할 때 색 카드로 빨간색에 대한 학습을 시키기보다 생활 주변에서 빨간색을 찾아보도록 한다. 지하철 1호선, 소화전, 위험표지판, 신호등 등 생활 속에서 알아야 하는 내용들로 빨간색을 지도하는 것이 좋다.

③ 완전히 참여하여 배우기 어려운 과제일지라도 제외시키지 말고 부분적으로라도 과제에 의미 있게 참여하도록 도와준다.

부분 참여 원칙은 심한 정신지체 아동이 활동에 완전히 참여하지 못해도 부분적으로나마 참여하도록 하는 원칙이다. 예를 들어, 그림을 풀로 붙이는 경우 풀뚜껑 열기, 풀 잡기, 뒷면이 보이게 그림 놓기, 풀 바르기, 그림 잡기, 붙일 위치 찾기, 그림 문질러 꼭 붙이기, 풀뚜껑 닫기 등의 활동으로 나뉜다. 스스로 전 과정을 할 수 없다고 해서 아동을 제외시키거나 교사가 대신 해주지 말고 아동이 할 수 있는 것(예 : 붙이기에만 참여)을 찾아 참여시켜야 한다는 것이다.

(3) 단기기억의 곤란의 지도

단기기억이란 감각 기관을 통해 들어온 자극이 의미 있게 만들어져서 저장되는 것을 말한다. 이런 단기기억 중 몇몇은 장기 기억으로 전이되어 저장되기도 한다. 쉽게 말해 들은 내용이 잠깐 동안 머릿속에 영상을 남기게 되는 것을 말하는데 정보가 단기기억 속에 들어있을 수 있는 최대 한계 시간은 약 30초 정도이다.

정신지체학생의 경우 장기기억보다는 단기기억에 문제를 가지고 있다.

① 반복 연습할 기회를 준다.

일반적으로 학습은 습득, 숙달, 일반화, 유지단계로 이루어진다.

- 습득 : 학습하고자 하는 내용을 배우는 단계
- 숙달 : 배운 내용을 정확하고 빠르게 수행하는 단계. 숙달을 위해 반복학습을 많이 사용한다.
- 일반화 : 배운 내용을 다른 사람이나 장소에 적용할 수 있는 단계
- 유지 : 습득한 기술이나 행동을 시간이 지난 후에도 수행할 수 있는 단계

이미 배워서 습득한 기억일지라도 시간이 지난 후에도 알 수 있도록 반복 연습시켜야 한다. 처음 듣는 전화번호를 외울 때, 입속으로 여러 번 반복해야 기억할 수 있는 것처럼 반복적인 연습으로 기억을 오래 남길 수 있다.

② 다양한 방법으로 학습할 기회를 제공한다.

같은 내용이라도 다양한 방법으로 제시해야 아동의 흥미를 유지시킬 수 있다. 그림 자료, 비디오 자료 등으로 학습내용 제시하기 등의 방법이 있다.

③ 이미 배운 것과 현재 배우는 것을 혼동하지 않기 위해 처음 배울 때 정확하게 배워야 한다.

정신지체장애 아동은 무엇인가를 배우는 데도 어려움이 있지만 잘못 배운 내용을 교정하기란 더욱 어렵다. 그렇기 때문에 학습 초기나 어릴 때부터 정확하게 가르치는 것이 중요하다.

④ 아동이 기억을 더듬을 수 있도록 여러 가지 기억 단서를 제공해 준다.

아동이 무슨 요일인지 모른다면 교사는 소리를 내지 않고 '수'의 입 모양만을 보여준다. 그러면 아동이 수요일을 기억하기가 훨씬 쉬울 것이다. 경험한 일을 기억하지 못한다면 밥 먹는 흉내를 낸다든지, 배가 가는 소리나 모양을 흉내를 내면 아동이 경험한 일을 기억하기 쉬울 것이다.

(4) 동기 부족의 지도

정신지체장애 아동은 어떤 활동이나 학습에 참여할 때 욕구와 동기가 부족하다. 자주 실패한 경험으로 인해 무엇이든 실패할까봐 위축되는 경우도 있으며, 과제나 자극 자체에서 흥미를 느끼지 못한다. 옷걸이에 옷을 걸고 이내 옷이 떨어져도 인식하지 못해서 다시 걸어 놓지 못하는 등 주위 자극에 무관심한 경우도 있다.

① 아동이 특별히 좋아하는 것을 파악하여 활용한다.

일반 아동들은 단순한 그림 자료에도 관심을 보이고 하고자 하는 욕구를 갖는다. 하지만 정신지체장애 아동의 경우, 오감각(시각, 청각, 미각, 후각, 촉각 등)적인 방법을 이용해야 관심을 가진다. 그러므로 교재를 조금 변형하더라도 아동이 감각적으로 경험해 볼 수 있는 자료로 준비를 해야만 한다.

정신지체장애 아동들마다 선호하는 감각이나 반응 양식이 다르다. 청각적인 자극을 좋아하는 아동의 경우, 노래나 테이프 듣기 등을 통한 학습이 효과적이다. 촉각이나 운동 자극을 선호하는 아동의 경우에는 붙이기, 오리기, 찍기 등의 여러 가지 소근육 운동 활동들을 이용한 학습을 준비해야만 한다. 시각적인 자극을 선호하는 학생의 경우에는 다양한 그림이나 영상 자료에 더 잘 반응할 것이다.

② 동일한 과제를 계속 반복하기보다는 변화를 준다.

정신지체장애 아동들에게 반복은 무척 중요하다. 하지만 똑같은 과제나 교재를 똑같은 방법으로 반복하는 것은 오히려 역효과를 가져온다. 새로운 노래를 가르칠 때도 박수를 치면서도 불러보고, 피아노 반주에도 불러보고, 기타 반주에도 불러보고, 손동작도 해보면 같은 노래라도 더 흥미 있게 배우게 된다.

③ 상황에 따라 일시적으로 강화를 제공하는 것이 아니라 계획된 강화를 일관성 있게 준다.

강화는 긍정적인 행동을 증가시키기 위한 것이다. 작은 성공이라도 칭찬해 주고 강화해 주면 아동의 자발적인 동기가 점차 생겨난다.

네 가지 강화의 원리는 즉각적, 현실적, 계획적, 의미 있는 것이다.

- 즉각적 : 바람직한(목표한) 행동이 나타나면 바로바로 강화(상, 칭찬 등)해준다.
- 현실적 : 바람직한 행동이 나타날 때 그 장소와 상황에서 제공될 수 있는 것으로 강화해 준다.
- 계획적 : 강화를 줄 때는 나름대로 원칙을 가지고 일관성 있게 제공해야 한다.
- 의미 있는 것 : 강화를 받는 아동에게 의미 있는 것이어야 한다. 아동의 행동발생을 증가시킬 수 있을 만큼 학생이 선호하고 좋아하는 것이어야 한다.

(5) 모방과 관찰학습의 곤란과 지도

정신지체장애 아동들의 경우, 우리가 자연스럽게 보고 따라 하는 것들도 어려워하는 경우가 있다. 또 한편으로는 하지 말아야 될 행동들을 무조건 보고 따라하는 경우가 있다.

① 모방할 수 있도록 부분 부분 끊어서 보여준다.

자판기에서 음료수를 빼먹는 것은 무척 쉬운 행동 같아 보이지만 여기에는 '돈 넣는 곳 찾기→돈 넣기→메뉴판 보기→원하는 음료 선택하기→음료수 나오는 곳 찾기→음료수 꺼내기' 등 많은 단계가 있다. 그래서 처음에는 아동이 그 모든 과정을 할 수 없다고 무조건 해주기보다는 할 수 있을 만한 과정은 스스로 할 수 있도록 기회를 주는 게 중요하다.

② 바람직하지 못한 행동을 모방할 때는 하지 말아야 될 이유를 분명히 설명해 주고, 바람직한 행동 방법을 습득할 수 있도록 지도해 준다.

정신지체장애 아동들이 잘잘못을 모르는 것은 아니다. 정신지체장애 아동들도 어른들이 말 억양, 표정 등의 변화를 통해서 옳거나 그른 행동을 파악할 수 있다. 무조건 체벌이나 화를 내기보다는 그 행동이 바람직하지 못하다는 것을 알기 쉽게 가르쳐 주고, 그에 상반되는 바람직한 행동을 보여주어야 한다.

③ 일상생활 속에서의 자연적인 단서를 이용하는 법을 가르쳐 준다.

일상생활 속에서 정신지체 아동이 표지판의 글자를 읽지 못해도 주위의 많은 자연적 단서들을 이용하는 법을 안다면 문제를 잘 해결할 수 있다. 다양한 장소, 다양한 상황들 속에서 자연적인 단서들을 이용하여 문제를 해결할 수 있도록 지도해 준다.

자연적 단서란 특별히 제작해서 보여줄 필요가 없으며, 우리 주변에서 흔히 볼 수 있는 것들이 많이 이용된다. 예를 들어, 정신지체장애 아동이 화장실 앞에 쓰인 Man, Woman이란 영어의 뜻은 몰라도 화장실의 남/여 그림을 보고 화장실을 구분했다면 그 그림 표지판이 자연적 단서가 되는 것이다. 또한 남자들은 남자화장실로 여자들은 여자화장실로 들어가는 것을 보고 구분했다면 화장실을 이용하는 사람들이 자연적인 단서가 된 것이다.

2) 적응행동 능력 특성 및 지도

(1) 의사소통 곤란의 지도

정신지체장애 아동들의 언어 능력은 인지발달과 사회성발달과도 밀접하게 연관되어 있어서 인지, 언어, 사회성을 따로 생각하기보다는 이들 영역의 발달을 함께 고려하는 것이 필요하다.

① 조기교육을 실시한다.

정신지체장애 아동들은 언어발달이 일반 아동들보다 늦기 때문에 가능한 빨리 조기 교육을 받게 하는 것이 차후의 발달을 위해 중요하다. 조기교육은 일찍 시작할수록 큰 효과를 기대할 수 있다.

② 대체 의사소통법을 찾아본다.

정신지체장애 아동들이 말로서 자신의 생각을 표현한다면 참 좋겠지만 말만을 가지고 의사소통이 너무나 어렵다고 판단된다면 아동에게 맞는 의사소통법을 발견하고 활용할 필요가 있다.

대체 의사소통법이란 간단히 말해 구어(말)가 아닌 다른 방법으로 의사소통을 하는 것이다. 예를 들어 '좋아요, 싫어요.'를 말로 할 수 없다면 '좋을 경우 고개를 위 아래로 끄덕이기, 싫을 경우 고개를 좌우로 젓기'로 약속하는 것은 대체 의사소통법의 하나이다.

③ 올바른 방법으로 의사표현을 하도록 가르쳐준다.

'말보다 주먹이 먼저 나간다.'는 말이 있듯이 정신지체 아동들 역시 때로는 말보다는 올바르지 못한 방법인 행동으로 의사표현을 하는 경우가 있다. 이럴 땐 적절한 표현을 가르쳐 주고, 그런 표현을 했을 경우에만 아동이 원하는 결과를 갖도록 해준다.

또 정신지체장애 아동들이 자발적으로 말을 하지 않을 때, 교사가 학생의 요구에 대해 잘 안다고 해서 뭐든지 알아서 해주지는 말아야 한다. 그러면 아동이 점점 말을 할 기회를 빼앗기게 된다. 말을 해야 하는 상황을 만들어 주어서 말의 필요성을 아동 스스로가 느낄 수 있도록 해준다.

④ 자연스러운 환경(상황)에서 적절하게 의사표현을 할 수 있는 기회를 많이 준다.

정신지체장애 아동들이 단어 카드를 보고 말을 하거나 어른들의 구어를 모방할 수 있더라도 실생활에서 이미 배운 단어나 어휘를 적용하는 데는 어려움을 가질 수 있다. 따라서 배운 단어, 어휘들을 사용해 볼 수 있는 자연스러운 환경을 많이 접할 수 있도록 해주고, 학생이 바람직한 의사소통을 시도했을 때 그 결과 원하는 것을 자연스럽게 보상받을 수 있음을 알도록 해준다. '아, 내가 말을 했더니 전보다 빨리 원하는 것을 얻을 수 있구나!'라고 학생이 깨달을 수 있도록 계속 지도한다.

(2) 자조기술 곤란의 지도

자조 기술은 생활을 유지하기 위한 기본적인 행동으로 가정과 지역사회의 적응을 위해 꼭 해결되어야 할 부분이다. 식사하기, 화장실 사용하기(대소변), 옷 입고 벗기, 몸 단장하기 등이 그 기본적인 기술이다. 자조 기술은 꼭 습득해야 하는 기본적이고 필수적인 것이니 만큼 교사들의 많은 인내심과 기술이 요구된다.

① 필요할 때 가장 잘 학습할 수 있다.

인위적이 교육 환경보다는 실제의 식사, 세면, 화장실 상황에서 직접 지도해야 한다. 소변 욕구가 없을 때 훈련하는 것보다는 실제로 화장실에 가고 싶어 할 때 지도하는 것이 더 효과적이다. 기회가 너무 적다면 식사 기술 훈련이 필요할 때는 식사량을 줄이고, 여러 번 식사하거나 간식 시간을 활용하는 등 여러 상황들을 자연스러운 기회로 만들어 본다.

② 쉬운 것부터 작은 단계로 나누어 가르치는 것이 좋다.

아동의 발달 상태를 살펴 쉬운 것부터 가르친다. 소근육 운동 능력 발달이 안 된 아동에게는 젓가락보다는 포크가 더 쉬울 것이다. 또한 과제를 나누어 성취감을 갖게 하는 것도 중요하다. 예를 들어, 신발 끈 끼우기의 경우, 처음부터 끝까지 끈을 끼우라고 하는 것보다 끈이 거의 끼워진 상태에서 마지막 부분만 스스로 끼워서 성취감을 갖도록 하는 것이 좋다.

③ 전체 과정을 훈련하는 가운데 조금씩 목표를 성취해 나갈 수 있도록 하는 것이 좋다.

자조기술들은 일련의 연속된 활동들이다. 세수하기의 경우만 해도 '세면대로 가기→물 틀기→수건으로 닦기'까지 많은 과정이 있다. 이 중 '비누칠하기'가 교육목표라 한다면 비누칠하기만 따로 가르치는 것이 아니라, 매번 전체 활동에서 비누칠하기가 성취될 수 있도록 훈련해야 한다는 것이다. 이런 훈련들을 통해서 점진적으로 교사의 보조를 없애고, 나중에는 아동 스스로 세수할 수 있도록 해야 하는 것이다.

(3) 가정생활 곤란의 지도

일반 아동의 경우 가정생활 기술은 관찰이나 모방, 연습을 통해 자연스럽게 습득되지만 정신지체장애 아동들에게는 하나하나가 학습되어져야 하는 요소들이다. 예를 들어 옷 손질하기, 살림살이, 소유물 관리하기, 음식물 준비하기와 요리하기, 물건을 사기 위한 계획과 예산 세우기, 가정의 안전(가스안전, 보안등)등이 학습되어야 할 가정생활 기술들이다.

① 가정생활 기술을 학습할 기회를 준다.

아동이 어리거나 장애가 심하다고 해서 무조건 부모나 교사가 다 해주는 것은 바람직하지 않다. 예를 들어 간식접시를 치우지 않는다고 해서 교사가 간식 접시를 치워주면 안 된다. 이런 일이 반복되면 아동은 자신은 먹는 일만 하면 되고 치우는 일은 교사가 당연히 해준다고 생각하게 된다. 만약 접시를 들고 이동하는 것이 무리한 과제라면 포크만 들고 싱크대에 갖다 넣기, 이동은 교사가 하고 접시를 싱크대 앞에서 아동이 넣기, 과자 껍질 휴지통에 버리기 등 관련 활동들을 찾아본다. 가정과 학교에서 작은 일, 쉬운 일부터 아동이 할 수 있는 기회를 준다. 열 번만 간식 접시를 치우도록 지속적으로 지도해 보면 분명 아동은 음식을 먹은 후 접시를 들고 치우려고 할 것이다.

② 가족 구성원으로서의 역할을 제공해 준다.

가정 내에서의 역할을 갖는다는 건 아동으로 하여금 자신감과 용기를 갖게 한다. 아동의 연령과 능력에 적절한 역할을 정해 준다. 가정 내 역할로는 수저 놓기, 컵에 물 따르기, 신문정리하기, 신발 정리하기, 간단한 요리하기, 청소하기 등이 있다. 아동 스스로 할 수 있는 기회를 자주 많이 준다. 그러면 가정 내에서 자신의 역할을 알고, 그래서 자기는 꼭 필요한 존재라고 느낄 것이다. 이런 자부심을 갖도록 가족들이 도와주어야 한다.

③ 가정생활 기술은 가정 뿐 아니라 다른 환경(학교)에서도 가르칠 수 있다.

학교에 와서 옷걸이에 외투를 거는 행동은 가정생활 기술의 옷 손질하기 기술과 관련이 있으며, 가방과 준비물 챙기기, 간식 접시 치우기는 소유물 관리하기 기술과, 컵에 음료수 따르기는 음식물 준비하기 기술과 관련 있는 행동들이다. 가정에서 익힌 기술들을 학교에서의 비슷한 활동에 적응할 수 있도록 지도해야 한다. 이를 '일반화 능력'이라고 한다.

(4) 사회성 기술 곤란의 지도

많은 정신지체장애 아동들은 다른 사람들과의 적절한 사회적 상호작용 방법을 몰라서 사회적인 관계 형성에 어려움을 겪는다.

① 다른 아동들과 접할 수 있는 다양한 기회를 많이 준다.

경험만큼 중요한 공부가 없다. 학교 소풍, 놀이터, 운동회, 체육대회, 공원 등 다른 아동들을 만날 수 있는 기회를 많이 준다.

② 일반 아동에게 정신지체장애 아동에 대해 설명해 주어 이해하게 해준다.

정신지체장애 아동들을 잘 모르는 일반 아동들은 정신지체장애 아동들과 어떻게 같이 놀아야 할지 몰라서 무척 당황스러워 한다. 우선 정신지체 아동들의 특성에 대해서 설명해주고 일반 아동과 정신지체 아동들이 좋아하는 놀이 활동이나 장난감을 제공해서 같이 놀 수 있게 해준다. 함께 하는 일반 아동을 많이 칭찬해 준다.

③ 정신지체 아동에게 바람직한 사회적 상호작용을 할 수 있는 기회를 만들어 준다.

정신지체 아동이 또래 일반 아동과 놀이할 때 바람직하지 못한 행동으로 고집을 부리거나, 장난감 등을 빼앗으려 할 때는 교사가 개입해서 잘못된 행동 대신 어떻게 해야 할지 바람직한 상호작용의 모범을 보여주고 따라 하게 해줘야 한다. 잘했을 때는 많이 칭찬해 주고, 좋아하는 놀이나 장난감 등으로 보상해 준다. 자신의 감정을 때에 맞게 받아들일 수 있는 적절한 방법으로 표현할 수 있도록 지도해 주는 것이 중요하다.

④ 지나친 사회적 상호작용을 보인다면 더 강한 자극을 주어 자신의 행동이 좋지 않다는 것을 알게 해준다.

지나친 사회적 상호작용을 고집하여 계속 뽀뽀하자고 하거나 안아달라고 떼를 쓴다면 오히려 아동이 싫다고 할 때가지 꽉 잡고 뽀뽀하거나 안아 주어서 지나친 것은 좋지 않다는 것을 느끼게 해준다. 불쾌한 자극을 자신의 몸으로 직접 느꼈을 때 더 빠르게 이해할 수 있다.

(5) 지역사회 생활 곤란의 지도

정신지체장애 아동들에게 자신이 생활하는 지역 사회의 다양한 공공시설을 이용하는 기술은 매우 중요하다. 그러나 정신지체 아동들은 경험 부족과 주변을 보고 배우는 기술 부족으로 시설을 이용하는 데 어려움을 겪는다. 그래서 더욱 더 현장 중심적인 지도가 필요하다.

① 실제 상황으로 나가기 전에 모의환경을 통한 사전 모의훈련을 충분히 한다. '교육은 현장에서'를 너무 중시한 나머지 아무런 사전 교육 없이 현장에 나갔다가 예측할 수 없는 돌발 상황으로 어려움을 겪을 수도 있다. 그러나 사전 모의 훈련을 철저히 하고 나가야 한다.

실제 환경(현장)	모의 환경	인위적 환경
슈퍼에서 물건 사기 학습	교실에서 슈퍼를 꾸며놓고 물건 사기 학습	교사의 설명으로 물건 사기할 때 유의점 학습
도로에서 횡단보도 건니기 학습	교실에서 테이프로 횡단보도를 그려놓고 횡단보도 건너기 학습	교통안전 비디오 시청

② 현장에 나갈 때는 우선 사람들이 비교적 적은 시간대와 적은 장소를 택해서 실습을 하고, 차츰 좀 더 다양한 장소와 시간대에서 충분하게 반복 연습을 한다.

③ 꼭 필요한 장소 · 자주 이용하는 장소에서의 에티켓, 공공규칙을 먼저 익히게 한다. 모든 장소와 상황에 대해 학습하기는 어렵다. 아동이 자주 이용하는 장소·시설에서의 에티켓, 규칙 등에 우선순위를 주고 어디서나 공통적으로 활용되는 행동 규칙을 가르치는 것이 정말 필요하다.

(6) 자기 지시 능력의 곤란과 지도

자기 지시란 어떤 선택 상황에서 선택하거나, 자신의 생각과 의지를 상대방에게 표현하기, 자신의 의견을 말하기, 정해진 일정을 따라 행동하기, 주어진 일을 완수하기 등의 능력을 말한다.

① 어렵거나 부당한 일을 당할 때 도움을 청하거나 적절한 자기주장을 할 수 있도록 지도한다.

정신지체장애 아동들은 부당한 일을 당하면서도 말 한 번 못해보고 물러나는 경우가 있다. 육하원칙에 근거해서 논리 있게 말하기는 힘들더라도 적어도 '이렇게 하는 건 잘못된 거야', '싫어' 등의 자신의 의견을 행동이나 말로 표현하거나, 누군가의 도움이 필요할 때 '도와주세요' 등의 표현을 할 수 있도록 가르쳐 주어야 한다.

② 일정에 따라 행동할 수 있도록 한다.

스스로 정해진 일정을 알고 지킬 수 있도록 해준다. 정신지체장애 아동들은 하던 일을 중단하고, 새롭게 무언가를 시작해야 한다는 것을 인식하지 못할 때가 있다. 그럴 땐 단호하게 지금 해야 할 것과 하지 말아야 할 것을 가르쳐준다. '일상생활 속에서의 규칙(약속)'이라는 개념을 아동들이 느끼고 아는 것이 매우 중요하다.

③ 요구된 과제를 끝까지 수행하도록 지도한다.

교사의 지시에 따라 시작은 하더라도 끝까지 수행하지 않는 경우가 있다. 하기 싫어서 너무 어려워서 또는 다른 것에 더 흥미를 느껴서 그럴 수도 있다. 이럴 땐 그 원인을 파악한 후 하던 일을 끝까지 마칠 수 있도록 격려해 주고, 그런 후에 다른 일을 할 수 있음을 가르쳐 주어야 한다. 정신지체장애 아동들이 나중에 직장에서 일하다말고 싫증이 난다고 그냥 밖으로 나가 버린다면 곤란하다.

④ 자신의 생각에 따라 선택할 수 있는 기회와 다양한 선택 상황을 제시해 준다.

정신지체장애 아동들은 어떤 선택의 상황이 왔을 때 매우 당황하거나 주저하는 경향이 많다. 무엇보다 평소에 자신의 생각에 따라 선택할 수 있는 기회를 많이 부여해 주고, 선택한 상황에 대해 격려해 준다. 정신지체장애 아동을 잘 안다고 무조건 알아서 척척 해주는 것이 최선은 아니다.

(7) 건강과 안전 생활의 곤란과 지도

정신지체장애 아동들은 자신의 행동에 대한 결과를 고려하지 않고 충동적으로 행동할 때가 많아서 건강에 해가 되거나 안전을 위협할 수 있는 상황들을 자주 겪곤 한다. 따라서 건강과 안전을 위해서는 무엇보다 건강상의 위험이나 사고를 당하지 않도록 미리 예방하는 것이 중요하다.

① 예방이 제일 중요하다. 정신지체장애 아동의 건강과 안전에 조금이라도 위험이 될 수 있는 것들에 보호자 없이 노출되는 것을 피해야한다. 연필 깎는 칼이나 뜨거운 물이나 위험한 약 등은 정신지체 아동의 손에 닿지 않는 데 보관하고 길 건너기와 같은 상황에서는 꼭 보호자가 동반해 준다.

② 위험요소가 많은 활동이나 현장학습을 위해서는 반드시 사전교육이 필요하다. 동영상이나 사진 등으로 가야할 곳을 미리 촬영하여 보여주거나, 멀리 있는 장소에 가기 전에 그곳과 비슷한 환경이나 익숙하고 가까운 장소에서 먼저 현장학습을 보는 것이 좋다. 예를 들어 물건사기 수업을 할 경우 거리가 멀고 장소가 넓은 할인 매장을 가기보다 동네에 있는 작은 슈퍼를 먼저 이용해 본다. 아동이 익숙한 장소이기에 보다 쉽게 성공적으로 물건을 살 수 있을 것이다.

③ 집을 나서기 전에, 혹은 정신지체장애 아동들에게 다소 위험할 수 있는 상황이 있는 경우 미리 아동과 지켜야 할 것들에 대해서 약속하여 스스로 조심할 수

있도록 주의를 주는 것이 중요하다. 물론 잘 지켰을 때는 어떤 상을 줄 것인가도 같이 정한다. 상은 아동이 좋아하는 활동, 물건, 음식 등이 좋다.

④ 정신지체장애 아동이 위험한 행동을 보였을 때 바로 그 자리에서 주의를 주거나 벌을 준다. 아무리 급하더라도 자신의 건강과 안전에 위험이 되는 행동을 보인다면 바로 그 자리에서 주의나 벌을 주는 것이 중요하다. 그렇지 않고 5분이나 10분 뒤에 "너 조금 전에 왜 그랬니?" 하고 주의나 벌을 주면 아동은 이미 잘못한 것은 잊어버리고 자기가 지금 왜 혼나는지 알지도 못해 벌의 효과도 없다.

(8) 기능적 학업교과의 곤란과 지도

기능적 학업교과란 정신지체장애 아동들 교과 시간에 실생활에 관련이 깊은 내용들을 가르치자는 것이다. 인지 영역에서도 살펴보았듯이 정신지체장애 아동은 학습한 것과, 학습한 것을 실생활에 적응하는 일반화에 많은 시간이 걸린다. 일반 아동이 한 시간에 터득할 것을 한 달에 걸쳐 또는 일 년에 걸쳐 배워야 할 경우들이 많다.

그러나 일반 아동과 정신지체장애 아동은 동일하게 학령기란 시간은 제한되어 있다. 일정시간이 흐른 뒤엔 아동 시기를 지나 성인이 되고, 한 사회의 구성원으로서의 역할이 요구되어진다. 그렇기 때문에 정신지체 아동의 경우 시간적인 제한성을 고려하여 학년 수준의 학업 성취에 초점을 맞추기보다는 독립적인 생활을 하는 데 꼭 필요한 것들을 우선순위로 고려하여 가르치는 것이 매우 중요하다.

① 정신지체장애 아동의 생활에 가장 필수적인 기술들을 먼저 가르친다.

예를 들어 초등학교 6학년인 어느 학생이 아직 한글도 쓰지 못하고, 숫자도 쓰지 못한다고 이 학생에게 계속 'ㄱ, ㄴ, ㄷ, ㄹ' 이나 '1, 2, 3, 4' 만을 계속해서 반복적으로 가르치는 것이 좋을까? 물론 반복학습이 중요하긴 하지만 학습에 시간이 많이 걸리고 일반화에 어려움이 있는 것을 감안한다면 이 아동이 살아가는 데 꼭 필요한 생활 기술과 관련된 내용을 가르치는 것이 훨씬 좋은 방법일 것이다. 국어 교과의 경우 여러 가지 조리법 읽기 외에도 약의 복용법, 가전 도구 사용법, 안전 수칙, 메뉴판 읽기 등 여러 가지 실생활에 쓰이는 것들이 읽기의 풍부한 교수자료가 될 수 있다. 사회 교과의 경우에는 주소와 전화번호, 자신과 가족들의 이름, 학교 이름 쓰기와 친구에게 간단한 엽서나 편지 쓰기, 초대장 쓰기 등을 할 수 있다. 시계보기, 은행에서 입·출금하기, 슈퍼에서 물건 사기 등 우리의 자연스런 일상 가운데서 일어나는 많은 일들에 필요한 수학적 개념들은 수학 시간에 이용할 수 있는 내용이다.

이외에도 부모를 떠나 독립적인 생활을 할 시기라면 간단한 음식 만들기, 세탁기나 청소기 이용하는 법 등도 필수적인 자조기술이 될 수 있다.

② 건강과 안전생활에 꼭 필요한 기술들을 먼저 가르친다.

정신지체장애 아동의 경우 위험에 대한 인지도가 일반 아동에 비해 떨어지고, 동작도 민첩하지 못하여 위험에 노출되어 있는 경우가 많다. 그러므로 읽기 학습을 한다면 건물이나 지역 사회에서 볼 수 있는 정지, 진입 금지, 위험 등의 표지판 읽기나 약 복용 시의 유의사항 읽기 등을 먼저 가르치는 것이 좋다.

③ 지역사회 일원으로서 생활하기에 꼭 필요한 기술들을 먼저 가르친다.

결국 모든 사람은 학습을 통해 한 사회의 구성원으로서 생활하고자 하고, 정신지체장애 아동도 한 사회의 구성원으로서 지역사회의 여러 가지 기관과 시설들을 이용하여 생활하는 것이 궁극적인 학습의 목표가 될 수 있다. 그러므로 음식점을 이용하기 위한 메뉴판 읽기와 주문하기, 고속버스나 열차 시간 보기, 영화제목과 시간 읽기, 은행에서 입·출금하기, 쇼핑 목록 정하기와 예산안에서 물건 구입하기, 병원 이용하기 등 지역 사회 내에서 필요한 기술들을 가르치는 것이 매우 중요하다.

(9) 여가 생활의 곤란과 지도

적절한 여가 오락 활동을 하는 것은 정신지체장애 아동 자신의 생활을 위해서도 중요하고 부모와 가족의 부담을 줄이는 데에도 큰 도움이 된다.

① 정신지체장애 아동의 생활 연령에 적절한 여가 활동을 가르쳐 준다.

열다섯 살짜리 학생이 다섯 살 아이가 하는 놀이를 한다면 이상하게 보인다. 또래 친구들이 하는 놀이와 여가 활동 중에서 정신지체장애 아동에게 적절한 활동을 선택한다.

생활 연령에 따른 여가 활동의 예는 다음과 같다.

- 유아기 : 신체를 이용한 여러 가지 상호작용이 필요한 놀이(쎄쎄쎄) 등.
- 아동기 : 컴퓨터 게임, 놀이 공원, 공놀이, 책읽기, 윷놀이 등
- 청년기 : DDR, 노래방, 영화 관람, 음악 감상, 운동경기 관람 등
- 성인기 : 노래방, 가족 나들이, 볼링, 수편물 뜨기 등

② 정신지체장애 아동의 특성에 알맞게 활동을 수정해 준다.

정신지체장애 아동이 할 수 없어 보이는 게임도 규칙이나 방법 등을 약간씩 수정하여 주면 참여할 수 있다. 예를 들어 다트 게임의 경우 다트판을 크게 해서 게임을 할 수도 있다. 공기놀이가 어려운 정신지체장애 아동은 코끼리 공기를 하도록 공기놀이를 수정할 수도 있다.

- 코끼리 공기 : 바닥에 공기를 흩트려 놓은 후 두 손을 깍지를 끼고, 양쪽 검지를 편 후에 양 검지만을 이용해서 공기를 끌어올려 깍지를 낀 손안으로 하나씩 집어넣는다.

③ 어디서나 할 수 있는 여가 활동이 좋다.

정신지체장애 아동의 생활 주기를 파악하여 가장 쉽고 즐겁게 할 수 있는 활동을 선택하여 가르쳐 준다. 이때, 특별한 도움과 도구 없이 다양한 장소에서도 즐길 수 있는 활동이 좋다.

(10) 직업기술의 곤란과 지도

직업은 일반인들에게 뿐만 아니라 정신지체인들에게도 아주 중요한 의미를 가진

다. 흔히 일반인들은 정신지체인들의 낮은 지적 능력만을 보고, 정신지체인들이 어떤 일을 할 수 있다거나 직업인으로서 살아 갈 수 있다는 것은 거의 불가능하다고 단정짓는 경우가 많다.

하지만 정신지체인들에게도 보다 다양한 직업 교육과 각자의 능력에 맞는 직업 선택과 취업의 기회가 주어진다면 사회의 일원으로서 훌륭하게 제 몫을 해낼 수 있다.

① 어릴 때부터 직업 교육과 연계하여 아동의 흥미와 능력에 맞는 활동을 중심으로 교육해야 한다.

정신지체장애 아동들은 어렸을 때부터 직업 전 교육이 보다 꾸준히 이루어져야한다. 직업에 필요한 기술들을 단시간 내에 습득하기에는 많은 어려움이 있으므로, 조기 교육에서부터 아동의 흥미와 아동이 어느 면에서 좀 더 뛰어나는지 보다 정확하게 파악하는 것이 중요하며, 이를 직업 교육과 연계하여 꾸준히 교육해야 한다. 지금은 비록 아주 어린 아이라 할지라도 지금의 모습만을 보는 것에만 그치지 말고, 그 아이의 먼 미래, 즉 성인이 된 직업인으로서의 모습을 보아야 할 것이다.

② 보다 신중한 직업의 선정뿐만 아니라 정신지체장애인들의 특성과 능력에 맞는 작업 환경과 작업 지도가 이루어져야 합니다.

우리 정신지체장애인들에게 지적 수준이 높지 않은 것, 단순하며 일관된 반복 효과가 있는 것, 장기간의 경험이나 숙련을 필요로 하지 않는 것, 안전도가 높은 것, 작업 공정이 세분화되어 가능한 한 단일 작업으로 취업이 가능한 것, 지역사회 산업과 연결되는 것 등 이러한 여러 가지 조건이 보다 신중하게 고려된다면 직업인으로서 역할을 기대할 수 있다.

또한 정신지체장애인들은 일반인들에 비해 작업 속도와 작업 능률이 많이 지체된다. 하지만 각자의 특성과 능력에 맞는 작업환경과 지도가 제공된다면 보다 효과적인 작업 능력을 기대할 수 있다.

예를 들어 한 작업대에서 일반인들과 섞여 작업을 하다보면 정신지체인들의 느린 작업 속도 때문에 작업이 원활하게 이루어지지 못하는 경우가 많지만 능력이 비슷한 정신지체인들에게 따로 작업대를 배치하여 준다면 작업의 속도 면에서나 정확성 부분에서 많은 효과를 볼 수 있다.

그리고 작업 지도 시 지도교사에 의해 처음 단계부터 단계별로 반복적인 설명과 같이 작업을 수행하고, 또한 모델링 및 자원봉사자와 연계하여 개별로 작업지도를 실시하여 이를 습득할 수 있게 한다면 기대 이상의 성과를 볼 수 있다.

③ 작업 생활과 관련된 여러 가지 기술들을 많은 훈련을 통해 습득할 수 있도록 해야 한다.

정신지체장애인 대부분은 사회적응력이 지체되기 때문에 스스로 대중교통 수단을 이용한다거나 타인에 대한 예절을 잘 갖춘다거나 지역사회 시설물을 이용하고 여가생활을 즐기는 데는 많이 서툴다. 또 직장을 가져도 자신의 월급에 대한 애착은 있으나 월급의 액수나 상여금 또는 월급의 인상에 대한 지식이 없는 경우가 많고, 월급과 자신의 용돈을 어떻게 관리해야 하는지 모르는 경우가 많다. 그렇기 때문에 직업 생활과 관련해 직업 기술 외에도 신변자립 기술, 일상생활 기술, 대인관계 기술, 지역 사회 시설이용 방법 등의 적응 기술과 그와 관련된 다양한 지식을 습득할 수 있도록 해야 한다.

④ 정신지체장애인에 대한 일반인들의 보다 열린 마음이 중요하다.

직장 내에서 정신지체장애인들은 그 특성으로 인해 여러 면에서 일반인보다 많은 어려움을 겪는다. 그런데 능력이 지체된다고 하여 무시하고, 외면하는 일반인들로 인해 직장에 적응하지 못하여 상처만 받고 직장을 그만 두는 경우가 많다.

정신지체인들에 대한 보다 따뜻한 마음과 그 모습 그대로를 인정하고 격려할 수 있는 일반인들의 열린 마음이 많은 정신지체인들이 직업을 갖고 일반사회에 통합하여 사회의 일원으로서 조화를 이뤄나갈 수 있도록 하는 데 큰 힘이 된다(이성현, 2001).

3) 교사의 역할과 자세

정신지체장애 아동을 가르치는 교사들은 아동 발달에 관한 충분한 지식이 요구된다. 그들은 또한 행동 수정 이론의 이해와 그것을 어떻게 아동들에게 적용할 것인가를 알아야 한다. 그들은 자립과 기초 이론적 교수와 읽기, 수학에서의 진단 및 학습지도 기술 영역들에서의 교육적 기능들을 갖출 필요가 있다. 그들은 또한 다학문적 팀들과의 협력 작업과 부모들과의 상담 등에 원만한 의사소통 기능 등을 갖추도록 준비해야만 할 것이다.

또한 정신지체장애 아동의 통합교육에 있어서 특히 교사의 역할과 태도는 매우 중요하다. 통합교육을 성공시키기 위해서 일반교사들이 가져야할 자세는 다음과 같다.

첫째, 열린 마음을 가지고 정신지체장애 아동을 내 학급의 학생으로 생각하는 책임 의식을 가지라는 것이다. 정신지체장애 아동이 통합된다는 사실이 교사의 업무를 과중하게 만든다는 생각과 함께 정신지체장애 아동의 능력과 교육적 필요에 대하여 잘 알지 못하기 때문에 일단 부정적인 생각을 하게 되는 경우가 많다. 또한 교사부터 정신지체장애 아동을 무의식적으로 자신의 학급의 일원으로 생각하지 않을 경우도 있다. 내 학급에 있지만 정신지체장애 아동의 교육은 내 책임이 아니고 특수교사의 책임이라고 생각하는 교사로부터는 통합된 좋은 교육을 받을 수 없다.

둘째, 특수교사와 함께 문제를 해결하도록 노력한다. 통합된 아동과 전체학급의 아동이 성공적인 학교생활을 하는 데 장애가 되는 일들이 발생할 때에 다른 교사들, 특히 특수교사와 공동으로 협력하여 문제를 해결하고자 하는 노력이 필요하다.

셋째, 정신지체장애 아동이 학급과 학교에 소속감을 갖도록 돕는다. 학급게시판에 정신지체장애 아동의 작품을 게시할 수도 있고, 다른 아동들이 어떻게 정신지체장애 아동과 상호작용할 수 있는지 가르쳐주는 것도 중요하다. 또한 교사가 정신지체장애 아동을 대하는 것을 보고 다른 아동들이 따라하게 되기가 쉬우므로, 교사가 정신지체장애 아동을 다른 아동과 똑같이 대해주는 것이 중요하다. 또한 일반학급의 수업시간 이외의 학교의 여러 활동에도 참여할 수 있도록 한다. 학예회, 소풍, 운동회 등의 학교행사에 충분한 사전 준비와 계획을 통하여 참여할 수 있도록 하며, 교사의 편의나 막연한 안전에의 불안 때문에 아동의 참여를 제한해서는 안 된다(이소현 외, 1999).

chapter

02 정서 · 행동장애 아동

1 정서 · 행동장애의 정의

1) 우리나라의 장애인 등에 대한 특수교육법(2008)

장기간에 걸쳐 다음 각 목의 어느 하나에 해당하며, 특별한 교육조치가 필요한 사람을 말한다(특수교육원, 2016).

- 지적 · 감각적 · 건강상의 이유로 설명할 수 없는 학습상의 어려움을 지닌 사람
- 또래나 교사와이 대인관계에 어려움이 있어 학습에 어려움을 겪는 사람
- 일반적인 상황에서 부적절한 행동이나 감정을 나타내어 학습에 어려움이 있는 사람
- 전반적인 불행감이나 우울증을 나타내어 학습에 어려움이 있는 사람
- 학교나 개인 문제에 관련된 신체적인 통증이나 공포를 나타내어 학습에 어려움이 있는 사람

2 정서 · 행동장애 아동의 분류

1) Quay(1975)의 분류

최근에 짜임새 있는 분류라고 불리고 있는 한 접근의 대표적인 것으로는 Quay의 저서(1975, 1979)와 그 동료들이다. Quay연구진은 교사와 부모에 의한 행동평가, 아동들의 생활내력의 특성, 그리고 적응행동의 분류에 들어가는 행위 장애, 불안-위축, 미성숙, 그리고 사회화된 비행, 이렇게 네 가지 차원으로 구분하였으며, 이는 질문지를 통한 아동들의 반응을 이용한 것이다. 이러한 차원들은 요인 분석으로 알려진 통계적 과정을 통해서 발견되었다. Quay의 네 분류 행동차원을 정의하는 특성은 다음과 같다.

(1) 행위 장애(conduct disorder)

싸움, 불순종, 파괴성, 무책임감, 건방짐, 무례함, 질투, 쉽게 흥분함, 주의집중에 대한 과민성, 난폭성, 모욕적인 언사, 과잉행동, 침착하지 못함, 반항적 행동 등이 이에 속한다.

(2) 불안 위축(anxiouswithdrawn)

열등감, 자아의식 도취, 사회적인 위축, 불안, 잘 우는 행동, 과민, 웃음이 적은 행동, 손톱 씹는 행동, 우울증, 부끄러움 등이 이에 속한다.

(3) 미성숙(immature)

편견, 주의 집중 곤란, 재치가 없음, 수동성(무저항), 백일몽, 완만성, 졸음, 자기보다 어린 집단과 사귀는 행동, 지위행동, 쓸데없이 웃는 행동, 쉽게 좌절되는 행동, 물건을 씹는 행동, 남의 흉을 잘 보는 행동, 수업시간에 장난이 심한 행동 등이 이에 속한다.

(4) 사회화된 비행(socialized delinquent)

이 속에 포함되는 아동들은 나쁜 친구들을 사귀고 친구들과 함께 물건을 훔치고, 동료집단에 대해서 충성을 다하고, 깡패집단에 끼어들고, 밤늦게까지 집 밖에서 어슬렁거리고, 학교에 무단결석이 잦으며, 무단가출을 자주한다.

2) 미공법 94-142(Public Law 94-142)

정서·행동장애의 정의를 장기간에 걸쳐 교육적 수행에 심각한 영향을 미치는 다음의 특성 중에서 1개 혹은 2개 이상을 나타내는 상태를 말한다(장선철, 2015).

- 지적, 감각적 혹은 신체적 요인으로 규명될 수 없는 학습의 무능력한 상태
- 또래와 교사들과 만족할 만한 대인관계를 형성·유지하는 능력이 결여된 상태
- 정상적인 상황에서 부적절한 행동이나 감정 유형의 상태
- 늘 불행해하고 우울한 기분으로 생활하는 상태
- 학교나 개인문제에 연관된 정서적인 장애 때문에 신체적인 통증이나 심한 공포감을 느끼는 상태

3 정서 · 행동장애 아동의 출현율

정서 · 행동 장애 아동들이 얼마나 많은지에 대한 출현율 추정치는 상당히 다양하다. 이처럼 추정치가 다양한 이유는 아동이 정서 · 행동장애의 여부를 결정하는데 각각 다른 기준을 사용하고 , 자료수집 방법이 다르기 때문이다. 현재 취학 전 아동을 대상으로 한 연구들은 거의 이루어지지 않고 있는 실정이나 아동 중 약 10% 정도는 정서 · 행동 장애를 지니고 있는 것으로 추정한다.

대부분의 다른 장애와 마찬가지로 정서 · 행동문제로 학령기 행동장애 아동들에 대한 조사에 따르면 남아 대 여아의 비율이 약 4:1로 남아가 여아보다 더 많을 출현율을 보인다고 한다(Cullinan et al., 1992).

4 정서 · 행동장애 아동의 원인

정서 · 행동장애를 설명하기 위해서는 몇 가지 이론과 모델들이 등장하였는데, 이런 개념적 모델과는 별개로 정서 · 행동장애 원인은 생물학적 원인과 환경적 원인으로 구분할 수 있다(김종현 외 2015).

1) 생물학적 원인

대부분의 정서 · 행동 장애 아동들의 경우, 기질적 손상이나 질병의 증거는 없고 외관상으로는 신체적으로 건강하고 건전하게 보인다. 몇몇 전문가들은 모든 아동들이 생물학적인 기질을 가지고 태어난다고 믿고 있으며 비록 한 아동의 선천적 기질 그 자체가 행동문제를 야기할 수는 없다고 하더라도 아동문제의 작은 원인이 될 수 있다고 하였다. 따라서 순한(easy)기질을 가진 아동은 이상행동을 보이지 않지만 까다로운(difficult)기질을 가진 아동의 경우에는 행동장애를 보일 수 있다. 어린 영유아와 아동들이 느끼는 불안감은 성장발달하면서 행동문제들이 일어날 가능성을 증가시킨다. 그러나 명확한 생물학적 손상이 있다고 하더라도 실제로 행동문제를 야기하는지 또는 어떤 방식으로 관련이 있는지의 여부는 분명하게 말할 수 없다.

2) 환경적 원인

환경적 요인들은 아동의 행동방식에 영향을 미치며 행동장애와 반사회적 행동을 유발하는 세 가지 중요한 인과적 원인들은 다음과 같다(김종현 외 2015).

- 열악한 초기 양육환경
- 어린이집, 유치원 시기에 나타나는 공격 행동
- 또래들에 의한 사회적 거부
- 가정, 친구, 유치원 등

어릴 때 부모와의 상호작용 관계는 아동이 행동방식을 배우는데 아주 중요하다.

자녀를 사랑으로 대하고 자녀의 욕구에 민감하게 반응하며 긍정적이고 바람직한 행동에 칭찬과 관심을 표현한 부모들이 긍정적인 행동 특성을 지닌 자녀를 갖는 경향이 있다. 반면에 부모가 비일관적인 훈육을 하고 지나친 벌을 사용하여 행동문제를 다루거나, 자녀들과 친사회적 활동을 하는데 전혀 시간을 보내지 않고 자녀에게 무관심하며, 올바른 행동에 무반응 또는 사랑과 애정을 보이지 않는 가정환경에서 반사회적 자녀가 나오는 경향이 있다. 정신건강관련 전문가들은 아동의 행동문제에 대한 책임을 부모들에게 돌리고 있다. 그러나 부모와 아동 간의 관계는 역동적이고 상호적이기 때문에 부모의 행동이 자녀의 행동에 영향을 주는 것만큼 자녀의 행동이 부모의 행동에도 영향을 준다. 또, 어린이집, 유치원은 영유아가 가정 외에 시간을 가장 많이 보내는 곳이기 때문에 문제행동을 야기할 수 있는 다른 사건들을 확인하기 위해 어린이집이나 유치원에서 어떤 일이 일어나는지를 신중하게 관찰해야 한다. 대부분의 정서·행동장애 아동들은 그들이 어린이집이나 유치원에 들어갈 때까지 판별되지 않으므로 이런 유아교육기관이 실제로 정서·행동장애의 발생과 관련 있는지를 알아보는 것이 필요하다.

5 정서·행동장애 아동의 진단

DSM-5(미국정신의학회, 2013)에서는 발달에 저해되는 부주의, 과잉행동 및 충동성이 12세 이전에 두 가지 이상이 나타나고 특히 부주의와 과잉행동 및 충동성에 대한 9가지 등상 중 6가지 이상이 적어도 6개월 동안 지속적으로 나타나야 한다고 판단하고 있다(전경원, 2015).

1) 주의력결핍 및 과잉행동장애

<주의력결핍 및 과잉행동 장애의 진단 기준>
(1) 세부적인 것에 면밀한 주의를 기울이지 못하거나 학업, 작업, 또는 다른 활동에서 부주의한 실수를 저지른다.
(2) 일을 하거나 놀이를 할 때 지속적으로 주의를 집중할 수 없다.
(3) 다른 사람이 말을 할 때 경청하지 않는다.
(4) 지시를 완수하지 못하고 학업, 잡일, 작업장에서의 임무를 수행하지 못한다.
(5) 과업과 활동을 체계화 하지 못한다.
(6) 지속적인 정신적 노력을 요구하는 과업에 참여하기를 피하고 싫어하며 저항한다.
(7) 활동이나 숙제에 필요한 물건들을 잃어버린다.
(8) 외부의 자극에 의해 쉽게 산만해진다.
(9) 일상적인 활동을 잊어버린다.
(10) 손발을 가만두지 못하거나 의자에 앉아서도 몸을 옴지락 거린다.
(11) 앉아있도록 요구되는 교실이나 다른상황에서 자리를 이탈한다.
(12) 조용히 여가 활동에 참여하거나 놀지 못한다.
(13) 차례를 기다리지 못한다.
(14) 질문이 채 끝나기도 전에 성급하게 대답한다.
(15) 다른사람의 활동을 방해하고 간섭한다.

2) 분리불안장애

DSM-5(미국정신의학회, 2013)에서는 발달에 저해되는 애착 대상과의 분리에 대한 공포나 불안이 아동의 경우 최소 4주 이상 지속적으로 나타나야 한다고 판단하고 있다(전경원, 2015).

<진단기준>
A. 집 또는 애착 대상과의 분리에 대한 불안이 발달 수준에 부적절하게 지나친 정도로 나타나며, 다음 3가지(또는 그 이상)상황에서 드러난다.
(1) 집 또는 주된 애착 대상과 분리되거나 분리가 예상될 때 반복적으로 심한 불안을 느낀다.
(2) 주된 애착 대상을 잃거나 그에게 해로운 일이 일어날 거라고 계속적으로 심하게 걱정한다.
(3) 운 나쁜 사고가 생겨 주된 애착 대상과 분리될 거라는 비현실적이고 지속적인 걱정을 한다. (예 : 길을 잃거나 납치되는 것)
(4) 분리에 대한 불안 때문에 학교나 그 외의 장소에 지속적로 가기 싫어하거나 거부한다.
(5) 혼자 있거나 주된 애착 대상 없이 지내는 데 대해 지속적이고 과도하게 두려움을 느끼거나 거부한다.
(6) 주된 애착 대상이 가까이 있지 않은 상황이나 집을 떠나는 상황에서는 잠자기를 지속적으로 싫어하거나 거부한다.
(7) 분리의 주체와 연관되는 반복적인 악몽을 꾼다.

> (8) 주된 애착 대상과의 분리가 예상될 때 반복적인 신체 증상을 호소한다(예 : 두통, 복통, 오심, 구토).
> B. 장해 기간이 적어도 4주 이상이어야 한다.
> C. 18세 이전에 발병한다.
> D. 사회적, 학업적(직업적), 또는 다른 중요한 기능 영역에서 일상적으로 심각한 고통이나 장해를 일으킨다.
> E. 광범위성 발달장애, 정신분열증, 다른 정신증적 장애 기간 중에만 증상이 나타나는 것이 아니어야 하고, 청소년과 성인에서는 광장공포증이 있는 공황장애로 잘 설명되지 않아야 한다.

3) 적대적 반항장애

DSM-5(미국정신의학회, 2013)에서는 적대적 반항장애를 진단하기 위해서는 최소 6개월 이상 지속적으로 나타나야 한다고 판단하고 있다(전경원, 2015).

6 정서 · 행동장애 아동의 특성

미국정신의학회(APA, 2013)의 정신장애진단 및 통계편람(DSM-5)에서 제시하고 있는 20가지 정신장애 범주 중에서 아동기에 다루어질 수 있는 유형은 다음과 같다(전경원, 2015).

1) 주의력결핍 및 과잉행동장애

주의력결핍 및 과잉행동장애(Attention Deficit Hyperactivity, ADHD)란 또래 아동들에 비해 활동이 거의 없고 주의 집중 시간이 매우 짧고, 지나치게 행동통제가 이루어지지 않는 아동들을 의미한다. 이런 아동들 중에서는 과잉행동은 보이지 않고 주의력만 결핍된 경우도 있고 과잉행동과 주의력 결핍이 중복으로 나타나는 경우도 있다. 주의력만 결핍된 아동은 충동성이나 심한 과잉행동은 없고, 주의 집중을 못하는 특성을 보이기도 한다. 이 장애의 아동은 수줍음을 많이 타고 또래들 사이에서 인기가 없어서 혼자 지내는 경우가 많이 발견된다.

<진단 기준>

A. 분노/과민한 기분, 논쟁적/반항적 행동 또는 보복적인 양상이 적어도 6개월 이상 지속되고 다음 중 적어도 4가지 이상의 증상이 존재한다. 이러한 증상은 형제나 자매가 아닌 적어도 한 명 이상의 다른 사람과의 상호작용에서 나타나야 한다.

• 분노/과민한 기분
1. 자주 욱하고 화를 냄
2. 자주 과민하고 쉽게 짜증을 냄
3. 자주 화를 내고 크게 분개함

• 논쟁적/반항적 행동
4. 권위자와의 잦은 논쟁
5. 자주 적극적으로 권위자의 요구나 규칙을 무시하거나 거절
6. 자주 고의적으로 타인을 귀찮게 함
7. 자주 자신의 실수나 잘못된 행동을 남의 탓으로 돌림

• 보복적 특성
8. 지난 6개월 안에 적어도 두 차례 이상 악의에 차 있거나 앙심을 품음

• 주의점: 진단에 부합하는 행동의 지속성 및 빈도는 정상 범위 내에 있는 행동과 구별되어야 한다. 다른 언급이 없다면 5세 이하의 아동인 경우에는 최소한 6개월 동안 거의 매일 상기 행동이 나타나야 한다. 5세 이상의 아동인 경우에는 6개월 동안 일주일에 최소한 1회 이상 상기 행동이 나타나야 한다(진단기준 A8). 이런 빈도에 대한 기준은 증상을 기술하기 위한 최소 기준을 제공한 것일 뿐이며, 반항적 행동이 동일한 발달 수준에 있고 성별이나 문화적 배경이 같은 다른 사람들에게서 전형적으로 관찰되는 것보다 더 빈번하고 강도가 높은 지와 같은 다른 요인들도 고려해야 한다.

B. 행동 장애가 개인 자신에게 또는 자신에게 직접적으로 관련 있는 사회적 맥락(예 : 가족, 또래집단, 동료) 내에 있는 상대방에게 고통을 주며 그 결과 사회적, 학업적, 직업적 또는 다른 중요한 기능 영역에서 부정적인 영향을 준다.

C. 행동은 정신병적 장애, 물질사용장애, 우울장애 또는 양극성장애의 경과 중에만 국한에서 나타나지 않는다.

• 현재의 심각도 명시할 것
－경도 : 증상이 한 가지 상황(예 : 집, 학교, 직장, 또래집단)에서만 나타나는 경우다.
－중등도 : 증상이 적어도 2가지 상황에서 나타나는 경우다.
－고도 : 증상이 3가지 이상의 상황에서 나타나는 경우다.

(1) 산만함

산만함(distradt)이란 주의 집중과 관련된 용어로서 특정 과제에 주의를 기울이기 힘들어하고 주의집중 시간이 매우 짧은 상태를 말한다. 예를 들어 수업 시간에 목적 없이 또래들을 쳐다보거나 교사의 설명을 무시한 채 다른 곳에 낙서를 한다거나, 계속 허공을 바라보며 부적절한 행동을 보인다.

(2) 과잉행동

과잉행동(hyperactivity)이란 지나치게 과도한 행동을 보이며, 끊임없이 움직이고 그 움직임이 부적절하다. 예를 들어, 수업 시간에 자리를 이탈하여 움직일 뿐만 아니라 자리에 앉아 있을 때에도 의자에 바르게 앉지 못하고 움직이거나 의자를 움직이거나 하는 등 부적절한 행동을 보인다.

(3) 충동성

충동성(impulsiveness)이란 신중하게 행동으로 옮기지 않고 옳고 그름을 판단하지 않고 행동으로 옮기는 경우를 말한다. 예를 들어 수업 시간에 교사의 질문이 끝나기 전에 충동적으로 말을 하거나, 주제에 어긋나는 이야기나 질문을 하는 등 즉흥적으로 반응한다.

2) 분리불안장애

분리불안장애(separation anxiety disorder)란 유아기에 잘 나타나는 불안장애에 속하며, 유아가 자신과 친숙한 환경이나 가정, 대상으로부터 분리되는 것에 대해 지나치게 불안해하는 장애를 말한다.

이 장애의 경우 자기와의 주요 애착 대상인 이머니나 할머니 등에게 어떤 위험이 닥칠지도 모른다는 불안과 함께 이들이 자기 곁을 떠나서 다시는 돌아오지 않을 것 같다는 불안을 느끼게 된다. 이 불안은 주요 애착 대상과 함께 있기 위해서 어린이 집 또는 유치원에 가는 것을 거부하는 형태로 나타내기도 하며 심하게 울거나 매달리는 행동을 보이기도 한다(전경원, 2015).

3) 적대적 반항장애

적대적 반항장애(oppositional defiant disorder)란 정서 및 행동 조절이 어려워 화를 자주 내거나 쉽게 짜증을 내며, 다른사람의 요구와 규칙을 무시하는 행동을 보이는 장애를 말한다. 이 장애의 경우 정서·행동 통제가 문제가 되므로 적대적 반항장애 아동들은 친구들과 유대관계가 거의 없을 뿐만 아니라 대인관계가 원만하지 못하다. 또, 다른 사람들에게 해를 끼치는 행동을 하기 때문에 불안감을 조성하고 교사의 지시를 따르지 않는 등 버릇없고 반항적인 태도를 많이 보인다.

7 정서 · 행동장애 아동의 지도

교사가 행동장애 아동을 대상으로 상담이나 치료를 하기 위해서는 행동장애 아동에게 사용되고 있는 각종 교육 및 심리적 전략을 알고, 아동에 대한 문제의 특성에 따라 그 전략들을 절충해서 사용할 수 있게 되어야 한다. 현재 사용되고 있는 주된 전략들을 보면 다음과 같다.

1) 정신 역동적 전략

정신 역동적 전략(psychodynamic strategy)은 부적응 행동을 내적 갈등의 증후로 보고, 부적응 행동을 하는 사람이 자기 자신을 알고 갈등의 근본원인을 받아들이도록 돕는 방법이다.

(1) 정신 분석법

정신분석(psychoanalysis)은 부적응 행동을 하는 사람이 자기의 무의식적 갈등을 의식화하여 성격의 구조를 재구성하도록 하는데 목적이 있으며, 주요 기법은 자유연상과 해석이고 분석의 주된 대상은 꿈, 전이 및 저항이다.

자유연상(free association)은 과거의 경험이나 그때그때의 감정을 떠오르는 대로 거리낌 없이 모두 이야기하도록 유도하는 것이다. 이렇게 하면 내담자는 과거를 회상하고 충격적인 상황에서 느꼈던 여러 가지 감정을 발산하게 된다. 이때 치료사는 내담자가 하는 가운데 억압되어 있는 것을 찾아내어 그것을 내담자에게 설명해 줌으로써 무의식적 심리과정을 이해할 수 있게 한다. 예를 들면 꿈·저항·전이 등을 분석하고 그 속에 담겨 있으나 내담자가 의식하지 못하고 있던 행동의 의미를 분명하게 이해할 수 있도록 내담자에게 설명하는 것이다. 꿈의 분석은 꿈의 내용에 대해 자유연상을 시키고, 연상된 내용을 해석하는 방법으로 하며, 내담자가 저항을 보이면 그에게 그가 보이는 저항에 주의를 기울이도록 하고 그것을 해석해 준다. 내담자가 과거의 중요한 인물에 대해 느꼈던 감정을 치료자에게 보이거나 기타 전이된 행동을 보이면, 자유연상을 시키고, 그 내용을 해석해 줌으로써 전이의 정체를 이해하고 수용하게 한다.

(2) 지시적 상담

지시적 상담은 아동에게 문제의 답을 암시하거나, 문제를 해석해 주거나 답을 찾아내도록 질문을 하거나 문제해결에 필요한 정보를 제공해 줌으로써 내담자에 대한 문제해결을 돕는 것이다.

(3) 인간중심요법

인간중심요법 또는 내담자 중심요법은 인본주의 심리학에 기초를 둔 것으로 내담자가 자기의 감정을 자유롭게 표현할 수 있도록 하며, 그가 표현한 감정을 수용 및 시인함으로써 자기 통찰을 할 수 있도록 하는 방법이다. Rogers(1940)는 이 요법의 주요 기법은 내담자로 하여금 자기의 생각이나 감정을 자유롭게 표현하게 하고, 이를 수용 및 시인하는 것이라고 했다. 예를 들면 내담자가 부정적인 생각이나 감정을 표현해도 이를 수용하고 시인하는 것이다. 만약 먼 곳으로 도망치고 싶다고 하면,

마음이 괴로우면 그러한 생각을 하게 된다든가 살다가 보면 그렇게 생각되는 때가 있다는 말로 응대하거나 기타 방법으로 내담자의 생각이나 감정을 수용하고 시인한다. 이와 같이 하면 내담자는 상담자가 자기를 이해해 준다고 생각하게 되고 따라서 하고 싶었던 부정적인 말을 계속하게 된다. 내담자가 하고 싶었던 부정적인 말을 하고 나면 방어적 태도를 버리게 되고, 왜곡된 경험의 구속에서 벗어나 긍정적인 면을 보이게 된다. 공부를 잘했으면 하는 바램을 가지고 있으면서도 "공부는 해서 뭐하느냐?"는 식으로 모순된 감정을 표출할 때에는 "공부는 해서 뭐하느냐고 말을 하기는 하였지만 가끔 공부를 잘했으면 좋겠다는 생각도 하지."라는 식으로 반응을 보임으로써 내담자가 모순된 감정을 가지고 있다는 것을 깨닫게 하는 방법 등이 있다.

(4) 심리극

심리극(psychodrama)은 J. L. Moreno(1921)에 의해서 처음으로 공개된 것으로 부적응자가 주연을 맡고, 교사가 조연을 맡아 연기를 하는 가운데 부적응자가 억제되어 있는 욕망을 자유로이 표현하게 하여 자기의 정서적인 문제를 잘 이해할 수 있게 함으로써 적응의 문제를 잘 해결할 수 있게 하는 방법이다.

심리극에는 감독이 있어서 부적응자와 면접을 하여 극화해야할 것을 선정하며 감독은 이러한 일 외에 극이 진행되는 동안 무대와 관람석의 중간에 위치하여 관중과 무대를 이어주는 역할도 하고, 관중석에 앉아서 극의 진행을 보면서 연기자에게 주의를 주는 역할도 있다.

보조원은 주연자의 상대역이 되어 주연자가 자발적으로 쉽게 연기하도록 자극하는 일을 한다. 어떤 경우에는 주연자의 자아를 지적해주고 어떤 경우에는 주연자가 갈등을 일으키게 한다. 관객은 연기자의 생각이나 행위에 영향을 미친다. 그러므로 관객의 선택은 연기자의 요구를 들어서 한다. 심리극은 관객의 치료에도 도움이 되므로 관객을 선택할 때에는 이 점도 고려한다.

심리극은 무대 위에서 할 수도 있고, 무대 없이 할 수도 있다. 교단을 무대로 사용해도 좋고, 교실의 반을 무대로 사용해도 좋다. 무대를 사용하는 경우 무대장치도 할 필요가 없다. 무대에는 몇 개의 의자와 한 개의 책상정도만 있으면 된다. 무대는 단순한 것이 좋고 밝지 않은 것이 좋다. 그러나 분위기에 맞는 색채조명을 하는 것도 좋다.

심리극의 주된 기법은 아동이 어머니의 역할을 맡고 어머니가 아동의 역할을 맡는 식으로 일상생활 속에서 극의 형식으로 역할을 바꾸어 한다. 이와 같은 역할 수행은 상내방에 대한 깊은 이해를 하는 데 도움을 준다.

(5) 놀이 요법

Anna Freud(1945)가 발전시킨 아동분석(child analysis)에 그 근원을 두고 있는 것이 놀이요법(play therapy)이다. 이 용법은 개인놀이요법과 집단놀이요법으로 나누어진다. 개인놀이요법은 한 아동과 한 치료자 간의 인간관계로 성립되는 것이고 집단놀이 요법은 몇 아동과 한 치료자간의 인간관계로 성립되는 것이다. 이들 요법에는 자유놀이요법과 제한놀이 요법으로 나누어지기도 하는데 자유놀이요법은 놀이도구 선택에 있어서 몇 가지 원리를 지키기만 하면 거의 모든 놀이도구를 사용하고 이를 이용해서 어떠한 활동이나 다하게 한다는 점에서 제한놀이요법과 구별된다.

놀이요법은 일방적으로 놀이방에서 적용하게 되며 놀이도구는 치료대상에 맞게 선택해야 하지만, 일반적으로 아동의 흥미를 끌 수 있고, 흥미를 이어주며 아동과 아동 또는 아동과 치료자 간의 관계가 교류를 촉진할 수 있는 것이 좋다.

아동에게는 먼저 놀이방의 성질을 설명해 주고 놀이가 끝나는 시간을 알려주고 놀이도중에는 화장실에 가거나 어머니가 있는지 없는지 확인하려고 할 때에만 방밖으로 나가게 하고 그 외는 나가지 못하게 한다. 치료자가 아동에게 말을 할 때에는 부드럽게 말한다.

아동이 놀이방의 성질을 이해하고 행동을 활발하게 하기 시작하면 놀이방에서 지켜야 할 규율에 어긋나는 행동을 못하게 제한한다. 제한은 명령, 금지, 비난, 위협 등과 같은 방법으로 하지 않고 다른 행동으로 관심을 이행시키게 하거나 "이렇게 하면 안 되는 것으로 약속이 되어 있지요."와 같이 표현하는 방법으로 한다. 그리고 아동에게 감정 표출을 쉽게 하도록 적절한 계기를 마련해 주고, 그가 표출하는 것이 어떠한 것이든, 그것을 사회화된 형태로 표출할 수 있게 도와준다.

아동의 적응행동이 촉진되고, 문제행동이 소멸되기 시작하면, 현실장면과 놀이방의 거리를 접근시켜 일상생활에 필요한 적응기술이나 문제해결 방법을 학습시킨다.

(6) 의미치료 (logotherapy)

역설지향 기법으로서 '감당할 수 없는 어려움은 닥치지 않는다. 한 번 해볼 만하다.'라는 생각으로 도전하는 '창조적 행위'를 통해 경험하는 가치에 의해서, 변경할 수 없는 운명에 대해 취하는 태도를 통해서 삶의 의미를 찾는 치료과정이다.

(7) 합리적 정서치료 (RET : rational emotive therapy)

바람직하지 못한 정서적 결과를 비합리적 신념에 의해 유발되는 것으로 보고, 바람직하지 못한 정서적 결과가 재발하지 않게 하기 위해서는 합리적 도전으로 비합리적 신념을 효과적으로 논박해야 한다고 말한다.

2) 행동수정 전략

행동수정전략은 조건형성원리에 입각하여 행동장애 아동을 치료하는 것이다.

이 전략을 제안하는 사람들은 모든 것을 학습된 것으로 보며, 부적응 행동을 그렇게 크게 보지 않는다. 그들은 행동을 변화시키기 위해서 문제행동을 구체화하고 아동의 직접적인 환경과 아동의 행동결과를 조정하는 것으로 행동수정의 구체적인 기법을 보면 다음과 같다.

(1) 정적강화

정적강화(positive reinforcement)는 아동이 바람직한 행동을 할 때마다 심리적 또는 물질적인 보상을 함으로써 그러한 행동을 계속해서 하게하는 것으로 대단히 좋은 방법이다. 새로운 행동, 특히 복잡하고 새로운 행동을 할 수 있도록 하고자 하는 경우에는 모델을 보여주고 이를 관찰 및 모방하게 한다. 정적강화를 위해서는 토

큰을 사용하기도 하며, 후에 그것으로 원하는 것을 얻게 하거나 원하는 활동을 하게 하는 것이다.

(2) 소멸

소멸(extinction)은 바람직하지 못한 행동에 대한 강화를 중단함으로써 바람직하지 못한 행동이 점차 줄어들고, 결국에는 사라지게 하는 방법이다. 이것은 강화를 받았기 때문에 해온 바람직하지 못한 행동을 변화시키는데 유용한 방법이다.

(3) 혐오치료

혐오치료(aversive therapy)는 바람직하지 못한 행동을 할 때마다 전기충격, 약물, 벌 등의 혐오자극을 주어 그러한 행동을 계속하지 못하게 하는 방법이다.

(4) 내폭요법

내폭방법(flood method)은 우선 아동이 도피할 수 없는 환경 속에서 공포자극을 준비한다. 즉, 치료자는 아동의 공포와 관계있는 공포사례를 말해 주고, 아동에게 그것을 심상하게 모든 감각을 통해서 가능한 한 강하게 경험하게 한다. 그러한 경험은 공포를 폭발시킨다. 이러한 폭발은 내적 폭발이기 때문에 내폭이라 한다. 내폭이 반복되어도 해를 입지 않게 되므로 그 자극은 불안을 야기 시키는 힘을 잃게 된다. 불안이 더 이상 나타나지 않게 되면 그 불안을 피하기 위해 취했던 신경증적 행동은 사라진다.

(5) 부적연습법

부적연습법(negative practice)은 일련의 연습을 피로에 지칠 때까지 반복하게 하여 행동을 변화시키는 것이다. 부적연습을 시킬 때에는 장기간 집중적으로 연습을 시킨 다음 장기간 후식을 취하게 하는 방법으로 행동을 수정하는 것으로 피로법, 포만법, 또는 과잉학습이라고도 한다.

(6) 체계적 둔감법

체계적 둔감법(systematic desensitization)은 불안증이나 공포증을 치료하는 데 효과적인 방법이다. 먼저 아동으로부터 불안이나 공포를 일으키는 자극을 듣고, 그러한 자극들을 가장 약한 것으로부터 가장 강한 것에 이르기까지 위계 순으로 배열한다. 그러고 나서 아동에게 근육이완 훈련을 한다.

아동이 이완상태에 들어가면 가장 약한 불안이나 공포 야기자극을 주고, 가능한 한 그 자극을 생생하게 심상한다. 만일 아동이 불안이나 공포를 느끼기 시작하면 심상을 중단하고 다시 근육을 이완시키게 한다. 아동이 가장 약한 자극을 불안이나 공포를 느끼지 않고 심상할 수 있게 되면 그 다음으로 강한 자극을 주고 심상하게 한다. 이와 같이 하기를 최상위의 자극에 이르기까지 한다.

최상위 자극의 심상과정에서 불안이나 공포를 느끼면 다시 최하위 자극을 가지고 전과같이 하게 된다. 여기서도 일반화현상이 나타난다. 즉, 일정한 자극에 대한 불안이나 공포가 감소되면 그와 유사한 자극에 대한 불안이나 공포도 감소하게 된다.

(7) 촉구와 용암

촉구(prompt)는 아동에게 일정한 행동을 하도록 암시하는 것으로 그 종류에는 언어 촉구, 몸짓 촉구, 신체적 촉구가 있다.

언어 촉구는 아동에게 일정한 행동을 하도록 지시하는 것이다. 몸짓 촉구는 아동에게 일정한 행동을 하도록 몸짓이나 손짓으로 암시하는 것이다. 신체적 촉구는 신체적인 접촉을 통해서 아동에게 일정한 행동을 하게하는 것으로, 예를 들면 아동을 의자에 앉히고 싶을 때에 아동의 몸에 손을 대고 의자에 앉도록 하는 것이다. 촉구한 다음에 아동이 암시하는 행동을 하면 그때마다 강화를 한다.

용암(fading)은 행동을 교정하기 위해 사용했던 촉구를 점차적으로 제거하는 것이다. 이에 대한 방법을 보면 언어 촉구는 지시하는 단어의 수를 줄여 가거나 지시하는 말에 관심을 가질 수 있으며, 점차 부드럽고 약하게 지시하는 방법으로 제거한다. 몸짓 촉구의 용암은 암시하는 몸짓의 크기를 줄여가는 것이다. 신체적 촉구의 용암은 신체 접촉의 양을 점차 줄여가거나 신체 접촉의 압력을 줄여가거나 신체 접촉의 부위를 바꾸거나 하는 방법이며 처음에 언어 촉구, 몸짓 촉구 및 신체적 촉구를 모두 사용하거나 신체적 촉구만을 먼저 중단하는 방법으로 실시하기도 한다.

(8) 과잉교정

과잉교정(over correction)은 일종의 벌로서 아동이 바람직하지 못한 행동을 했을 때 그 대가로 주변 환경을 깨끗하게 정리하거나 바람직하지 못한 행동이 발생되는 상황에서 적절한 행동을 반복하게 함으로써 부적응 행동을 교정하는 방법이다. 과잉 교정을 할 때에는 강화를 하지 않는다.

(9) 홍수법

홍수법(flooding)은 아동을 조건자극에 계속해서 노출시킴으로써 불안을 회소시키는 방법이다. 예를 들면 아동이 특정대상을 무서워한다면 그 대상에 계속해서 노출되게 하는 것이다.

(10) 일시 격리

일시 격리(time out)는 아동이 부적응 행동을 할 때 그 아동을 일시 격리시킴으로써 그러한 행동이 강화를 받지 못하게 하는 것으로 아동을 격리시키는 방법에는 격리설에 넣기, 분리막 뒤로 보내기, 복도로 내 보내기, 구석에 앉히기 등 여러 가지가 있다.

3) 정서 · 행동장애아동의 교육적 조치

경도와 중도 정서 및 행동장애 아동은 일반학급에 입급시키고 필요한 경우 전문가의 도움을 받아가면서 일반교사가 지도하는 통합교육이 좋다. 그러므로 정서 및 행동장애 아동들은 일반 아동들과 같이 생활하면서 자기의 행동을 수정할 수 있게 하고, 새로운 적응력을 얻을 수 있게 될 것이다. 그러나 정서 및 행동장애아동으로 인해서 다른 많은 아동이 피해를 입거나 교사가 대부분의 시간을 그 아동만을 위해서 사용해야 될 정도로 아동의 장애가 중도 및 최중도일 경우에는 아동을 일반학급에 입급시키는 것보다 특수학교나 특수학급에 배치하는 것이 바람직하다.

행동장애 아동을 분리시켜 놓고 교육하는 경우에는 학급당 학생 수를 적게 하여야 한다. 아동이 집중적인 개별지도가 필요한 아동일 경우에는 교사 대 학생의 비가 1:1이 되게 하는 것이 좋다. 그러나 장애의 정도가 그렇게 심하지 않은 경우에는 학급당 학생 수를 최대로 적게 나는 것이 좋다. 학생의 수가 많으면 다양한 정서 및 행동장애아의 개별화 교육이 곤란하기 때문이다.

Kanner(1971)는 자폐증이나 정신분열증과 같은 대다수의 정신병 아동은 성인이 되더라도 사회생활에 적응하지 못하고 자급자족할 수 있는 직업을 가질 수 없으며 발달기에 보여주었던 특성을 버리지 못한다고 했다. Robins(1979)는 과잉 공격적인 행위 장애 아동의 약 반수는 계속해서 법적인 중재나 정신의학적 치료를 요하는 문제를 가진다고 했다. 그러므로 이러한 사람은 성인이 되더라도 분리된 기숙제 시설에 수용하는 것이 바람직하다. 행동장애 아동의 교육효과는 아동이 배치되는 학습환경보다 우리나라의 경우는 교사의 자질에 더 많이 의존한다. 그러므로 행동장애 아동교육에 있어서 무엇보다 중요한 것은 교사의 자질이라 할 수 있다.

(1) 관찰학습

주의과정, 파지과정, 운동재생과정, 동기화과정의 네 개의 과정을 거쳐 이루어진다고 한다. 이 이론에 따라 부적응 아동에게 사회적 기술을 가르치기 위해서는 먼저 아동의 사회적 기술을 사정한 후 발견된 부적응 행동에 대치되는 바람직한 행동을 택하고, 그 행동을 분석하여 학습하기 쉬운 것부터 아동에게 행동모형으로 주고 주의하게 한 다음, 그를 파지하게 하고 본대로 재생하게 한 후에 강화해야 한다. 파지를 잘하게 하기 위해서 관찰한 것을 부호화 또는 조직화하게 하거나 상징적 또는 운동적 시연을 해 보게 한다.

(2) 사회적 추리 (social reasoning)

대인관계에 적용되는 추리과정으로 있을 법하고 아동과 관련 있는 생활경험이 포함되는 갈등상황을 유발시키고 아동이 스스로 해결해 보도록 하고, 사회적 상호작용 경험과 역할수용 경험을 하게 하며, 집단토의에 참여하게 하고 도덕성 변별을 강화하고, 상담기술을 가르치는 등의 방법을 사용한다.

03 학습장애 아동

chapter

1 학습장애의 정의

1) 우리나라의 장애인 등에 대한 특수교육법(2008)

개인의 내적 요인으로 인하여 듣기, 말하기, 주의집중, 지각(知覺), 기억, 문제해결 등의 학습기능이나 읽기, 쓰기, 수학 등 학업 성취 영역에서 현저하게 어려움이 있는 사람이라고 정의한다(특수교육원, 2016).

지능이 나쁘지도 않고, 그렇다고 부모가 아동을 교육적으로 방치하는 것도 아닌데, 어느 특정 영역에서 도저히 상상할 수 없는 학습문제를 보이는 아동이 있다. 이를 의학적으로 '학습장애'라 부른다. 우리나라에서도 언제부터인가 이러한 학습장애라는 말이 빈번히 사용되고 있지만 일반인들 뿐만이 아니라 전문가들조차 정확한 증상을 모르고 있는 것이다. 학습장애란 간단히 말해서 지적발달의 전반적인 지체가 아니라 부분적인 인지발달의 지체나 편향 때문에 주로 학습 상 특이한 문제가 발생하는 현상을 말하는 용어다. 여기서 전반적인 지체를 보이는 것은 '정신지체'라고 하며 학습장애라고는 하지 않다. 여기에 덧붙여 학습문제만이 아니라 사회성의 발달에도 문제가 나타나고 주의력결핍 및 과잉행동상의 문제도 나타내는 예가 많이 보고되고 있다.

좀 더 구체적으로 살펴보면 학습장애 아동들의 경우, 듣기, 말하기, 읽기, 쓰기, 계산하기 또는 추론하는 능력 가운데서 특정 부분의 습득과 사용에 현저하게 곤란한 다양한 상태를 의미하다. 이 중에서도 읽기장애가 가장 흔한 형태이지만 실제로는 여러 분야에 장애가 있을 수 있고 또 학습 전반에 장애가 있을 수도 있다. 학습장애는 그 원인으로 신경계의 어떤 기능장애가 있는 것으로 추정되지만 시각장애, 청각장애, 지적장애, 정서장애 등의 장애나 환경적인 요인이 직접적인 원인이 되는 것은 아니다.

학습장애는 아동의 발달장애 중 가장 빈도가 높은 장애의 하나로 여아보다 남아에게 약 두 배 많고, 미국의 통계에 의하면 전 학령기 아동의 5%에서 발견된다고 한다. 그러나 실제로는 이보다 훨씬 더 많은 수의 아동이 학습장애로 고생하리라고 예측할 수 있다. 왜냐하면 학습장애 아동 중 일부는 제대로 진단을 받지 못하거나 학습장애가 의료인이나 교육자, 일반인들에게 잘 알려져 있지 않기 때문에 훨씬 더 많은 수의 아동이 진단을 받지 못하거나 다른 문제로 분류되어 있을 것으로 추정된다.

이와는 반대로 오진도 심각한 수준이다. 진단기준이 불명확하고 아직 전문가가 없다 보니 우리들이 흔히 말하는 '공부 못하는 아이'가 소아정신과나 상담센터를 찾게 되면 예외 없이 거의 모두 '학습장애'로 진단 내려 버리기 일쑤다. 하지만 나중에 자세히 설명하겠지만 '학습지체'나 '학습지연', 혹은 '지능이 낮은 아이'들과는 확연히 구분되는 선천적인 장애 중 하나다.

학습장애를 발견하는 시기는 장애의 형태와 그 정도에 따라서 또한 동반된 다른 장애의 유무에 따라서 달라진다. 다른 발달장애와 마찬가지로 학습장애에서도 조기발견이 중요한데, 일찍 발견하면 적절한 교육을 받을 수 있고 또 이차적으로 발생하는 정서문제도 예방할 수 있기 때문이다. 그러나 대부분의 경우 학습장애는 아동이 학교에 다니다가 학습에 문제가 생긴 후에나 발견하게 된다. 그보다 더 이전에 학습장애를 발견하는 것은 학습장애의 원인이 되는 뇌의 기능이상을 발견해야만 가능한데, 아직까지 의학적으로는 불가능하다. 실제로 영유아기에 발달에 지연이 있거나 행동장애가 있는 경우에 학습장애가 발생할 가능성이 더 높다. 특히 영유아기의 발음장애를 포함한 언어장애가 읽기장애와 동반되는 빈도가 높다고 알려져 있다. 그러나 아직까지는 언어검사를 포함하여 학령전기에 학습장애를 확실하게 진단할 수 있는 방법은 거의 없다.

2 학습장애 아동의 분류

학습장애의 분류는 법적 또는 행정적 측면과 학문적 측면으로 나누어 살펴볼 수 있다(정대영, 2013).

1) 법적 또는 행정적 측면

우리나라의 장애인 등에 대한 특수교육법(2008)에 의하면 학습장애는 학습기능(듣기, 말하기, 주의집중, 지각, 기억, 문제해결)과 학업성취(읽기, 쓰기, 수학)로 구분된다. 학습기능과 학업성취로 구분하는 것에 대한 용어의 합리성과 적합성에 대해서는 좀 더 연구하고 검토되어야 하지만 법에서 제시하고 있는 학습기능은 비언어성 학습장애에 해당되는 기본적 심리과정의 문제로서 발달적 학습장애로 명명 될 수 있다. 학업성취는 언어성 학습장애인 읽기 및 쓰기 문제, 언어성과 비언어성의 공통 영역으로 분류될 수 있는 수학문제를 포함하고 있는데 학업적 학습장애로 분류 될 수 있다. 우리나라의 장애인 등에 대한 특수교육법(2008)에 제시된 학습장애 개념은 언어성과 비언어성 학습장애를 포괄적으로 제시하고 있다.

2) 학문적 측면

Kirk와 Chalfant(1984)는 발달적 학습장애(주의집중, 기억, 지각, 사고, 구어)와 학업적 학습장애(읽기, 쓰기, 철자 및 표현, 계산)로 구분하였으며, Kirk와 Gallagher, Anastasiow(2003)는 학습장애를 신경심리학적 · 발달적 학습장애, 학업적 · 성취장애, 사회적 장애로 구분하고 있다.

일반적으로 심리학과 의학계에서 가장 많이 이용하는 DSM-IV(1994)에 의하면 읽기장애, 수학장애, 쓰기표현장애 외에 달리 밝혀지지 않은 학습장애로 분류된다.

Rourke(1987)는 학습장애를 언어성 학습장애와 비언어성 학습장애로 보고, 비언어성 학습장애를 앞서 논의한 바와 같이 신경심리학적 결함, 학업적 결함 및 사회정서적 적응결함으로 분류하고 있다.

3 학습장애 아동의 출현율

학습장애를 지닌 특수교육대상 아동의 출현율은 특수교육대상 장애 범주 중에서 가장 많은 비중을 차지한다. 국립특수교육원(2001)의 연구에 의하면, 이들의 출현율이 1.17%이고, 전체 특수교육대상자의 43.17%에 해당된다. 그러나 출현율 연구 사례를 보면 다양하게 보고되고 있다. 특히 미국의 경우, 출현율 추정치는 1%~30%에 이르기까지 매우 다양하다.

이처럼 다양한 출현율이 제시되고 있는 이유는 학습장애의 정의가 통일되어 있지 않고, 개념적 모델의 차이, 진단평가 접근 방식의 차이, 사정에 적용된 검사 도구 등에 따라서 달라질 수 있다는 것이다.

그러나 교육부 특수교육통계(2011)에 의하면 학습장애를 지닌 특수교육대상 아동으로 선정되어 특수교육 서비스를 받는 아동은 5,606명으로서 전체 특수교육대상 학생의 6.8%에 그치고 있다. 이처럼 출현율과 실제 특수교육 서비스를 받는 수혜자 간의 차이가 큰 것은 특수교육이 중증장애 중심으로 이루어지고 있으며 학습장애의 개념, 판별준거, 특수교육대상자 선정과정에 문제가 있음을 단적으로 보여주는 현실이라고 할 수 있다.

4 학습장애 아동의 원인

교육, 언어, 청각, 시각, 심리학, 의학, 특수교육학 등 다양한 분야에서 수많은 전문가들이 학습장애의 원인에 대해서 밝히려고 노력해 왔지만 학습장애의 원인에 대하여 현재까지 확실하게 밝혀진 것은 아무것도 없다. 일부 읽기 장애에서는 언어능력과 관련이 있는 뇌의 부위에 이상이 발견되기도 하고 유전성도 원인의 일부가 되고 있으며 또한 어떤 학자들은 생화학적 장애를 학습장애의 원인이 된다고 주장하기도 한다.

일부 심리학자들은 정보 처리 과정의 결함이 학습장애의 원인 된다고 보고 있으며, 교육학자들은 부적절한 학습 환경이 학습과 행동문제에 영향을 주는 가능한 원인으로 간주하기도 한다. 이처럼 많은 요인들이 가능한 원인으로 제시되고 있는데, 그것들을 크게 나누면 세 가지의 범주로 제시할 수 있다. 즉, 기질적-생물학적인 요인, 유전적인 요인 그리고 환경적인 요인이다.

1) 기질적-생물학적 원인

오랫동안 많은 전문가들은 학습장애의 주요 원인으로 신경생물학적을 원인으로 의심해 왔다. 즉, 학습장애가 특수한 뇌기능과 관련되어 있다는 것이다. 특히 의학적 지식을 가진 전문가들은 뇌상해가 학습장애의 일차적 원인이라고 믿고 있다.

하지만 학습장애아의 70% 이상이 뇌파검사, 컴퓨터 단층촬영, 자기공명촬영 등의 최신 의학기계나 생화학검사 등의 신경학적 검사에서도 이상이 나타나지 않는다는 보고도 있다. 따라서 이들 학습장애아동들은 주로 뇌상해가 심한 것으로 나타나지 않기 때문에 미세 뇌기능장애(MBD)라는 용어를 사용한다. 즉, 중추신경계에 어떤 기능장애가 있는 것으로 추측할 뿐이다.

중추신경계의 기능장애란 뇌가 잘 활동할 수 없는 상태를 말한다. 즉, 다양한 감각기관을 통해 들어오는 정보를 받아들여 정리해서 관련정보들을 통합하고 내보내는 과정의 어딘가에 충분히 기능하지 못하는 부분이 있다는 것이다. 특히 일부 심리학자들은 이들 중추신경계의 감각기관의 정보처리과정에 초점을 맞추고 있다. 우리들은 오감을 통해서 외계의 정보를 받아들인다. 그리고 뇌로 그 정보의 중요성이나 의미를 생각해 처리하는 것이다. 그중에서도 눈과 귀로부터 얻은 정보량이 거의 대부분인데 '학습'의 대부분은 눈과 귀로 한다고 할 만큼 시지각과 청지각은 학습에 필수적인 요인이다. 많은 학습장애 아동들에게서 나타나는 글을 거꾸로 쓰거나, 정확하게 읽지 못하거나, 혹은 계산문제에서 자릿수를 잘 이해하지 못하거나 도형을 잘 그리지 못하는 등의 특징은 시지각이나 청지각과 직접적인 관련이 있기 때문이다. 하지만 이러한 요인들이 학습장애의 직접적인 원인으로 얼마나 관련이 있는지에 대해서는 아직까지 증명되지 않은 상태이다.

2) 유전적 원인

인간의 병리적 관계에서 유전적 원인은 빼놓을 수 없는 중요한 원인이 된다. 따라서 읽기, 쓰기, 음성언어의 장애가 유전되는 것인지를 알아보기 위한 연구는 많은 사람들에 의해 이루어졌다. Hallgren(1950)은 스웨덴에서 가계연구를 하고 난독증으로 진단을 받은 사람의 친척 중에 읽기, 쓰기, 철자장애의 수가 그러한 상태가 유전된다고 할 수 있을 정도로 많다고 하였다. 쌍생아 연구에서는 일란성 쌍생아 중 한쪽이 읽기 장애를 가진 12쌍과 이란성 쌍생아의 한 아동이 읽기장애를 가진 33쌍을 비교한 결과, 일란성 쌍생아의 나머지 아동들이 읽기 장애를 더 많이 가지고 있다는 것을 발견하고 읽기장애가 유전된다는 가정을 부분적으로 입증하였다. 이란성 쌍생아 중에서는 단지 1/3만이 양쪽 모두 난독증을 가지고 있는 것으로 밝혀졌다(Hermann, 1958). 난독증과 가족력과의 관계에 대한 연구들에서 난독증 또는 읽기장애에서 가족력이 발견되었으며, 이러한 장애의 발생에는 유전적 근거가 있다는 결론을 내렸다(Cirtchley, 1970; Bannatyne, 1971; Decker & DeFries, 1980; DeFries & Decker, 1982).

오늘날 일부에서는 학습장애를 '가족 계통적'인 유전적 원인으로 인식하고 있다. 그러나 이러한 연구 결과는 해석하는 데 주의가 필요하다. 왜냐하면 학습장애의 유전적인 원인을 조사하는 연구에 있어서, 유전적인 특성과 후천적인 가정이나 사회의 환경적인 특성의 영향을 서로 분리하기가 어렵기 때문이다. 그리고 이러한 연구의 결과로서 주장되는 유전적인 원인에 대한 증거는 학습장애 아동들이 교육지도를 통하여 도움을 받을 수 없음을 뜻하는 것이 아니라, 그렇지 않은 아동들에 비하여 정상적인 교수법으로 학습하기가 더욱 곤란하다는 것과 그렇기 때문에 특별한 교육 프로그램이 필요하다는 것을 의미한다. 다시 말해 유전적 장애를 보상하기 위해서는 보다 더욱 계획적이고 체계적인 지도로 아동의 입장에서 더 많은 노력을 기울여야 한다는 것이다.

3) 환경적 요인

사회경제적 요인으로서 심한 빈곤이나 아주 열악한 환경이 아동의 성장에 부정적인 영향을 줄 수 있다는 사실은 누구나 인정하는 바이다. 학습에 있어서도 환경적으로 불우한 아동들이 문제를 나타내는 경향이 있음을 보여주는 증거는 많이 있다.

이 영역에서 가장 많이 연구되어 온 문제는 초기 환경자극의 결핍과 초기의 심한 영양실조의 영향이다. 이 두 가지 요인은 독립적인 것이라고 할 수 없다. 많은 경우 영양실조와 조기 심리학적 자극의 결핍은 동일한 아동에게서 같이 작용하기 때문이다. Cruickshank와 Hallahan(1973)은 환경실조와 영양실조에 관한 연구들을 검토한 끝에 영양실조와 학습장애 간에 일정한 관계가 있다고 하기는 어렵지만 생후 초기의 심한 영양실조는 중추신경계통에 영향을 미쳐 아동의 학습과 발달에 영향을 미칠 수 있다고 하였다.

교육학자들은 부적절한 학습 환경이 많은 학습장애아동들의 학습과 행동문제에 영향을 주는 가능한 원인으로 간주하고 있다. 많은 학습장애아동들의 학습문제가 직접적이고 체계적인 교육프로그램에 의해 교정되었다는 보고들이 그러한 주장의 가능성을 뒷받침해 주기 때문이다. 또한 허술한 교수계획, 동기화가 낮은 학습활동, 부적절한 교수방법이나 자료 및 교육과정이 학습장애의 원인이 될 수 있다고도 볼 수 있다. 이러한 견해를 지지하는 사람들은 교사들이 초기에 아동의 학습문제를 다루기 위하여 충분한 준비를 한다면 많은 학습 장애 문제가 해결될 수 있다고 믿고 있다.

Engelmann(1977)은 학습장애라고 명명된 아동 90% 이상은 그들의 지각, 시냅스, 혹은 기억에서 무언가 잘못이 있기 때문이 아니라 아주 잘못 배웠기 때문에 어떤 장애를 보일 수 있다고 주장하기도 한다. 이 경우, 교육의 질이 문제가 있다는 것이다. 따라서 그는 학습장애가 선천적인 뇌기능 장애가 아니라 잘못된 교육에 의해 만들어지는 후천적인 것으로 간주한다. 바로 이러한 주장을 하는 사람들이 앞에서 말한 '학습부진'과 '학습장애'를 동일시하는 사람들이다.

그러나 학습장애를 일으키는 환경적인 요인을 규명하기는 매우 어려운 실정이다. 환경적인 불이익을 당한 아동들에게 학습문제가 나타날 확률이 더 크다는 것에 대해서는 여러 자료들이 제시되고는 있지만, 이러한 학습문제가 부적절한 환경과 학습경험 때문인지 아니면 뇌손상이나 영양결핍과 같은 생물학적 요인 때문인지는 아직까지 정확하게 확인되지 않고 있다. 하지만 우리가 아동들에게 완수하도록 요구하는 과제와 그들이 생활하고 행동하는 상황이 학습장애를 악화시킬 수도 있고, 극복하도록 도와줄 수도 있다는 점을 간과해서는 안된다.

5 학습장애 아동의 진단

학습장애에 대한 몇 가지 정의 중 현재 전 세계에서 가장 널리 쓰이고 있으며 가장 권위 있는 진단기준인 미국정신의학회(APA)의 최근 정의(DSM-Ⅵ, 1994)는 '읽기, 쓰기, 셈하기 등을 평가하기 위해 개별적으로 표준화 검사를 시행했을 때 나이, 학교, 교육, 그리고 지능 수준을 고려하여 기대하는 수준보다 점수가 현저하게 낮을 때를 학습 장애라고 한다.'이다. 학습장애에 대한 DSM-Ⅵ의 진단 기준은 '학습장애의 진단 기준'을 참고하고, 여기서는 학습장애아동을 어떻게 판별하는지 그 평가방법들을 살펴보도록 하겠다.

학습장애 아동은 주로 세 가지 판별준거를 사용하여 진단평가를 시작한다.

첫째는 불일치 준거로, 한 아동의 지적능력과 학업성취 간에 심한 불일치를 나타내거나, 주의집중, 지각, 기억, 언어 영역 등의 심리적 과정에서 발달상에 심한 불일치를 보이는 경우이고, 둘째는 제외준거로 정신지체, 시·청지각 등의 감각장애, 정

서장애 및 학습 기회의 부족에서 오는 학습의 부진은 학습장애 범주에서 제외되고, 셋째는 특수 교육 준거로 아동에게 적합한 특수 교육 방법이 요구되는 경우이다.

이러한 세 가지 준거에 기초한 학습장애아동을 판별하는 객관적인 평가는 아동의 인지기능에 대한 평가, 학습 수행 능력에 대한 평가, 그리고 사회, 정서적 특성을 밝혀내는 평가들로 이루어진다.

1) 인지기능의 진단

인지기능의 평가로는 개인 지능검사를 사용한다. 개별적으로 실시되는 개인지능검사는 십단지능검사와는 달리 전반적인 지능수준을 평가뿐만 아니라 검사 중의 행동관찰을 통하여 인지과제에 대한 태도, 문제해결양식, 좌절에 대한 반응 등 여러 가지 유용한 정보를 얻을 수 있는 계기가 된다. 지능검사에는 두 가지 기능이 있는데, 첫째, 전체 지능 수준을 평가하여 이를 학업성취수준과 비교하여 학습부진여부와 정도를 판단한다. 이때 정신지체와 지능지수 70~90 사이의 아동은 학습곤란이 예상되므로 학습장애의 진단에서 제외하는 것이 타당하다. 둘째, 하위검사 간의 비교를 통하여 인지기능의 강점과 약점 내지는 결함을 밝히는 것이 그것들이다. 학습장애는 특정한 인지기능의 결함으로 인하여 학습곤란을 보이는 것으로 영역 간에 능력의 격차를 보이게 된다. 따라서 이러한 영역 간의 능력 차이를 통한 인지적 강점 및 약점을 알아내는 것은 학습장애아동을 위한 교육 프로그램을 계획하는데 중요한 정보가 된다.

학습장애의 인지기능평가에 가장 많이 활용되고 있는 것은 KEDI-WISC이다. 학습장애아동에게 이 검사를 실시했을 경우, 언어성 지능이 동작성 지능보다 더 낮게 나타나는 경우가 빈번하다. 다른 검사로는 K-ABC검사가 있다. 이는 아동용 지능검사로 문제 아동이 지니고 있는 지능과 습득된 지식의 정도를 비교할 때 유용하게 사용될 수 있다. 학습장애 아동의 경우, 보통은 습득도 척도치가 낮으며 또한 동시처리보다는 순차처리 능력이 낮게 나타난다. 즉, 학습장애 아동은 분석적이고 순차적인 과제(좌반구 관련)보다는 동시처리(우반구 관련) 과제에서 더 높은 점수를 보인다. 특히 이 검사는 언어능력과 관련된 과제가 다른 검사들보다 상대적으로 적고 또한 언어적인 설명이 많지 않아서 듣기, 말하기, 혹은 언어장애가 있는 아동의 심리 교육적 평가를 위해 유용하게 사용될 수 있다.

이외에도 고대 비네 검사, 유아·아동용 그림지능검사, 시각-운동능력 통합 검사(VMI), 시각-운동 협응 및 시지각 검사(BGT), 친숙한 그림 찾기 검사(MFFT), 주의집중력 검사 등을 사용하여 여러 기초인지과정 상태를 밝혀낸다.

2) 학업수행 수준의 진단

학습장애의 핵심은 학업 수행에서의 어려움이다. 따라서 이에 대한 객관적 평가는 학습장애 평가의 첫 단계가 된다. 학습장애가 실제 문제로 인식되는가의 여부는 주위환경으로부터의 기대수준에 의해 크게 좌우된다. 따라서 학습부진의 정도를 구체적이고 객관적으로 평가하는 것이 필요하다. 학습장애의 정도는 생활연령이나 학년에 준하여 기대되는 작업수행의 정도와 비할 때 어느 정도 떨어져 있는가의 절대적인 지체의 정도로 평가될 수 있다. 이는 우리나라의 경우에는 '기초학습기능 검사'를 사용하여 알아볼 수 있다. 이와 함께 현재 학업성적, 부모와 교사의 평가내용 등을 참조한다.

3) 정서, 사회, 행동의 진단

행동평가척도(CBCL), 정서적 장애를 밝히는 투사검사들(TAT, Rorschach, HTP, KFD, SCT)과 사회성숙도 검사 등을 사용하여 종합적인 아동의 심리상태를 평가한다.

4) 부모면담

현재 및 과거의 가정과 학교 교육환경, 부모-자녀 관계, 학습에 영향을 미치는 요인들, 학습에 관한 부모의 기대수준, 인지학습과 관련된 개인학습 경험의 유무 등에 대한 정보를 부모면담을 통해 얻게 되며, 부모 MMPI 검사를 통해 부모-자녀 관계에 있어서의 불건강한 고리를 밝혀낸다.

이처럼 다양한 검사나 면담을 통해서 일반적으로 학습장애를 가려내지만 문제는 바로 앞서 설명했던 '학습부진'이나 '학습지진'과의 구별이다.

물론 학습지진과의 구별은 지능검사를 통해 쉽게 구별할 수 있으나 문제는 학습부진의 경우이다. 즉, 정서적 문제나 사회 환경적 요인을 갖고 있는 아동도 선천적으로 정보처리과정의 문제를 타고났을 수도 있다. 두 경우 모두 정상지능 범주에 속하기 때문에 지능지수만으로 판별할 수도 없다. 또한 두 경우 모두 학습문제만이 아닌 정서·행동적 문제들을 수반한다. 따라서 일부에서는 학습부진도 학습장애로 보아야 한다는 견해가 있지만 이 또한 설득력이 없다. 만약 학습장애가 신경체계의 정보처리과정의 이상 때문에 발생한다고 가정한다면 학습부진은 분명히 장애가 아니기 때문이다. 바로 이러한 이유 때문에 학습장애의 오진율이 높게 나타나고 있다.

그렇다면 어떻게 학습장애를 판별할 수 있을까? 바로 '부모면담'을 통해서이다. 따라서 학습장애에 대한 평가방법 중 가장 중요한 것이 바로 '부모면담' 이다. 물론 객관적 평가를 위한 검사들도 중요하지만 그보다는 평소 아이의 특성 등이 훨씬 많은 자료를 제공하기 때문이다. 그런데 대부분의 병원에서는 이러한 '부모면담'이 제대로 이루어지지 않는다. 학습장애 뿐만이 아니라 정신과적인 문제에 있어서는 모두 '부모면담'이 가장 중요함에도 불구하고 아직도 일반인들의 인식부족으로 아동들의 정신과적인 문제가 '정신병원'을 가야하는 것으로 인식되고 있기 때문에 오진율이 높을 수밖에 없다. 물론 상담센터라고 해서 반드시 병원보다 정확한 평가가 이루어지는 것은 아니지만 일반적으로 평가방법에 있어서 훨씬 더 객관적이고 광범위한 방법을 사용하고 있다.

그렇다면 부모면담을 통해서 무엇을 알 수 있을까? 바로 다음에 열거할 학습장애 아동들의 특성들을 알 수 있다. 따라서 만약 학습장애로 의심되는 아동들이 있다면 앞으로는 진단기준이나 테스트 같은 것을 보지 말고 특징들이나 특성 등을 잘 살펴보아야 한다.

6 학습장애 아동의 특성

학습장애 아동의 가장 큰 특징은 역시 읽기, 쓰기, 셈하기와 같은 학습적인 면에서의 곤란을 들 수 있다. 하지만 학습적인 면에서만 문제를 나타내는 것은 아니다. 많은 학습장애 아동들이 운동능력의 곤란을 갖고 있으며 사회성의 발달에도 문제를 보이고 주의력결핍 및 과잉행동상의 문제 또한 나타내는 예가 많이 보고되고 있다. 그렇다고 어느 한 개인이 모든 학습장애의 특성을 다 나타내는 것은 아니다. 읽기장애아동이 있는가하면 산수장애아동이 있고, 과잉행동을 수반하는 학습장애가 있는가하면 조용한 학습장애아동도 있다. 또한 어떤 특성은 특정 연령에서 더 나타날 수 있는데, 예를 들면 어린 연령에서는 더 과잉 행동적인 성향이 나타나는 것을 들 수 있다.

또한 하나의 장애가 다른 연령에서 다른 형태로 나타날 수도 있는데, 예를 들면 언어장애가 학년 전에는 언어발달지체로, 초등학교 저학년에서는 읽기장애로 그리고 고학년에서는 쓰기장애로 나타나는 경우도 있다(Lerner, 2000). 이처럼 학습장애 아동들은 동질적인 집단이 아니다. 특히 최근에는 주의력결핍 및 과잉행동장애(ADHD)의 사회적 인식이 높아짐으로써 ADHD로 진단받은 아동의 수도 늘어나고 있는데, 그중 상당수가 학습장애를 동반하고 있다. 어떤 연구결과에서는 학습장애아동의 25~40%가 ADHD라고 한다.

이렇듯 학습장애의 다양성을 포괄하기 위해서는 그것을 진단하고 하위분류체계를 구축해야 하는데, 아직까지 모든 것을 만족시킬 만한 준거 틀은 존재하지 않는다. 하지만 학습장애 아동에게서 자주 논의되는 일반적인 특징들을 살펴보면 읽기, 쓰기, 셈하기와 같은 학습적인 문제, 보고 들은 것을 인지하는 지각적인 문제, 그리고 낮은 자아개념에 의한 자신감결여나 친구를 사귀는 등의 어려움을 보이는 사회-정서적인 문제 등으로 나눠볼 수 있을 것이다.

1) 학습장애 아동의 학습문제

학습장애 아동은 읽기, 산수, 쓰기, 철자법 등의 학습영역에서 한 분야, 혹은 그 이상의 특정한 분야에 장애를 나타낸다. 이상의 여러 가지 특성들이 모든 학습 장애 아동에게 모두 나타나지는 않으나 이런 증상들이 독특하게 결합되어서 나타낸다.

① 읽기

학습장애 학생의 가장 흔한 특성은 읽기 곤란이며, 학습장애로 확인된 아동 중 적어도 80%는 읽기 문제로 어려움을 겪는 것으로 추정된다. 읽기 장애는 단순히 언어학적 기술이나 기초 읽기 기술상의 발달지연이 아니라 영속적인 결함을 나타낸다. 최근연구에서는 읽기장애의 기본 특성과 읽기문제의 예방과 치료교육 방안이 상당히 많이 밝혀지고 있다. 읽기 문제에서 나타나는 주된 특징들은 글을 생략해서 읽거나 혹은 반대로 첨가해서 읽기, 주어진 단어를 다른 말로 바꾸는 대치, 문자나 단어의 좌우를 바꾸어서 읽는 도치 등과 같은 외형적인 특성과 낮은 독해력이 포함된다. 또한 책을 읽을 때 눈살을 찌푸리거나 들떠있거나 입술을 물거나, 혹은 높은 목소리를 사용하는 등의 긴장행동이 많이 나타낸다. 심지어는 읽기를 거부하거나 울거나 하는 행동 등의 불안한 모습을 나타내는 아동들도 많이 있다.

② 쓰기

학습장애 아동들의 대부분은 또래의 학생들과 비교해 볼 때, 어휘, 문법, 구두점 및 철자와 같은 쓰기에서 어려움을 나타낸다. 이러한 쓰기 문제는 주로 시지각의 문제가 있기 때문으로 추측되는데, 문자를 쓸 때는 읽거나 의미내용을 이해한다는 전제 하에 눈과 손의 운동 협응을 행하는 종합적인 능력이 필요하기 때문이다. 손과 눈의 협응 운동에 곤란이 있기 때문에 쓰기 곤란과 더불어 개념을 조직하고 그것을 종이에 옮기는데 있이시의 곤란이 발생하게 된다. 또한 받아쓰기를 할 때는 청각적 이해가 중요한 문제로 대두된다. 청각적 이해가 열등한 아동은 당연히 귀로 들은 것을 그대로 받아쓰는 표현을 잘하지 못하게 될 것이다.

③ 셈하기

산수장애 아동에게서 가장 빈번하게 나타나는 셈하기 오류는 시지각의 장애 때문에 자릿수를 잘 모른다거나 자릿수를 맞추는 의미나 자릿수 자체의 의미를 이해하지 못하는 경우이다.

산수학습장애 아동 중에는 숫자는 알아도 계산을 하지 못하거나 계산은 할 수 있어도 응용문제는 풀지 못하는 아이들이 있다. 계산 착오는 수의 크기나 순서에 대한 이해의 부족, 계산 능력의 부족, 수를 기억하는 능력의 부족 때문에 생긴다. 그 결과 받아 올리기 계산을 할 수 없거나 계산의 위치를 잘못 이해하거나 계산 방법을 이해하지 못하기도 한다.

한편 계산력은 능숙하지만 문장과제를 이해할 수 없는 학습장애 아동은 기계적인 기억이나 계산은 정확하지만 문장 이해가 완전하지 못하거나 상황 판단이 둔하여 구체적인 계산식으로 치환이 곤란한 일이 많다. 또 문장 속에서 수가 배열되어 있으면 계산을 잘하지 못한다.

2) 학습장애 아동의 지각문제

지각은 감각을 인지하고 변별하고 해석하는 것을 의미하는데, 학습장애 아동의 가장 큰 특성 중 하나가 바로 이 지각능력의 결여라 할 수 있다.

글을 읽거나 쓰기 위해서는 기본적인 지각능력이 갖추어져야 한다. 글을 읽거나 내용을 이해해야만 하는 것은 물론이고 눈으로 보고 이해하는 시지각 능력과, 귀로 듣고 들은 것을 그대로 필기할 수 있는 청지각능력, 그리고 눈과 손, 귀와 손이 박자를 잘 맞춰 종합적인 능력을 발휘할 수 있는 운동협응능력 등이다. 이러한 지각능력이 약하면 본 것을 정확하게 이해하지 못하며 기억하는 데도 어려움을 보인다. 이 때문에 그림을 그리는 것이 어렵고 글씨의 형태를 잘 파악하지 못하며 비슷한 문자의 형태를 구별하지 못하게 된다. 한자가 서툴고 도형문제를 이해하지 못하는 학습상의 문제도 발생한다. 또한 풍경을 외우거나 표정을 판단하는 것도 서툴기 때문에 상황판단력이 떨어진다. 길눈이 어둡거나 길을 자주 잃어버리는 문제도 시각적 인

지능력에 기인하는 경우가 많다. 이와 같은 지각능력 중에서도 가장 빈번한 것이 시지각, 청지각, 그리고 공간지각에 대한 곤란하다.

① 시지각

시지각이란 눈으로 본 정보에 대해 이해를 하고 대응하는 능력을 말한다. 시각장애가 있으면 정보를 이해하는 곳으로까지 도달하지 못하는 상태가 되는 것이다. 하지만 이러한 시지각의 문제는 일반적인 시력검사로는 발견할 수 없다. 이러한 시지각 문제는 심리검사를 통해 알 수 있다. 아무튼 학습장애 아동들에게는 이러한 인지능력의 편향저 발달이 특징인데, '인지능력의 편향적 발달'이란 정보를 받아들여 이해할 때, 좋아하는 부분과 싫어하는 부분이 있어 그 차가 크다는 의미이다.

시지각 장애가 있을 경우 시각체계의 이상으로 눈으로 본 것을 잘 받아들여 인지하지 못하는데, 이러한 시지각과 관련된 능력에는 다음과 같은 것들이 있다.

- 점이나 선의 위치관계를 모른다.
- 선의 방향을 모른다.
- 선의 종류를 모른다.
- 선의 길이의 구별을 모른다.
- 봐야 할 곳의 선택적 주의가 미숙하다(지도나 길을 혼란해 한다).
- 거리감을 잘 모른다.
- 본 것을 잘 기억하지 못한다.
- 눈과 손의 협응이 미숙하다.

② 청지각

시지각 뿐만이 아니라 학습에는 청지각도 필수적이다. 청지각이란 귀로 들은 정보를 이해하고 대응하는 능력을 말한다. 우리들은 자연스럽게 사용하는 우리말이지만 학습장애 아동들 중에는 한글을 마치 외국어를 듣고 있는 것처럼 이해하고 있는 아이가 있다. 말이 너무 빠르거나 한 번에 너무 많은 것을 말해 버리면 이해하는 능력이 따라가지 못한다. 본인은 열심히 듣고 있는데 오른쪽 귀로 들은 것을 왼쪽 귀로 흘려버리는 아이들도 있다. 또한 천천히 그리고 또렷하게 들으면 알 수 있는 것도 보통의 속도로 들으면 소리의 구별이 잘되지 않기 때문에 비슷한 말과 혼동해서 의미를 전혀 다른 뜻으로 해석하는 경우도 있다. 이는 바로 청지각에 있어서 문제가 있기 때문이다. 눈으로 보고 그것을 옮기는 데 시지각이 필요한 것처럼 받아쓰기와 같이 귀로 듣고 그것을 옮기는 과정에는 청지각 능력이 필요하다. 하지만 시지각과 마찬가지로 청지각에 문제가 있는 아이들은 들은 것을 제대로 이해하지 못하거나 혹은 그것을 정확하게 표현하지 못하게 되는 것이다.

칠판 필기 소리, 시계 소리, 새소리, 자동차 소리, 발소리, 의자 끄는 소리, 책장 넘기는 소리, 연필 떨어지는 소리, 코를 훌쩍이는 소리 등 이처럼 다양한 소리를 나누어서 구별하는 능력(소리의 선택성)이 부족한 것이다. 따라서 교실에서 선생님의 말에 집중하지 못하고 단체 활동에서 지시를 잘 듣지 못하게 되는 된다.

학습장애 아동들의 청지각 문제를 지적해 보면 다음과 같다.

- 두 가지 소리가 같은지 다른지를 구별하는 청각적 식별력이 부족하다.
- 말하는 소리와 환경에서 나는 소리로부터 의미를 추출하는 청각 이해력이 떨어진다.
- 단어 중 빠진 소리를 인식하는 능력, 즉 부분적인 청각적 자극의 제시로부터 전체를 인식하는 청각적 종결력이 빈약하다.
- 청각적 자극들을 순서대로 재산출하는 능력인 청각적 연속기억이 힘들다. 즉 청각은 정상이지만, 그 자극을 받아들여 이해, 기억하는 능력이 부족하다.

③ 공간지각

학습장애 아동들은 공간개념이 빈약해서 신체상 개념 및 왼쪽, 오른쪽의 좌우 판단력이 왜곡되고, 거리와 크기를 판단하는데 곤란을 느끼고, 공간에서 전체로부터 부분을 보지 못하는 경우가 빈번하다. 예를 들어, 정문이 보이지 않는 교실에서 '학교 정문은 어느 쪽에 있는가' 물으면 전혀 반대쪽을 가리키는 아동을 쉽게 볼 수 있다. 이와 같이 좌우상하의 의미는 알고 있으면서도 동작으로 표현할 때 혼란을 일으키는 불균형을 공간지각이 약하다고 말한다. 또한 자주 상대방의 좌우를 혼동하기

도 한다. 이러한 아동들은 '오른손으로 왼쪽 발을 잡으시오'라든가 '오른손에는 책을, 그리고 왼손에는 연필 두 자루를 잡으시오'라는 지시에 혼란을 일으킨다. 이런 현상은 긴장하는 경우나 순간적인 의사결정을 할 때 특히 두드러지게 나타날 수 있다.

3) 운동능력

학습장애의 정의에는 만들기나 체육에서의 곤란은 언급하지 않고 있다. 하지만 실제로 학습장애라 불리는 아동들의 대부분은 협응력이 떨어지기 때문에 뜀뛰기, 매트, 철봉 등과 같이 신체의 각 부분의 협조가 필요한 운동이 서투른 경우가 많다. 특히 손과 눈의 협응력이 빈약해서 색칠하기, 그림 그리기, 자전거 타기, 단추 채우기 등이 잘 안된다.

이들 문제 역시 뇌의 기능부전이 원인으로 추정되고 있다. 운동은 운동을 기획하고, 그 명령을 전달하는 등 실제로는 굉장히 복잡한 경로를 거쳐 실행된다. 이 운동계의 발달이 미숙한 아동들의 경우에는 같은 또래의 아동들 이상으로 연습을 시켜도 불가능한 경우도 있다. 이러한 경우, 연습시킨다고 가능한 것이 아니며, 기본적인 것에서부터 시간을 두고 반복되는 연습과 본인에 맞는 연습방법, 그리고 보조 도구의 연구 등이 필요하다. 본인뿐만이 아니라 주의 환경을 조정하는 방법도 있다. 정면으로 부딪쳐 승부하기보다는 다양한 방법을 시도해보면서 가능한 것을 조금씩 늘려간다는 자세가 중요하다.

4) 주의집중 문제

주의란 시각, 청각, 후각, 촉각, 운동지각 중에서 일정한 자극을 선택하는 자극을 말한다. 이러한 자극에 집중을 하는 것이 주의집중인데 이는 학습을 효율적으로 하는데 반드시 필요한 조건이다. 그러나 학습장애아동에 대해 가장 빈번하게 언급되는 특징 중의 하나가 주의집중이 어렵다는 것이다. 이들은 어떤 과제를 끝까지 완수할 정도로 그 과제에 주의를 집중하지 못하는 등 주의집중의 폭이 매우 짧은 모습을 보인다. 또한 이들은 학습과 관련된 것과 관련되지 않은 자극을 잘 구별하지 못하여 학습과제수행의 효율성이 낮다고도 한다. 그리고 그들은 한 가지 자극에서 다른 자극으로 주의를 이동시키는 데 어려움을 갖고 있다고도 한다. 그러므로 일련의 연속된 학습과제에 주의를 균등하게 지속적으로 기울이지 못하여 학습과제를 끝까지 수행하지 못하는 경우도 많다. 학습장애 아동이 모두 주의집중장애를 가지고 있는 것은 아니지만, 많은 학습장애아동이 주의집중에 어려움을 보이고 있으며, 이러한 주의집중장애를 보이는 아동은 언제나 움직이며, 산만하고 학습하기에 충분할 만큼 오랫동안 주의를 지속하지 못하여 학업성취에 어려움을 보이는 경우가 많이 있다.

학습장애 아동의 경우 특히 보고 들은 것을 즉각적으로 기억하고 재생하는 단기기억과 주의의 지속력, 주의집중 등에서 비능률적이고 비효과적이다. 주의력이 부족한 아동은 과잉행동과 침착성이 없는 등의 행동을 나타낸다. 일단 학습한 것도 반복하지 않으면 곧 잊어버리고 정신이 산만하기 쉽고 짧은 시간 내에서만 한 사물에 집중하는 약점을 가지고 있다. 또 과잉행동은 학습장면에서 뿐만 아니라 놀이 장면에서 친구들과의 관계를 해치는 원인이 된다. 기억의 빈약함은 정보처리 이론에 근거하여 선택적 주의, 단기기억 용량 개선, 주의력 배분, 주의의 자동화, 기억과정에서 구체적 지도 방법을 연구함으로써 학습장면에서 상당한 보상을 줄 수가 있다.

5) 사회 · 정서 문제

학습장애 아동들은 사회 및 정서적인 영역에서 문제를 나타내는데, 부정적 자아개념, 낮은 좌절 내 인력, 불안, 사회적 거부, 과제의 회피, 열악한 자기관리능력 및 수행력 부족이 그러한 예들에 속한다. 학습장애로 인한 욕구좌절로 인해 학습장애 아동은 사회적 상황에서 혼란을 느끼고 자신에 대해 부정적 감정을 갖게 된다. 또한 다른 사람의 감정을 지각하고 그에 대해 민첩하게 반응하지 못하므로 또래와 상호작용을 하는 데 어려움을 보이는 경우도 많다.

학습장애 아동의 사회성은 아동들 스스로가 어떻게 주변 환경을 인식하는가 하는 사회적 지각의 문제와 밀접한 상관이 있다. 사회적 지각은 인간관계를 제외하고 생각할 수 없다. 이는 자신에 대한 지각과 상대에 대한 지각으로 크게 대별된다. 학습장애 아동은 보통 아동들과는 다르게 자기 자신을 느끼고 있고, 상대방이 느끼고 있는 것에 비하여 큰 차이가 있는 일이 많다. 예를 들면, 학습장애 아동은 상대방이 어린이이든, 같은 또래의 친구나 어른에게도 모두 같은 어투로 이야기 한다. 또는 자신의 기분을 정리해서 적절한 표현을 할 수 없기 때문에 말보다는 행동으로 해결하려고 난폭한 행동을 하는 아동도 있다.

상대방의 기분을 정확하게 감지하지 못하면 신뢰감을 잃게 된다. 친구들이 적고 교사로부터 신뢰감이 낮은 것은 상대방의 예측과 빗나가는 행동을 많이 하기 때문이다. 또한 시간 약속을 지키지 못하거나 소란스럽게 하여 주위에 피해를 입히고도 신경을 쓰지 않는다. 그들이 이렇게 행동하는 이유는 시간에 대한 감각이 잘못되어 있거나 주위 상황을 파악할 수 있는 능력이 부족하기 때문이다. 특히 이러한 행동이 다른 사람들에게 피해를 주게 된다는 사실을 인지하는 능력이 낮으며, 정보를 종합해서 판단할 수 있는 능력 수준이 낮기 때문이다.

정서문제는 모든 학습장애 아동에게서 나타난다고 해도 과언이 아니다. 그러나 학습장애 아동의 경우에는 정서 문제 때문에 학습이 곤란한 것이 아니다. 정서문제 때문에 학습이 곤란하다면 학습부진아동이라고 판정되어야 한다. 학습장애 아동은 학습이 곤란하기 때문에 정서문제까지 진행된 것이다. 따라서 1차적인 학습장애를 제거한다고 해도 정서문제가 해결되지 않는 것이 보통이다. 즉, 2차적인 장애까지 진행되었다는 이야기다. 학습장애 아동에게 학습치료 외에 심리치료를 권하는 이유가 바로 여기에 있다. 그렇다고 심리치료로 학습장애를 개선할 수는 없다. 학습장애는 정서문제가 원인이 아니기 때문이다. 또한 2차적으로 발생된 정서문제는 정신질환이 아니기 때문에 환각현상이나 이상행동은 야기되지 않지만 거부적이거나 쉽게 화를 내는 일이 빈번하다.

6) 일상생활 문제

학습장애아동이 실제로 곤란을 겪는 것은 학습상의 문제만이 아니다. 일상적인 매일의 생활 속에서도 곤란을 느끼는 경우가 많다. 예를 들면 다음과 같은 문제들이 많이 발생한다.

① 지도를 잘 모르기 때문에 길을 잃기 쉽다.

② 정리정돈을 잘 못한다.
③ 물건을 잃어버리는 경우가 많다.
④ 표정변화에 둔감해서 상대방의 감정에 역행하는 경우가 많다.
⑤ 전화 목소리를 잘 알아듣지 못한다.
⑥ 잡음이 많은 장소에서는 말을 듣는 능력이 현저하게 떨어진다.
⑦ 소근육 운동능력이 떨어지기 때문에 옷을 갈아입는 등의 행동에 시간이 많이 걸린다.
⑧ 계산능력이 떨어져 물건을 사거나 할 때, 돈 계산을 하지 못한다.
⑨ 이해력이 떨어져 설명해도 잘 이해하지 못한다.
⑩ 규칙을 잘 이해하지 못하기 때문에 함께 놀지 못한다.
⑪ 농담을 잘 이해하지 못하기 때문에 대화에 끼지 못한다
⑫ 학교에서 배려해야 될 문제들이 많다.

학습장애 아이들이 학급에 있을 경우는 말로서 전하는 것으로 그칠 게 아니라 보거나 만지거나 하는 등의 다감각적인 방법을 사용하는 것이 가장 중요하다. 다양한 감각에 자극을 주게 되면 한쪽의 정보입력회로에 문제가 있을지라도 다른 감각회로들이 도울 수 있고 또한 인상에도 남기 쉽기 때문이다. OHP나 실물을 사용하는 연구도 해보는 것이 바람직하다.

주의집중력이 짧은 아이들에게는 45분이라는 수업시간을 3등분해서 도중에 과제를 바꾸거나 좌석의 재배치를 해서 기분전환을 시키는 것도 유용한 방법이다. 좌석은 될 수 있으면 선생님과 가까운 거리에 배치하고 밖이 보이는 창 쪽은 피하는 것이 좋다. 또한 과제물의 양을 다른 아이들보다 줄여주거나 혹은 자신이 할 수 있는 과제물을 선택할 수 있도록 몇 개 중에서 선택하도록 하는 방법도 좋다.

위에서 언급한 것 이외에도 구체적인 배려에는 다음과 같은 것을 들 수 있다.

① 프린트 물을 작성할 때에는 행간을 크게 한다.
② 전자계산기의 사용을 허락한다.
③ 확대복사를 이용하여 보기 쉽도록 한다.

④ 컴퍼스나 각도기 등 통일된 도구가 아닌 특별히 제작된 도구의 사용을 허락한다.

위에 열거한 것도 물론 중요하지만 근본적인 해결은 무엇보다도 개인 각각의 차이를 인정하고 받아들이는 학급분위기의 조성이 가장 중요하다.

7 학습장애 아동의 지도

학습장애의 치료목적은 학업을 효율적으로 수행할 수 있게 하고 학습장애로 인한 이차적인 정신문제를 치료하는 것이다. 이러한 목적을 달성하기 위해서는 학습장애 아동 주위의 성인, 학습치료사, 심리치료사, 소아 정신과 의사, 부모들의 긴밀한 협조가 절대적으로 필요하다.

학습장애아동의 치료를 위해 사용되는 프로그램들을 종합해 보면 직접치료방법과 간접치료방법으로 크게 구분할 수 있다. 직접치료방법이란 학습문제에 직접적으로 접근하는 방법이고 간접치료방법이란 주로 감각기능 강화를 위한 치료방법이다. 간접치료방법의 대표적인 것이 감각통합치료이다. 이들 치료 외에도 학습장애로 인한 이차적 정서문제가 있을 경우에는 놀이치료가 필요하다. 또한 가족 간의 정신적 갈등이 있을 때에는 가족치료도 도움이 된다. 학습장애에 주의력 부족 장애가 동반된 경우에는 약물치료도 병행하게 되는데, 가장 흔히 사용되는 약물은 중추신경자극제이고 그 외에 항우울제를 쓰기도 하지만 그 효과에 대해서는 논란이 많다.

1) 직접치료방법

학습문제를 다루는 직접적 접근법은 과제수행에 필요한 특정 기술을 가르치고 연습하는 것에 초점을 둔다. 예를 들면 산수에 어려움을 지니고 있는 아동은 아동의 기초 수학기술과 수학개념에 대한 지식을 식별하는 데 차이가 있다는 것을 의미한다. 산수문제에 직면하였을 때 아동은 문제를 풀어야 한다는 것을 이해할 수 있는가, 그는 숫자와 수학기호를 정확히 읽을 수 있는가(아동이 '+' 기호와 '−' 기호를 식별하지 못한다면 문제를 풀 수 없을 것이다), 숫자와 수학기호를 그대로 베껴 쓰거나 아니면 쓸 수 있는가, 문제에 있는 각 연산을 어떻게 해야 하는지 아는가, 어떻게 수를 빌려주고 빌려 오는지 알고 있는가, 2+2=4라는 것과 같은 기본 수학개념을 배운 적이 있는가, 하나를 빼면 그 결과는 시작할 때의 처음 숫자보다 더 적어야 한다는 기본개념을 이해하고 있는가 등 그 아동의 단점을 정확히 알아내기 위한 철저한 평가가 필요하다. 그 다음에 비로소 치료를 시작할 수 있다. 마찬가지로 읽고 철자를 쓰는 데 문제를 지닌 아동은 치료가 실시되기 전에 기술과 지식에 대하여 체계적인 평가를 받아야 한다.

읽는 것을 치료하는 방법 중 발음방법은 읽은 문제를 지닌 아동을 도와주는 방법 중의 하나이다. 읽기장애를 지닌 아동의 읽는 실력을 향상시키기 위해서는 음성체계의 기본을 습득시키는 것이 필수적이다. 그러므로 평가자는 아동의 단어 발성과 단어분석기술을 평가해야만 한다. 아동이 글자 하나하나의 음과 글자가 혼합되는 것을 알고 있는지, 익숙지 않은 단어를 소리 내어 말할 수 있는지, 읽는 것을 이해할 수 있는지 등에 대해 평가해야 한다.

이러한 학습장애에 대한 직접적인 치료법의 효과에 대해서는 아직까지 논란이 많다. 물론 이러한 논란은 기본적으로 학습치료기법이나 프로그램들이 과외수준을 벗어나지 못하고 있다는데 그 원인이 있다. 따라서 가장 시급한 문제는 다양한 프로그램의 개발이라 할 수 있다.

2) 간접치료방법

간접치료방법은 시각, 청각, 공간, 운동 등과 같은 감각과 지각능력에 문제가 있어 학습에 문제가 발생한다는 신념에 기초를 두고 있다. 수많은 간접적 접근법 중에서 가장 많이 알려져 있는 접근법은 학습장애 아동은 감각을 통합하는 데 문제가 있다는 이론에 근거한 '감각통합치료'이며, 그 외 학습장애 아동이 겪는 정서적 문제의 해결을 위해 놀이치료가 실시되기도 한다.

① 감각통합치료

감각통합(Sensory Integration)은 작업치료사인 Ayres(1972b, 1987, 1989)가 주장, 발전시킨 것으로서 감각자극을 수용하여 중추신경계 내에서 처리하고 통합하는 감각계의 활동을 통한 모든 뇌의 신경학적인 과정과 행동 간의 관계된 이론을 말한다.

감각(Sensation)은 신경세포를 자극, 활성화시키고 신경과정을 시작하도록 하는 에너지를 말하며, 다양한 소리의 진동과 피부의 접촉, 냄새, 근육활동, 중력의 끌어당김 등이 감각을 생성하는 에너지가 된다. 통합(Integration)이란 조직화(Organization)의 한 유형으로 통합하기 위해서는 각 부분들이 하나의 전체로서 조직화되어져야 한다는 것이다.

특히 뇌에서는 중추신경계가 수많은 감각정보를 구조화시켜 하나의 통합된 경험으로 조직하는 일로 고안되어 있다. 따라서 감각통합이란 감각들은 신체가 무엇을 하고 있는지를 뇌에 전달해주고 뇌에 들어오는 감각투입은 서로 의사소통을 하고 있는 신경세포들을 통해 신체에서 무슨 일을 담당하게끔 명령을 내리게 하는 과정으로 설명할 수 있다. 그러므로 감각통합은 감각(Sensory)과 운동(Motor)의 협응 과정이라고 이해할 수 있다.

② 놀이치료

정서문제는 모든 학습장애 아동에게서 나타난다고 해도 과언이 아니다. 그러나 학습장애 아동의 경우에는 정서 문제 때문에 학습이 곤란한 것이 아니다. 정서문제 때문에 학습이 곤란한 경우는 학습장애라 하지 않는다. 학습장애 아동은 학습이 곤란하기 때문에 정서문제에 이르기까지 진행되는 것이다. 따라서 놀이치료는 학습장애의 본질적인 치료에 초점을 맞추는 것이 아니라 학습장애로 인한 정서적인 문제를 치료하는 것이 1차적인 목적이다. 물론 이러한 정서적인 문제가 제거되면 학습장애의 근본적인 문제해결도 훨씬 쉬워진다.

chapter

04 청각장애 아동

1 청각장애의 정의

우리나라 장애인 등에 대한 특수교육법에는 청각장애를 다음과 같이 정의하고 있다(특수교육원, 2016).

1) 우리나라 장애인 등에 대한 특수교육법에 의한 정의(2008)

청력 손실이 심하여 보청기를 착용해도 청각을 통한 의사소통이 불가능 또는 곤란한 상태이거나, 청력이 남아 있어도 보청기를 착용해야 청각을 통한 의사소통이 가능하여 청각에 의한 교육적 성취가 어려운 자를 말한다.

2) 교육적 정의

미국농학교집행위원회(The Conference of American Schools for the deaf, 1974)에서는 교육적인 관점을 반영하여 다음과 같이 정의를 밝히고 있다(전경원 외, 2015).

(1) 청각장애(hearing impairment)

장애정도가 경도에서 최중도에 이르는 청력 손실을 모두 지칭하는 일반적인 용어를 의미하며, 청각장애와 난청이 여기에 속한다.

(2) 농(deaf)

청력 손실이 심하여 보청기를 착용하고도 청각을 통해 언어적인 정보를 주고받지 못하는 사람을 말한다.

(3) 난청(heard of hearing)

대부분 보청기를 착용했을 때의 잔존 청력이 있어 청각을 통한 정보 교환이 가능한 정도의 사람을 말한다.

2 청각장애 아동의 원인

청각의 손상은 여러 가지 요인에 의해 일어나며, 귀의 구조 중 손상된 부분에 따라 청각장애의 유형이 달라진다(전경원 외, 2015).

1) 외이의 손상

외이의 손상은 중이와 내이에 비해 청각장애가 되는 확률이 훨씬 적다. 그러나 청각장애 아동 중에는 외이도나 귓바퀴가 없는 경우가 있기도 한데, 이로 인하여 청력의 손실을 가져온다. 또한 외이도 피부에 염증이 생기는 외이염, 고막 파열 등도 청각장애의 원인이 된다.

2) 중이의 손상

중이의 손상은 외이의 손상에 비해 심각한 청력 손실을 가져오지만 대부분 의학적 수술이나 치료로 교정이 가능하다. 중이의 손상 중에서는 중이염이 장애를 일으키는 가장 보편적인 질환이다. 중이염은 감염에 의한 질환으로 아동기에 많이 발생하며, 구개파열, 다운증후군 아동의 경우 많이 나타난다(Hallahan & Kauffman, 1988). 만일, 치료하지 않고 놓아두면 만성중이염이 되어 청각장애를 일으킬 수 있다.

3) 내이의 손상

내이에 손상이 있을 경우 가장 심각한 청력 손실을 가져오고, 청력에 치명적일 수 있다. 내이의 일 부분의 심한 청력 손실은 뇌막염, 산모의 풍진 감염, 유전적 원인에 의한 것으로, 유전에 의한 청력 손실 아동은 약 30~60%로 추정하고 있다(Moores, 1982). 또한 임신 3개월 이내에 풍진에 감염된 경우에는 50%가 청각장애로, 20%는 시각장애, 35%는 심장박동 불규칙 및 신경계장애를 가진다고 보고되고 있다(Hardy, 1968). 뇌막염 또한 고열이 발생하면 내이의 손상에 매우 치명적이다.

3 청각장애 아동의 출현율

미국의 경우는 3세~21세 전체 아동 가운데 약 7.1%가 장애아동인데, 제14회 의회보고서에 의하면 특수프로그램에서 서비스를 받은 청각장애 아동들은 전체 특수아동 가운데 1.4% 인 것으로 나타났다. 캐나다의 경우는 1983년 각료회의 자료에 따르면 청각장애 아동들은 전체 학령기 아동의 0.14%, 전체 특수교육 대상 가운데 0.9%였다. 한국의 경우는 국립특수교육원(2012)에서 조사한 바에 의하면 청각장애의 출현율은 4.4%로 밝혀졌고, 2016년 정보고시에 의하면 3.9%로 밝혀졌다(전경원 외 2015).

4 청각장애 아동의 진단

청각장애 검사를 하는 목적은 다음과 같다.

- 의학적 진단을 돕기 위함이다.
- 대집단에서 정밀 검사가 요구되는 사람을 선별하기 위함이다.
- 보조적인 서비스의 필요 여부를 확인하기 위함이다.
- 위험한 일이 발생한 후 청력의 변화 여부를 검사하기 위함이다.

이와 같은 목적으로 청력을 평가하기 위한 방법으로는 다음과 같은 것이 있다(전경원 외 2015).

1) 선별 검사

청각장애의 청력 평가는 선별 검사를 통해 문제를 발견하게 된다. 여기서 말하는 선별 검사란 몇 가지 주요 주파수(일반적으로 500Hz, 1,000Hz, 2,000Hz) 중에서 20~25dB 소리를 제시하고 잘 알아듣지 못하는 아동을 찾아내는 것으로 검사 후 정밀 검사를 받도록 하는 것이다. 예를 들어 학교, 병원, 군대 등에서 실시하는 신체 검사도 포함된다.

2) 순음 청력 검사

순음 청력 검사는 청력 검사 중 가장 많이 사용되는 것으로, 음의 높낮이(주파수: Hz)와 소리의 강도(데시벨: dB)를 변화시켜 청력역치를 측정하는 방법이다. 청력역치(hearing threshold level)란 주파수의 음을 가장 먼저 인식하는 강도의 수준을 의미한다. 이 검사는 이어폰을 통해 0~110dB 강도를 125(저음)~8,000Hz(고음) 소리로 다양하게 들려주어, 아동이 어느 데시벨(dB)수준의 어느 주파수(Hz)소리에 반응하는지 측정하는 방법이다. Martin(1975)에 의하면 0dB 수준은 정상인이 소리를 들을 수 있는 최소 수준으로 대개 일반사람이 들을 수 있는 소리는 125~8,000Hz

이며, 대부분의 말소리는 500~2,000Hz 사이에 해당된다.

3) 아동 청력 검사

순음이나 어음 청력 검사를 받는 대상자는 자신에게 요구되는 지시 사항을 이해하고 적절한 반응을 보일 수 있어야 검사가 가능하다. 그러나 너무 나이가 어리거나(4세 이하의 어린 아동) 기타 복합장애로 인해 청력 검사가 어려운 경우에는 특수한 검사법을 실시하여야 한다. 이러한 어린 아동과 검사하기 힘든 장애아동을 위한 아동 청력 검사로는 다음과 같은 방법이 있다(Hallanhan & Kauffman, 1988).

(1) 놀이 청력 검사

놀이 형태로 검사를 하는 방법으로, 검사자가 어떤 신호음을 주었을 때 그 소리가 들리면 놀고 있던 인형이나 장난감을 손으로 잡도록 하여 소리에 대한 반응 여부를 측정하는 것이다. 이 방법은 2세 정도 아동을 대상으로 아동과 검사자 간에 충분한 래포(rapport)를 형성한 후에 실시하는 것이 좋다.

(2) 신체 반사 청력 검사

큰 소리가 나면 놀라는 신체적 반사 작용을 청력 검사에 이용한 방법으로, 아동에게 물체나 도구로 큰 소리를 내어 놀라는 움직임을 보이거나 소리나는 쪽으로 머리를 돌리거나 울음을 터트리는 등의 반사 반응을 알아보는 검사이다. 이 방법을 통해서 조기에 청각장애 여부가 있는지 알아볼 수 있는 장점이 있는 검사이다.

(3) 뇌파 검사

가장 최근에 개발된 방법으로 모든 소리는 뇌의 전기신호로 전달되어 뇌파에 변화가 생긴다는 원리에 따른 검사방법으로 유아의 머리 위에 특수한 전극을 붙여서 청각 자극에 대한 반응을 알아보는 것이다. 유아가 소리를 듣게 되면 뇌 속에서 전기적 활동에 변화가 나타나므로 청각장애의 유무를 알 수 있다.

5 청각장애 아동의 특성

1) 지능

듣지 못하는 데서 오는 언어적 제약성으로 인한 청각장애 아동의 지적능력은 일반 아동에 비해 어떤 차이를 나타내고 있는가? 만약 그 차이가 확실한 것이라면 어떤 부분에서 어느 정도의 차이를 나타내며, 그 차이는 과연 청각장애 아동의 지적능력의 열악함에 기인하는 것인가, 아니면 적용된 검사도구나 측정방법에 기인하는 것인가? 혹은 청각장애 아동과 일반아동 간에는 인지과정에 있어 기본적으로 차이가 없는 것인가? 이상 일련의 문제에 관련한 의문은 청각장애교육 전문가와 청각장애의 문제에 관심을 갖는 심리학자들의 주요한 관심사가 되어왔다.

지금까지 청각장애아의 지능 측정 결과에 대한 연구들을 종합해 보면, 농아동의 지적능력에 대한 측정결과는 결국 다음 세 가지의 입장으로 요약될 수 있다.

(1) 청각장애 아동은 일반 아동에 비해 지적으로 열악하다.

청각장애가 청각장애 아동의 지능 발달에 미치는 영향에 대해 최초의 관심은 '청각장애는 정신지체를 유발하는 원인이 되는가?'하는 기본가정에 대한 검토로부터 시작되고 있다. 청각장애 아동의 지능발달에 최초로 조직적인 연구를 시작한 Pintner (1917)는 언어와 독립된 지능을 측정하기 위해 비언어성 검사를 실시하였고 그 결과 정상청력을 가진 집단에 비해 청각장애 아동의 지능지수가 10 정도 낮게 나타났다. Pintner(1941)는 1930년대까지 이루어진 청각장애 아동에 대한 지능검사에 대한 여러 연구를 종합해 본 결과, 검사결과에 종종 혼란과 불일치된 점이 상당히 있었지만 전반적으로 볼 때 청각장애집단이 일반집단에 비해 지적으로 뒤지고 있다는 것은 하나의 공통된 결과였다고 지적하고 있다.

(2) 양적으로는 동일하나 질적으로는 차이를 나타낸다.

Pintner(1941)에 의해 이루어진 연구업적을 종합적으로 평가하면서 Myklebust

(1953)는 일반적으로 청각장애 아동은 그의 지능에 있어 일반 아동에 비해 뒤진다는 명백한 증거가 없다는 결론에 도달하고 있다. 그러나 Myklebust(1953)는 설사 청각장애 아동이 일반 아동에 비해 측정된 지능지수로 나타난 양적인 면에서는 동일하다 할지라도 그것이 반드시 질적인 균등성을 의미하는 것은 아니라고 주장하고 있다. 그는 청각장애아동의 지각적 · 개념적 및 추리적 기능의 질적 측면은 일반 아동과 다르게 나타나는 것으로 보아, 청각장애 아동은 일반 아동에 비해 지적기능의 폭, 정교성, 추상성 등에 있어 곤란을 겪는다는 것이다.

(3) 청각장애 이동은 지적으로 정상이다.

하나의 집단으로서 측정된 청각장애 아동집단의 지능은 일반집단과 같이 '정상분포곡선'을 나타낸다는 것이 이 견해의 기본 가정이다.

Rosenstein(1961)은 청각장애 아동을 대상으로 하여 수행된 여러 연구들을 검토한 끝에, "제시된 언어적 요소들이 표집된 청각장애 아동의 언어능력 범위 내에 있는 경우 개념적 과업수행에 있어 청각장애집단과 일반집단 간에는 차이가 발견될 수 없다."고 지적하였으며, Vernon(1967)은 동작성 지능검사도구를 통한 연구로 세 가지의 결론을 제시하였다.

첫째, 지적과업에 있어 청각장애 아동이 보이는 결함은 청각장애 그 자체에 기인하는 것이라기보다 그들이 수반하는 신경적 결함이나 그들 집단이 속해 있는 사회·경제적 배경의 취약성에 기인하고 있다.

둘째, 청력 손실 정도와 지능, 그리고 청력 손실 시기와 지능 간에는 유의한 상관이 인정되지 않으나, 뇌막염과 같이 뇌신경장애를 수반하는 특정의 원인과 지능 간에는 일정한 상관성이 인정되고 있다.

셋째, 언어경험의 결핍에 의해 상당한 문화실조 상태에 있는 청각장애 아동일지라도, 동작성 지능검사에서 문화실조 현상을 보이지 않는 일반 아동 집난과 동일한 지능 수준을 유지하고 있다. 위와 같이 제시된 Vernon(1967)의 결론은 농아동이 지적과업에서 어떤 결함을 보이게 된다면, 그것은 '청각장애' 그 자체 때문이라기보다 그가 처한 사회 환경적 불리함에 기인하는 것이다.

2) 학습능력

대부분의 청각장애 아동은 정상적 지적능력을 가지고 있음에도 불구하고 그들의 학습 성취에는 그 능력이 제대로 반영되지 못하고 있다.

미국에서 청각장애학생을 대상으로 한 가장 대표적인 전국표준학력검사는 갤러뎃대학의 인구통계연구소(ODS)에서 수년간에 걸쳐 실시해 온 바 있다. 이 검사 결과에서 발견된 주요 상호관계 변인 중에서 ① 전반적으로 여학생이 남학생보다 다소 우수하고 ② 독해능력에 있어 청력 손실 정도가 역으로 관련이 있고 ③ 청각장애 중복장애 학생들은 보다 낮은 독해능력을 보이며 ④ 조기에 취학한 학생의 경우 읽기 성적이 더욱 촉진되고 있으며 ⑤ 양쪽 부모가 청각장애인 학생이 정상부모를 가진 청각장애 학생보다 독해능력 수준이 높다는 것이 각각 밝혀졌다.

한편 Brasel &Quigley(1977)는 조기의 언어 환경이 학업성취도에 미치는 영향을 알아보기 위해 다음 네 집단의 점수를 비교해 보았다. 즉 ① 미국수화를 사용하는 농부모를 가진 집단 ② 표준영어의 구문에 정확히 일치하는 수화를 사용하는 청각장애부모를 가진 집단 ③ '집중적으로' 구화법을 사용한 일반부모를 가진 청각장애 아동 집단 ④ 구화법으로 형식적 훈련을 받지도 않았고, 학교에 들어가기까지 그들의 아동에게 어떠한 특수한 훈련도 시도하지 않은 부모를 가진 집단, 이상 네 집단에게 언어, 문단의미 이해, 단어의미, 그리고 철자법 등에 거쳐 그 성적을 비교해 보았다. 그 결과 영어의 구문에 일치하는 수화를 사용한 집단이 나머지 다른 세 집단에 비해 확실히 좋은 성취도를 나타냈으며, 수화를 사용한 두 집단은 모든 검사척도에서 구화를 사용한 다른 두 집단에 비해 확실히 앞서고 있었다고 한다. 이 같은 결과에 따라 연구자들은 상호작용의 양식(mode)뿐만 아니라, 수화의 유형(form)에 따라 청각장애 아동의 언어능력과 심지어 교육성취도에까지 영향을 미치게 된다고 지적하고 있다.

이상에서 볼 수 있는 바와 같이 청각장애 아동은 그가 지닌 지능 수준에 비해 학력수준이 크게 지체되고 있으며, 이 학력수준의 지체정도는 그의 청력 손실정도와 그가 처한 언어적 환경과 밀접한 관계가 있음을 알 수 있다.

3) 사고, 언어, 읽고 쓰는 능력

언어의 수용과 표현의 체제가 다른 청각장애 아동의 사고, 언어, 읽고 쓰는 능력을 설명하기 위하여 지금까지 많은 연구자들은 언어의 양면(예 : 단어의 의미와 구문의 관계)과 시고의 양면(예 : 단기기억과 저장)을 연구하였다. 이러한 연구의 패러다임은 지능검사의 비구어적 척도와 학문적성취사이의 관계형성에 관한 일련의 설명과 인지와 언어 중재 프로그램의 개선에 도움을 줄 수 있다.

(1) 청각장애 아동의 사고와 언어

사고의 전 영역이 언어의 모든 것에 영향을 끼치지는 않는다는 것과 그 역도 마찬가지라는 것은 명백하게 밝혀진 사실이다. 사고의 어떤 면은 언어에 독립적으로 발달하고, 어떤 면은 언어에 영향을 받는다. 마찬가지로 언어발달도 그렇게 이야기 할 수 있다. 그러나 이러한 관계의 변인은 인지와 언어의 정의, 연구에서 제시되는 독립변인, 시간 등에 의존한다.

아동의 비언어적, 언어적 지식 사이의 관계를 독보적으로 설명할 수 없다. 그러나 인지적 영역과 언어적 지식 사이에는 어떤 상호적 관계로 구성되어 있다. 언어가 이미 인지에 영향을 미쳤는지 몰라도, 인지발달은 언어습득에 영향을 미친다. 상호 연관되는 양식은 아동의 개체 발생적 발달과 함께 형성된다. 따라서 언어습득을 설명하는 4가지 차원은 ① 자연적인 인지 능력, ② 자연적인 언어 능력, ③ 지적 발달 수준, ④ 과제분석과 절차의 의존성이다.

이러한 조건 때문에 언어습득이 어려운 아동은 인지적 능력의 결핍 때문이라는 극단적인 결론을 내릴 수 있다. 그러나 청각장애 아동은 청력손실로 인하여 특정 언어능력에서 문제가 있을 수 있다.

4) 정보처리능력

정보처리능력에 대해 Hanson(1989)은 다음과 같이 말하고 있다. "청각장애 아동의 읽기는 일반 아동과 다른가?"에 대한 대답은 '그렇다'와 '아니다'의 두 가지이다.

일반 아동들과 다른 언어적 경험을 가지고 읽기를 한다면 '그렇다.'가 적절한 대답이 될 수 있다. 그러나 대답은 '아니다'일 수도 있다. 즉, 글을 잘 읽는 청각장애아가 그들의 지식 구조를 사용한다는 점에서는 아니라고 할 수 있다. 이론적으로 청각장애이며 수화를 사용하는 사람은 수화의 부호화에 음성을 사용할 수 있다고 하지만 연구자들의 여러 가지 단기기억과 읽기 과제의 연구에 있어서 글자가 청각장애아에게 더 좋은 참고가 된다는 증거는 거의 없다. 오히려 선천적이거나 고도의 청각장애를 가진 청각장애 아동 독자들이나 일반 아동 독자들일수록 청자로부터 음성적인 정보를 더 많이 얻는다.

즉, 청각장애 아동의 중요한 문제 중의 하나는 내적 언어가 구조적인 산출 양식을 가지는 것인지 혹은 언어 이해과정의 중요성을 가지는 것인지에 관한 것이다. 내적 언어는 구어의 이해에 필수적인 과정이다. 읽고 쓰기의 본질은 문맥에 따라 해독될 수 있고, 내적 언어가 음성적 부호화로써 일반 아동이나 청각장애 아동의 이해에 있어서 똑같이 핵심적인 역할을 한다는 것이다.

정보처리 과정의 관점에서는 기억모델과 협력하여 음성적 혹은 언어적 부호화가 단기기억(작동기억)으로 묘사된다는 것이다. 단기기억은 단기저장소로 그리고 장기기억으로 가기 전 단계로 알려진다. 구어와 읽고 쓰는 능력의 상호관계에 있어서는 단기 기억을 충분히 활용함으로써 자극의 음성적 부호화 과정이 활발하게 진행되어진다는 것이다.

읽기 이해에 있어서 기억용량과 내적 언어의 역할은 일반 아동이나 청각장애 아동의 단기기억과정에 의해 유도되어 진다.

5) 단기기억의 부호화 전략

고도 이상의 청력손실을 가진 청각장애 아동은 단기기억을 이용하는 과제나 읽기에서 시각, 수화, 구어중심, 다중 부호화와 같은 네 가지 유형의 주요한 부호화 과정을 거치는 것을 연구되었다.

시각적 부호화는 단어 목록의 사용을 연구함으로써 보고되었고, 수화는 전형적인 읽기와 단기기억 과제에서 발견되었다. 음성적 혹은 구어 중심의 부호화는 묵독과

정과 단기기억 과제에서 발견되었다. 읽기 과제를 수행하는 동안 청각장애 아동들은 몇 가지의 부호화를 사용하는 것이 관찰되었고, 다중 부호화나 전략들을 사용하는 것도 관찰되었다.

(1) 시각적 부호화

Blanton, Nunnally, Odom(1976)의 연구는 시각적, 기하학적 부호화의 증거를 지지해 준다. 고교 수준의 단어 조합과 단어쌍 연합의 과제가 청각장애 아동과 일반 아동의 수행을 비교하기 위해 사용되었다. 청각장애 아동들은 단어의 조합 과제에 있어서 기하학적 단서보다 듣기에 더 의존하는 경향이 있다고 보고되었다. 또한 청각장애 아동들은 단어쌍이 음성적이든지, 기하학적이든지 관계없이 쌍연합 과제에서 더 잘 수행하였다. 결과적으로 양 집단 모두 연합은 극소의 단어만이 기억되었다. 그것은 청각장애아동들은 기본적으로 시각정인 유사성이 단어를 이해하는데 방해 자극이 되지 않는 경향을 반영한 것이라고 할 수 있다.

(2) 수화의 부호화

청각장애 아동의 수화의 부호화 전략에 관해 수많은 연구가 있었다. Bellugi, Klima, Siple(1974)의 연구에서 청각장애 아동은 수화의 시각적 단서에 의존하고, 건청아는 음성에 의존한다는 것을 알 수 있었다. 그러므로 청각장애 아동은 시각적 특징에 의존하여 그들의 기억 속에 수화 단어를 저장한다고 결론 내렸다.

Locke와 Locke(1971)는 청각장애아는 과제 수행에서 단기기억의 부호화 전략과 유사한 의사소통 표현 양식을 사용한다고 제안하였다. 청각장애 아동은 또한 그들이 알아들을 수 있는 음성언어로 음성적으로 부호화하는 것이 명백하다고 보고되고 있다. 결론적으로 이 연구결과들은 청각장애 아동이 통상적으로 글자를 인식할 때 지문자나 독순의 형태로 시각적인 혹은 손의 움직임을 연합하여 부호화한다는 가설을 지지해 주고 있다.

(3) 음성적 부호화

Wallanve와 Corallis(1973)는 구어(음성언어, 독순), 그리고 수화(수화, 지문자)로 청각장애 학생을 훈련시키는 것과 일반 아동으로 구성된 통제 집단에 관한 연구를 하였다. 4개 혹은 5개의 글자를 가로로 혹은 세로로 회상해 내는 것을 중재하고 연기를 시도해내는 과제였는데, 시각적 부호화에서만 혼란으로 인한 오류가 발생하였다. 그 이유는 청각적·음성적, 그리고 수화양식이 글자와 차이가 나지 않았기 때문이다. 이 결과에서 볼 수 있듯이 청각장애 아동들이 시각적 부호화에만 의존하지 않는다는 것이다.

6) 단기기억 수용능력

청각장애 아동의 단기기억 수용능력은 특히 숫자나 단어 문자의 언어적 자극에 있어 건청아보다 열등하다고 보고되어 왔다. 이러한 연구들은 청각장애 아동은 영어와 연관된 어휘들이 위계적으로 제시되었을 때 어려움을 보인다는 것을 말해 준다. 더욱이 수화를 사용하는 청각장애 아동의 경우에는 일반 아동이 단어를 저장하는 능력과는 위계적으로 다르다. 반면에 무의미 자극에 대한 동시적 처리에 있어서는 청각장애 아동이나 일반 아동에게서 차이가 나지 않는다고 보고되기도 했다.

초기 연구에서는 '일반 아동이 내적 언어를 통해서 기억구간(핵심적이고 위계적인 과정)을 유지하여 기억하려고 하는 반면, 청각장애 아동은 시각적 순서에 의존하고, 그것의 방향에 따라 동등하게 읽어 나가려고 한다.'고 결론 내렸다.

후기 연구에서는 다양한 연구방법을 통하여 청각장애 아동의 기억구간이 일반 아동보다 짧다는 것이 밝혀지고 계열화된 단어를 활성화 시켜 기억하는 것에 있어 청각장애 아동이 일반 아동보다 어렵다고 주장하였다.

6 청각장애 아동의 지도

1) 구화 및 청각적 접근법

구화 및 청각을 강조하는 접근법에서는 청각장애인이 일반인들의 세계에서 기능하기를 원한다. 가능한 한 잔존청력을 최대한 활용하고, 구화를 사용할 수 있도록 하는 목표를 달성하기 위해서 보청기 및 인공와우 사용훈련, 청능훈련, 발성발화훈련, 독화훈련 등과 같은 특별한 훈련 및 교육이 필요하다(김동영 외 2011).

(1) 보청기

보청기는 교실이나 강당, 혹은 공연장에서 쉽게 접할 수 있는 확성장치와 동일하게 주위에서 발생되는 소리 에너지를 전기적 에너지로 변환하여 증폭한 다음 다시 소리 에너지로 변환시켜 귀로 전달하는 음향 증폭기로 마이크로폰, 증폭기, 이어폰의 세 부분이 기본 구조이다. 이 중 마이크로폰은 입력된 소리를 전기적 신호로 변환하는 입력변환장치이며 증폭기는 마이크로폰을 통해 전달된 전기 신호를 증폭하는 장치이고, 이어폰은 증폭기를 통해 증폭된 전기적 신호를 소리 에너지로 변환하는 장치로 출력변환장치라 할 수 있다.

보청기는 착용 위치에 따라 상자보청기, 귀걸이보청기, 귓속보청기, 고막보청기, 안경보청기로 나눌 수 있으며, 증폭 방식에 따라 선형 보청기와 비선형 보청기, 주파수전위 보청기 등으로 나눌 수 있다. 이 중 주파수전위 보청기는 잔존 청력이 저음역에만 약간 남아있는 고도 청각장애인에게 디지털 기술을 이용하여 고주파수의 소리를 저주파수의 소리로 압축 변환하여 증폭하는 보청기이다. 아날로그 보청기에 비해 최근 활용의 정도가 증대되는 있는 디지털 보청기는 주파수 대역별로 출력 음향 특성을 개인의 청각 특성에 적합하게 조정할 수 있으며, 배음 왜곡과 잡음을 최소화하여 음질이 좋지만 가격이 아주 높은 편이다. 또한 고주파수에서 흔히 일어나는 피드백 현상을 방지하고 소리의 안정감과 부드러운 소리로 감각신경성 청각장애인에게 유용하다(김영원 외, 2009).

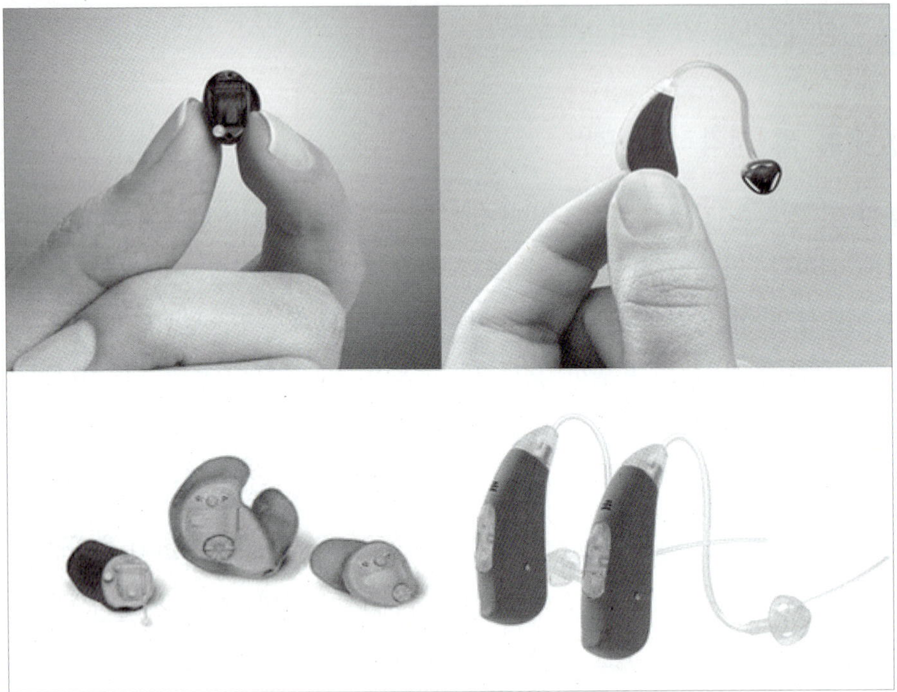

출처: 복음보청기, 국립특수교육원. 2013 재인용.

보청기의 종류

(2) 인공와우

인공와우는 와우 안에 전극을 심어서 세포의 기능을 하도록 고안된 전기장치이다. 보청기를 착용하고도 청각적 이득을 받지 못하는 고도 이상의 청각장애인에게 유용한 청력을 제공할 수 있는 장치로서 외부에서 들어오는 소리를 전기적인 자극으로 변환하여 직접 청각신경을 자극할 수 있는 전극을 와우에 삽입하는 이식 수술이다.

인공와우는 청각신호를 마이크로폰으로 모으고, 그 신호를 증폭하고 부분적으로 여과하며 그 신호를 분석하고 청신경이 적절하게 반응할 수 있는 코드화하는 어음처리기와 마이크로폰(송화기), 송신 안테나(발신기)로 이루어진 체외부와 청각정보의 수신, 해석, 청신경으로의 전송을 담당하는 전극과 수신 안테나로 이루어진 체내부로 구성되어 있다.

인공와우를 통해 소리를 듣는 과정은 송화기-어음처리기-송신기-수진기-전극 순서로 진행되는데 송화기-어음처리기-송신기는 체외구조이고, 수신기-전극은 체내구조안에 속한다(김이영, 2015).

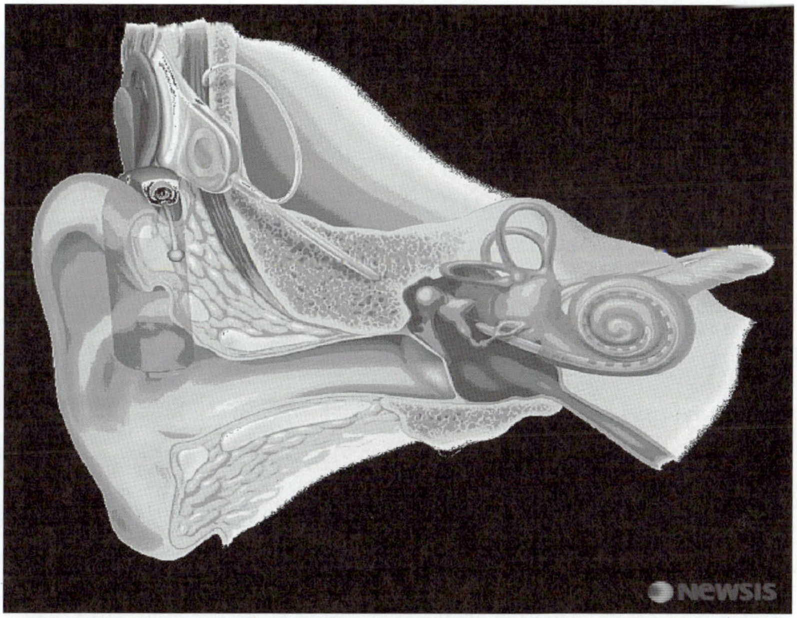

출처: NEWSIS, 국립특수교육원, 2013 재인용.

인공와우

(3) 청능훈련

구화 및 청각적 접근을 위해 먼저 보청기나 인공와우 등의 청각보조기를 활용하면서 청능훈련을 실시하는 것이 보편적인 방법이다. 청능훈련은 잔존청력을 최대한으로 활용하여 언어발달을 도모하는 것인데, 청능훈련은 청각기능 발달 단계를 응용하여 청각적 탐지, 변별, 확인, 이해 등의 네 단계로 나누어 훈련한다.

(4) 발성발화훈련

청각장애인들이 발성발화훈련을 통해 구화가 가능하면 일반인과 의사소통을 할 수 있다. 그러나 청력손실로 인한 청각적 피드백의 곤란으로 말소리가 형성되는 과정에 문제가 생기므로 청능훈련과 동시에 발성발화훈련을 실시한다. 바른 발성발화 훈련을 위해서는 호흡훈련, 조음기관훈련, 시각훈련, 촉각훈련, 청능훈련 등의 감각 훈련이 기본으로 선행되어 훈련되어져야 한다.

(5) 독화훈련

독화(speechreading)란 말소리를 잘 들을 수 없을 때 입술 모양이나 얼굴 표정, 제스처 및 기타 상황적 단서를 시각을 통해 말하는 사람의 말을 받아들여 의미를 이해하는 기능으로 청각장애교육에만 등장하는 독특한 의사소통 수단이다. 독화기능의 1차 구성요소로는 시력, 시각, 주의력, 초점을 모으는 속도, 주변시력 등의 시각능력과 시각을 통해 받아들인 개개의 부분들을 의미있게 연결하여 전체적으로 의미를 구성하기 위해 시지각을 통해 수용한 것과 추출한 내용을 결합하는 지각종결과 전달 내용을 전체적으로 알아보는 개념종결로 구성되는 종합능력, 그리고 동일한 정보가 여러 가지 의미로 해석될 수 있으므로 주어진 상황에서 어느 해석이 가장 적합한지 재빨리 해석하는 유연성을 들 수 있다. 독화를 하는데 보조적인 역할을 하는 2차 구성요소로 훈련, 언어에 관한 지식, 정서적 태도 등이 있다.

2) 종합적 의사소통법

청각장애교육에 있어서 1970년대 까지는 대부분 구화주의에 입각한 교육이 실시되어 왔지만, 1980년대부터 하나의 교수철학으로 소개되기 시작한 종합적 의사소통법은 청각장애인들에게 언어를 가르치기 위해서 다양한 양식의 의사소통법을 사용하도록 하는 것이다. 따라서 종합적 의사소통법에서는 특정한 의사소통 양식의 정당성 보다는 가장 적합하고 사용하기가 가장 용이한 의사소통 양식이라면 모두 수평적으로 똑같이 존중되어야 한다고 주장한다. 종합적 의사소통법을 사용하는 사람들은 수화나 지문자와 같은 의사소통 양식과 독화와 잔존청력을 사용하는 구어적 의사소통 양식을 동시에 사용하였을 때 하나의 양식이나 두 양식 중 하나를 좀 더 능숙하게 사용하게 된다고 한다.

3) 이중언어, 이중문화접근법

1990년대 이후 청각장애를 장애가 아닌 문화와 언어의 차이로 인식하고 이중언어, 이중문화적 접근법에 대한 관심이 증대되고 있다. 언어는 문화적 특성이 그대로 반영되므로 어떤 언어를 사용하는 가에 따라 주류와 다른 문화를 형성할 수도 있다. 청각장애인들은 청력의 손실로 인해 건청인들이 사용하는 모국어의 사용에 어려움을 가지게 되어서 청각장애인들만의 독특한 하위문화를 형성하게 된다. 이때 만약 청각장애인들에게 자연수화가 도입되어 어려서부터 자연수화에 노출된다면 이들에게는 자연수화가 그들의 모국어로 습득이 될 것이며, 이 기반 위에 제 2외국어로서의 음성언어와 문자언어를 습득케 하자는 교육방법론적 변화가 이중언어 접근법이다. 또한 청각장애인들은 먼저 청각장애인 사회 속에서 문화를 배우고 자신의 정체감을 확립하여 이를 기반으로 일반인 사회 문화에 적응하도록 하자는 것이 이중문화접근법이다.

4) 보조공학

청각장애인들을 위한 보조공학에서 보조기기로서 가장 대표적인 것이 보청기와 인공와우를 들 수 있다. 또, TV자막기, 전화 수신음을 증폭시켜 주는 청각장애인용 전화기, 전화나 팩스를 이용해 문자정보를 주고 받는 장치(휴대전화, PDA 등 포함), 전화 등의 수신을 빛의 신호로 알려주는 무선신호장치, 컴퓨터 등도 활용되고 있다. 특히 구어에 의한 의사소통이 곤란한 청각장애인에게 구어를 보충하는 방법이나(보완) 구어를 대신할 수 있는(대체) 방법을 이용하거나 지도하는 것을 보완/대체의사소통법(Augumentive Alternative Communication; AAC)이라고 한다. 따라서 AAC는 구어와 쓰기를 통해 의사소통 욕구를 충족할 수 없는 청각장애인을 보조하기 위해 활용되는 다양한 전략과 방법에 관한 것이라 할 수 있는데, 필요한 부분을 충족시켜 줄 수 있는 보조공학이 소프트웨어와 하드웨어 모두에서 뒷받침되고 있다.

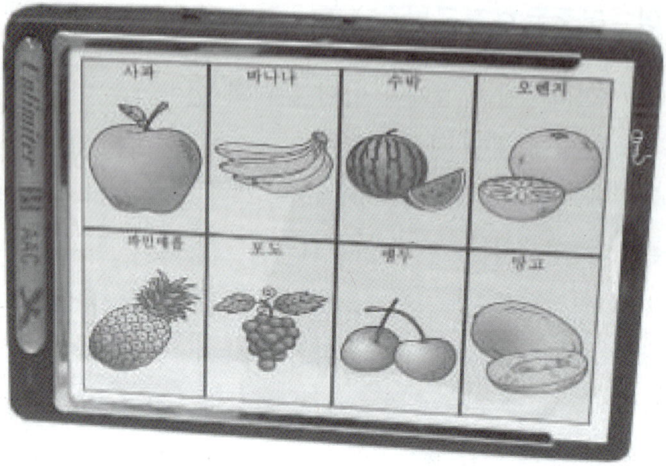

출처: 네이버 재활치료연구소 블로그, 국립특수교육원. 2013 재인용.

AAC의 한 종류 Cardinal

특수교육원, 2016. 참조. 청각장애인의 효과적인 의사소통 접근 방법

Tip. 청각장애의 이해

- 듣지 못한다고 말을 못하는 것은 아니다.
  청력 손실로 말미암아 언어 발달에 어려움이 있는 것은 사실이지만, 그렇다고 자동적으로 말도 못하는 것은 아니다. 대부분의 청각장애 아동들은 상대방의 입 모양을 보고 말을 이해하기도 하는 등 어느 정도 언어생활을 할 수 있다.
- 보청기를 사용해도 일반인과 마찬가지로 듣고 이해하지는 못한다.
  일반적으로 보청기는 소리를 증폭해 줄 뿐 어떤 것도 청력 손실을 완전하게 보완해 줄 수는 없다.
- 청각장애인이라고 모두 지능지수(IQ)가 낮지는 않다. 청각장애 아동도 일반 아동과 마찬가지의 지적능력을 가지고 태어나는 것으로 간주된다. 다만, 언어적 자극, 학습 경험 등의 부족으로 지적 발달이 다소 저해되는 것으로 보아야 할 것이다.
- 청각 장애인들도 다른 사람과 대화하기를 좋아한다.
  모든 청각장애인이 다 그렇다고 볼 수는 없는데 청각장애인 중에는 대화하는 것을 좋아하는 이들도 많다. 수화를 모르기 때문에 청각장애인과 대화를 나누는 것을 두려워하는 경우가 있으나 두려워하지 말고 먼저 말을 건네 보는 것도 좋다.
- 양쪽 귀를 꽉 막는다고 청각장애가 되는 것은 아니다. 손으로 두 귀를 꽉 막는다고 청각장애가 되는 것은 아니다. 일반인들은 두 귀를 막아도 작지만 소리를 들을 수 있는 반면에 청각장애인은 작은 소리는 물론 특정 주파수의 소리를 듣지 못하는 경우가 많다.

특수교육원(2016) 홈페이지 참조.

Tip. 청각장애인을 대할 때 예절

- 청각장애인과 대화를 나눌 때에는 입 모양을 크게 하여 천천히 말하기, 글로 쓰기, 혹은 수화를 이용하여 의사소통을 할 수 있다.
- 청각장애인을 만났을 때, 듣지 못한다고 생각하여 함부로 말하거나 반말을 사용하는 일은 삼가야 한다.
- 청각장애인과 함께 일할 때에는 눈으로 알아 볼 수 있도록 시범을 보여주어 지시 또는 설명하도록 한다.
- 청각장애인들은 다른 일반인 앞에서 충고를 하거나 야단을 치면 자신을 무시하는 것으로 오해하는 경우가 있다. 그러므로 청각장애인을 조용한 곳으로 따로 불러 본인의 실수를 자세히 설명해 주는 것이 바람직하다.
- 청각장애인이 전화를 걸어줄 것을 요청하면 그가 원하는 내용을 충분히 파악한 후에 응해 주도록 한다.
- 청각 장애인과 함께 있는 곳에서 일반 사람들끼리 그를 힐끗힐끗 쳐다보면서 속삭이는 것은 오해를 불러 일으킬 수 있기 때문에 가능한 한 그런 행동은 삼가는 것이 좋다.
- 청각 장애인과 수화를 할 때, 수화 동작 범위는 가슴 높이에서 양 어깨를 한계점으로 필요에 따라 큰 동작과 같은 동작으로 절도 있게 하여 청각장애인들이 이해하기 쉽도록 하는 것이 의사소통을 하는데 도움이 된다.

특수교육원(2016) 홈페이지 참조.

chapter

05 시각장애 아동

1 시각장애의 정의

1) 우리나라의 장애인 등에 대한 특수교육법(2008)

시각신경계의 손상이 심하여 시각기능을 전혀 이용하지 못하거나 보조공학기기의 지원을 받아야 시각적 과제를 수행할 수 있는 사람으로서 시각에 의한 학습이 곤란하여 특정의 광학기구·학습매체 등을 통하여 학습하거나 촉각 또는 청각을 학습의 주요 수단으로 사용하는 사람으로 정의한다(특수교육원, 2016).

시각은 다른 감각에 비해 단시간 내에 많은 양의 정보를 받아들일 수 있고, 색깔, 형태, 위치, 차원, 거리, 크기, 깊이, 명암, 움직임 등을 알아내고 추적도 가능하게 하는 종합적인 감각수단이며, 인간이 받아들이는 정보의 90% 이상을 담당하게 된다.

시각장애를 보인다고 판단하기 위해서는 시각기능, 즉, 시력, 시야, 색각 등을 살펴보아야 한다. 안구와 뇌를 포함한 시각계의 상태를 의학적으로 살펴봄으로써 시각손상이 되어 있음을 판단할 수 있다.

2) 법적 정의

시력과 시야의 두 가지 기준이 사용된다. 기능을 기초로 분류하는 경우 정상시력은 20/20이다. 법적 실명은 교정시력으로 잘 보이는 눈이 20/200이거나 좋은 측 눈의 시야가 20도 이내인 경우이다. 정상시야는 앞을 똑바로 응시하였을 때 수직시야는 140도, 수평시야는 180도로 타원형의 범위 내의 대상을 볼 수 있는데, 시야 손상이 중심이거나 주변이든 간에 20도 이내인 경우 법적 실명으로 간주한다. 실명은 단지 빛이 있다는 것을 알고 있으나 빛의 근원을 향해서 움직이지 못하거나 전혀 볼 수 없는 경우이다. 법적 실명에는 시력을 가진 아동도 포함된다.

저시력은 교정시력으로 잘 보이는 눈의 시력이 20/70~20/200인 사람을 의미하며, 중심 시력 부족이 법적인 주요 맹의 판단기준이 된다. 그러나 좋은 중심 시력을 가졌으나 주변 시력이 아주 약하거나 없는 사람도 법적으로 시각장애가 될 수 있다(터널시각).

3) 교육적 정의

교사는 시각장애 아동의 잔존 시각 기능에 맞는 교육방법에 초점을 둔 교육적 정의를 선호한다. 아동이 실제로 교육을 받는 데 필요한 것을 기초로 분류하는 경우에는 시각장애 아동이란 시각장애가 아동의 학업성취에 영향을 주고, 교육에 있어서 특별한 자료와 교육환경이 필요한 아동을 말한다. 특수교육전문가의 도움이 필요하거나 기존의 교육과정을 바꾸어 주거나 특별한 교육자료를 제공받아야 할 정도로 정상 시력으로부터 이탈되어 있는 아동을 말한다.

2 시각장애 아동의 분류

1) 실명시기에 따른 분류

선천성 시각장애는 태어나면서 또는 태어나자마자 장애를 입게 된 경우를 말하며, 후천성 시각장애는 출생 이후 일생 중 장애를 얻게 된 경우이다. 두 집단 분류는 시각경험 여부에 달려 있다(시경험 : '봤다'라는 것을 기억하는 시기, 만 2~3세).

2) 시력에 따른 분류

① 나쁜 눈의 시력(만국식 시력표에 의하여 측정한 것을 말하며 굴절이상이 있는 사람에 대하여는 교정시력을 기준으로 한다.)이 0.02 이하인 자.
② 좋은 눈의 시력이 0.2 이하인 자.
③ 두 눈의 시야가 각각 주시점에서 10도 이하인 사람(예 : 180도에서 10도만 터널처럼 보임).
④ 두 눈의 시야의 2분의 1 이상을 잃은 사람.
⑤ 두 눈의 교정시력이 각각 0.04 미만인 자.
⑥ 시력의 손상이 심하여 시각에 의하여 학습과제를 수행할 수 없고, 촉각이나 청각을 학습의 주요 수단으로 사용하는 자.
⑦ 두 눈의 교정시력은 각각 0.04 이상이나 특정의 학습매체 또는 과제의 수정을 통해서도 시각적 과제수행이 어려운 자.
⑧ 특정의 광학기구, 학습매체 또는 설비를 통해서만 시각적 과제 수행을 할 수 있는 자.

3) 특수교육과 재활훈련 현장에서의 분류

① 완전 실명(盲) : 시력이 전혀 없는 상태.
② 광각(light perception) : 암실에서 광선을 인식할 수 있는 상태.
③ 수동(hand movement) : 눈앞에서 손을 좌우로 움직일 때 이를 알아볼 수 있는 정도.
④ 지수(finger counting) : 자기 앞 1m 전방에서 손가락 수를 셀 수 있는 상태.
⑤ 저시력(low vision) : 일반 활자를 읽지 못할 수도 있으나 시력으로 일상생활을 할 수 있는 상태로, 한계는 일정치 않으나 다각적으로 변화를 발견 못하는 시력감퇴.

예 : 시력이 0.1이라는 것은 5m 밖에서 시력검사판에서 제일 큰 4가 뚜렷이 보임. 시력 0.08은 4m, 0.06은 3m, 0.04는 2m, 0.02는 1m, 그래도 보지 못하면 지수검사.

4) 시각 외 장애중복에 따른 분류

특수교육을 받고 있는 전체 아동의 약 2% 정도가 중복장애를 가지고 있으며, 0.02%가 청각과 시각이 함께 손상된 농맹의 장애를 보이고 있다고 한다. 시각장애 외에 중복적인 장애로 나타날 수 있는 경우로는 정신지체-시각장애, 중도 행동장애-시각장애, 중복 감각장애인 시각장애-청각장애, 감각장애-기타장애를 들 수 있다.

3 시각장애 아동의 출현율

미국의 경우는 시각장애를 지닌 아동 및 성인의 수는 약 20%에 달하지만 이들 중 대부분은 일상적인 과제, 예를 들어 읽기, 자동차 운전 등을 수행할 수 있을 정도로 교정된다. 한국의 경우는 국립특수교육원(2012)에서 조사한 바에 의하면 시각장애의 출현율은 42.7%로 밝혀졌고, 2016년 정보고시에 의하면 2.3%로 밝혀졌다(전경원 외 2015).

4 시각장애 아동의 원인

시각장애의 원인은 굴절 이상, 근육이상, 백내장, 녹내장, 색약이나 색맹으로 나누어 설명할 수 있다(특수교육원, 2016).

1) 굴절이상

굴절이상은 아동들에게 가장 흔히 발생하는 이상으로 근시, 원시, 난시를 말한다.

- 근시 : 망막 앞에 초점이 맺히는 현상이다. 예측되는 결과는 가까운 곳이 잘 보이고 먼 곳이 잘 안 보인다(김동일 외, 2010).
- 원시 : 망막 뒤에 초점이 맺히는 현상이다. 예측되는 결과는 먼 곳이 잘 보이고 가까운 곳이 잘 안 보인다(김동일 외, 2010).
- 난시 : 두 점 혹은 그 사상의 초점을 갖는 현상이다. 각막을 통과한 모든 방향의 빛의 굴절력이 균일하지 않고, 눈의 경선에 따라 굴절려에 치이가 있다(김동일 외, 2010).

2) 근육 기능 이상

안구진탕증과 사시 현상이 일어날 수 있다. 사시는 한쪽 눈을 사용하는 아동들의 경우 사용하지 않는 한쪽 눈의 시력이 기능적으로 감퇴하는 현상이다. 질병, 사시, 비균 등 굴절이상, 각막이나 수정체의 혼탁으로부터 발생할 수 있다. 예측되는 결과는 단안, 심한 시지각 결함, 한쪽 눈의 실명으로 발전될 수 있다(김동일 외, 2010).

3) 백색증

전체 또는 부분적인 색소의 결핍 요인이며, 피부색으로 나타나지 않은 경우도 있고 태양 빛에 노출되는 것에 대해 민감할 수 있다. 예측되는 결과는 시력의 감퇴, 광선공포, 높은 굴절이상, 난시, 눈부심, 중심에 황반과 사시 현상이 나타난다(김동일 외, 2010).

4) 백내장

수정체의 불투명이나 혼탁현상을 말하며, 손상이나 외상의 원인인 약물, 영양실조 또는 임신 중의 풍진, 노화, 눈질환등의 원인이다. 예측되는 결과는 시력의 감소, 시야의 흐려짐, 색각에의 어려움, 눈부심, 때때로 녹내장이 발생한다(김동일 외, 2010).

5) 녹내장

시각신경에 이상이 생겨서 시야 결손이 나타나는 질환이다. 안압이 높아서 발생되는 경우 또는 시신경으로 가는 혈약 순환이 잘 안되거나 유전자 이상 등에 의해 발생한다. 예측되는 결과는 시야가 좁아지고 방치하면 실명에 이르게 된다(김동일 외, 2010).

6) 색약이나 색맹

추체 기형, 황반 결핍, 부분적 혹은 전체적인 추체의 부재와 유전적 요인인 x염색체와 관련 또는 망막질환이나 중독에서 기인하여 발생한다. 예측되는 결과는 색 변별에 어려움을 겪으며 광선공포, 안구진탕, 황반결핍, 중심 부분의 맹점에 이르게 된다(김동일 외, 2010).

5 시각장애 아동의 진단

시각장애 아동들은 시각에 결함을 보일 뿐만 아니라 다른 장애 즉, 지체장애, 언어장애, 청각장애, 학습·정서장애 등을 동시에 수반하고 있다. 따라서 장애아동을 판별하기 위해서는 여러 분야 전문가들의 정확한 진단이 필요하고 그에 따른 지원의 종류와 강도를 결정해야 한다. 또한 고도 시각장애 아동들은 초기부터 장애가 발전되기 쉬우므로 조기 발견과 개입이 중요한데, 교사는 아동의 신체적, 행동적 징후를 잘 관찰하고 선별해야 한다. 예를 들어 아동이 눈을 자주 문지르고, 깜박거리거나 책을 가까이에서 본다던지, 읽기를 할 때 머리를 돌리는 등의 증상을 보이면 전문가와 상의하는 것이 좋다(전경원 외, 2015).

구 분	시각장애 아동의 징후
행동적 징후	• 눈을 과도하게 비빈다. • 한쪽 눈을 가리고 보거나 자주 깜박거린다. • 빛에 대해 지나치게 민감하거나 둔감하다. • 멀리 있는 물체를 선명하게 보기 어렵다. • 형태가 비슷한 글사나 물체를 혼동한다. • 책을 볼 때 책을 눈에 가까이 댄다. • 색의 구별이 잘 안된다.
눈의 외관상 징후	• 눈꺼풀이 벌겋게 부어오른다. • 눈 주변이 벌겋다. • 눈에 염증이 생기거나 다래끼 등이 생겨서 고름이 자주 낀다. • 눈이 자주 충혈된다. • 눈에서 눈물이 자주 흐른다. • 사물을 볼 때 균형이 잘 맞지 않아서 눈을 찡그린다.
불 평	• 책을 눈에서 멀리 떼며 얼굴을 찡그린다. • 차를 타면 현기증을 자주 느낀다. • 주의 집중을 요하는 활동을 하게 되면 두통이나 구토 증세를 호소한다. • 글자가 희미하여 잘 보이지 않거나 이중으로 보인다고 호소한다. • 눈이 피로하다고 호소한다. • 눈알이 돌거나 쑤신다고 불평한다.

6 시각장애 아동의 특성

1) 개념 발달

시각장애 아동들은 시각 경험을 통한 물체의 색채, 모양, 크기 등에 대한 개념 형성에 큰 영향을 받는다. 따라서 다른 감각 즉, 청각이나 촉각을 이용하여 정보를 얻기도 하지만 노력과 주의를 기울이지 않고서는 정확성이 많이 떨어진다. 따라서 시각장애 아동은 청각을 통한 거리와 방향에 대한 단서, 촉각에 의한 온도·모양·크기 등의 여러 가지 단서에 의식적으로 노력을 기울여야 한다.

Boldt(1969)는 시삭장애 아동들은 멀리 떨어져 있는 사물의 기능적, 인과적 관계에 대해 정확한 개념을 갖지 못한다고 말하고 있다. 이는 시각장애 아동들이 다른 감각에 의존하여 학습함으로써 사물의 인과 관계나 목적과 수단 관계, 대상영속성들의 개념에 대한 이해가 늦어진다는 것이다. 또한 일반아동들에 비해 사물을 모방하고 관찰하는 기회가 전혀 없기 때문에 개념 발달이 늦어지게 될 수 밖에 없다(전경원 외, 2015).

2) 심리 · 사회적 발달

시각장애 아동들의 시각의 결함은 자신의 심리적·정서적 문제 뿐만 아니라 사회성 발달에도 영향을 끼친다. Gusforth(1951)는 완전 맹인에 대한 사회의 부정적인 반응이 정서적 문제를 갖게 한다고 하였으며, 반면에 시각장애 자체나 사회적 장애의 영향보다 자아에 대한 왜곡된 태도와 내적·심리적 원인이 더 심각한 영향을 끼친다고 하였다. 시각장애 아동들은 상대방의 눈맞춤이나 얼굴 표정 등의 시각적 신호를 보지 못하며, 따라하지도 못하기 때문에 이들 아동의 사회적 상호작용이 제한되거나 잘못 해석되는 경우가 생기며(Warren, 1994), 시각장애 아동에 대한 부정적 태도로 사회적 고립을 초래하기도 한다(전경원 외, 2015).

3) 운동 발달

일반아동들은 소리나 대상을 보기 위해 고개를 돌리거나 머리를 좌우로 움직이는 등의 운동 반응을 보인다. 반면, 시각장애 아동들은 운동성 발달의 지연을 보이는데 이는 시각 자극의 결함으로 물체가 존재한다는 사실을 알 수가 없으며, 이로 인해 공간 속으로 손을 뻗거나 움직이고자 하는 동기가 일어나지 않는다. 또한 공간에서 신체 위치에 대한 지각 중에서, 신체공간감각이 낮으므로 자세가 불안정하고 보행패턴이 부자연스럽다. 따라서 저시력이나 맹아동이 촉각적·청각적 자극을 통해 움직이도록 동기를 유발시켜야 하고 여러 가지 감각을 통한 운동 발달을 촉진시키고 자연스러운 자세와 걸음걸이를 갖도록 도와주어야 한다(전경원 외, 2015).

4) 지적 발달

여러 학자들이 시각장애 아동들의 지능을 연구한 결과 시각장애 아동의 지능은 일반아동에 비해 낮지 않다고 보고하였다. Vander Kolk(1982)는 웩슬러 지능검사의 언어성 검사를 사용하여 시각장애 아동들의 지능을 측정하였는데, 시각장애 아동들의 지능과 일반아동들의 지능 간에는 유의한 차이가 없거나 비슷한 것으로 나타났다고 보고하였다. 그러나 일반아동들과 지능 검사 결과가 비슷함에도 불구하고 시각장애 아동들의 학업 성취도는 떨어진다. 그 이유로 첫째, 많은 시각장애 아동들이 바람직한 교육을 받지 못하기 때문이다. 둘째, 안과적 치료로 인한 결석, 조퇴, 지각 등이 잦기 때문이다. 셋째, 심한 시각장애 아동들의 경우 점자나 큰 활자를 사용해야 하므로 일반아동들보다 정보수집이 늦기 때문이다. 넷째, 일반아동들보다 늦게 취학하는 경향이 있기 때문이다(송준만 외, 1990). 반면에 Weiss와 Weiss(1981)는 시각장애 아동들의 기초 수학 계산 능력은 정상 시력을 가진 아동에 비해 떨어지지만 문학 과목은 비슷한 것으로 나타난다고 하였다. 다만, 표준화 검사에서 성취도가 낮은 것은 읽기와 쓰기 속도가 느리고, 오류에 대한 두려움으로 위축되어 느린 반응을 보이기 때문이라고 하였다.

Tip. 시각장애을 위한 생활용구

1) 흰지팡이 : 독립보행이 어려운 시각장애인에게 필수 용구로 흰지팡이는 시각장애인의 대표적인 생활용구이다.

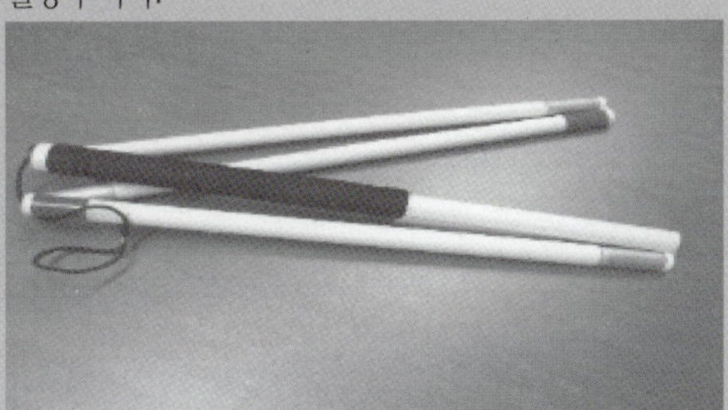

2) 점판 :점자용지를 고정시키고 받쳐주어 점자를 용이하게 찍을 수 있는 생활용구이다.

3) 점필 : 뾰족한 끝을 이용하여 점판에 고정된 종이를 찍어 점자를 쓰는 생활용구이다.

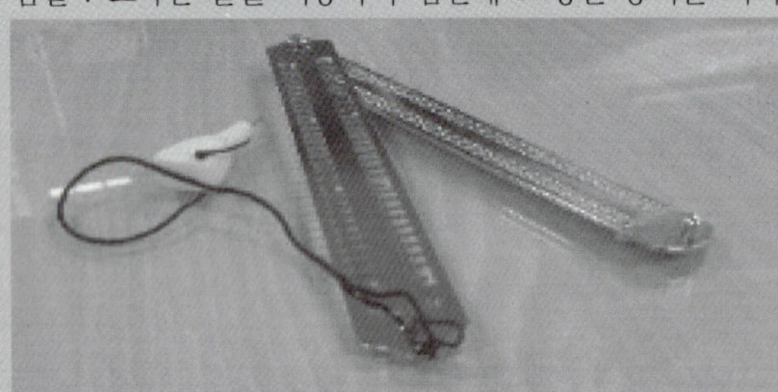

4) 점자

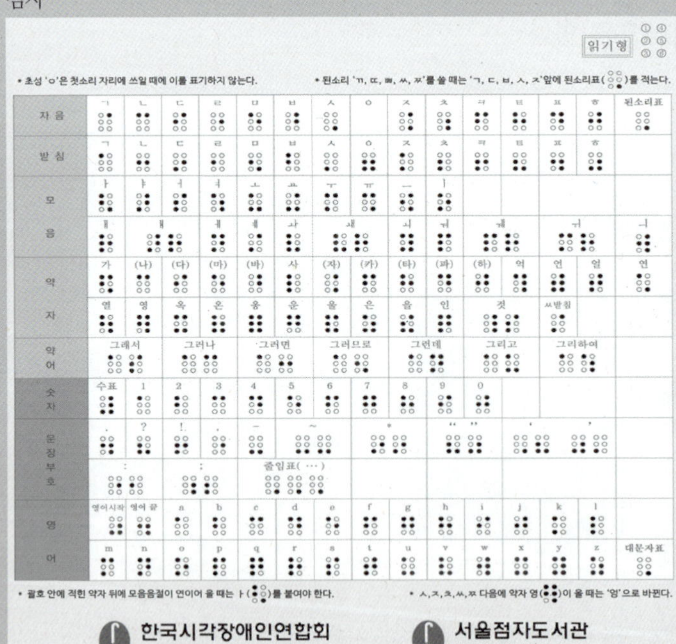

5) 점자 손목시계 : 시각장애인을 점자 손목시계는 시계의 뚜껑을 열어 바늘과 점자로 된 숫자를 만져 시간을 확인할 수 있도록 만들어진 생활용구이다.

6) 점자 음성손목시계 : 점자와 음성으로 시간을 알려주는 시계이다.

출처 : 특수교육원 홈페이지 참조.

chapter

06 의사소통장애 아동

1 의사소통장애의 정의

1) 우리나라의 장애인 등에 대한 특수교육법(2008)

다음 각 항목의 어느 하나에 해당하여 특별한 교육적 조치가 필요한 사람

- 언어의 수용 및 표현 능력이 인지 능력에 비하여 현저하게 부족한 사람
- 조음 능력이 현저하게 부족하여 의사소통이 어려운 사람
- 말 유창성이 현저하게 부족하여 의사소통이 어려운 사람
- 기능적 음성장애가 있어 의사소통이 어려운 사람

2) 정의

오랜 기간 동안 언어장애 분야가 변화됨에 따라 언어장애를 의사소통장애(Communication disorder)이나 말과 언어장애(Speech & language disorders)로 바꿔서 부르기도 하였다. 최근에는 의사소통장애(speech-language disorder)라는 용어가 사용되고 있다.

Vanriper(1978)는 의사소통장애란 다른 사람이 하는 말과 달라서 그 말 자체에 주의가 끌리거나, 의사소통이 원만히 이루어지지 않는 사람을 일컬으며, 말하는 사람이나 듣는 사람에게 불안감이나 부적절함을 불러일으키거나 대인 접촉을 피하려는 부적절한 행동을 유발하는 것이라고 정의했다.

2 의사소통장애 아동의 분류

의사소통장애는 그 목적, 원인, 증상 등의 기준에 따라 다양한 방법으로 분류될 수 있다. 여기서는 의사소통장애를 크게 말장애와 언어장애로 나누어서 그에 따른 각각의 장애 유형과 정의를 살펴보고자 한다(전경원 외, 2015).

1) 말장애

말장애(speech disorder)는 언어 기호의 사용과 관련된 문제로 '음성장애', '조음장애', '유창성 장애'를 의미한다. 이들 증상은 분리되어 나타나기보다 중복되어 나타나는 경우가 많다.

(1) 음성장애(voice disorder)

음성장애란 목소리 자체의 성질, 음의 고저, 크기 정도에 있어 결함을 보이는 비정상적인 음성 산출을 의미하는데, 이러한 장애를 지닌 아동은 목소리를 조절하는데 어려움을 겪으며 다음과 같은 종류의 장애가 발생하게 된다.

- 목소리 고저 장애 : 음의 높낮이에 따라 목소리가 너무 높거나 너무 낮은 경우 또는 억양이 변하지 않고 한 가지 음으로만 말하는 것을 의미한다.
- 목소리 성질 장애 : 쉰소리, 콧소리, 숨소리가 섞인 소리 등을 의미한다.
- 목소리 크기 장애 : 목소리를 너무 크게 내거나, 너무 약하게 내어 알아듣기 힘든 경우를 의미한다.

(2) 조음장애(articulation disorder)

조음장애란 단어의 생략, 대치, 왜곡, 첨가 등으로 말소리가 부정확하게 산출되는 장애를 의미하는데, 말소리를 산출할 때 조음(공기가 허파를 지나서 소리를 낼 때 성문에서 성도를 거쳐서 밖으로 나오는 동안 말소리를 산출하는 것)기관의 위치, 방향, 압력 등에 의해 말소리가 부정확하게 발생하게 된다.

- 단어 생략 : 완전한 단어에서 일부분을 제외하고 발음하는 것이다. 예를 들어, '고구마'를 '고마'로 발음하여 가운데 글자를 생략하는 것이다.
- 단어 첨가 : 단어에 새로운 소리를 추가시키는 것이다. 예를 들어, '아버지'를 말할 때 '아아버지'라고 발음하거나, '공'이나 '콩'의 낱말을 '공아'나 '콩아'라고 발음하여 '아'를 추가하는 것이다.
- 단어 대치 : 사용되고 있는 음 외에 다른 음으로 대신하는 경우로 흔히 'ㅅ'을 'ㄷ'이나 'ㅌ'으로, 'ㄹ'을 'ㄷ'으로 발음하는 것이다. 예를 들어, '선생님'을 '턴탬님'이라고 말하거나. '사랑'을 '사당'으로 발음하는 것이다.
- 단어 왜곡 : 다른 음으로 대치되는 것과는 달리 정확한 발음에 속하지 않는 경우로 '어머니'를 '어뫄니'라고 발음하는 것이다.

(3) 유창성장애(fluency disorder)

말의 흐름이나 속도에 문제를 지니는 장애를 일컫는다. 예를 들어, 말의 속도가 너무 빠른 '속화(速話)'나 말의 흐름이 매끄럽지 못하며, 단어를 반복하거나 말이 중단, 지연되는 '말더듬'의 형태도 여기에 해당한다. 이중에서도 말더듬이 장애가 가장 보편적으로 알려져 있는 장애다. 특히, 2~4세 사이의 유아들 중 80%가 말더듬 현상을 보이는데, 이러한 현상은 대부분의 경우 회복된다(송준만 외, 1990 재인용).

2) 언어장애

언어장애(language disorder)란 언어라는 기호를 사용하여 의미를 해석하거나 이해하는데 어려움을 나타내는 것으로, 언어발달장애와 실어증 등이 있다.

(1) 언어발달장애

정상적인 아동에 비해서 언어 발달이 지체되는 문제로 언어의 이해와 표현에 어려움을 갖거나, 전혀 언어를 획득하지 못하거나 문법 구조에 오류를 범하는 경우를 의미한다. 예를 들어, 3,4세가 되어서도 언어 사용이 안되거나 한 두마디를 겨우 하는 경우나, 언어의 조직이나 구성을 이해하지 못하여 "나는 간다. 유치원에" 와 같은 구조의 말을 자주 사용할 때 언어 발달이 지체되었다고 할 수 있다.

(2) 실어증

언어를 습득한 후에 불의의 사고나 질병으로 뇌 손상을 일으켜 언어 능력이 상실된 경우를 의미한다. 실어증이 발생하면 언어 기호가 결여됨으로써 언어라는 상징기호를 표현하기 어려우며 단순한 지시 외에는 이해하지 못하기 때문에 말하기 뿐만 아니라 읽기, 쓰기, 몸짓, 계산하기 등에서도 어려움을 겪게 된다.

3 의사소통장애 아동의 원인

1) 생물학적 원인

생물학적 원인이란 신경조직이나 기관 구조의 이상으로 나타나는 것이며, 두뇌 및 신경 손상, 혀, 치아, 입술, 구개파열 등의 구강기관 이상과 신경장애, 청각 장애 등이 생물학적 원인에 포함된다. 뇌 손상 또는 신경손상이 있을 경우에는 말소리를 내는 데 어려움을 느끼게 되는 현상인데, 이는 실어증에서도 나타나고 뇌의 손상으로 상대방의 말을 이해하거나 자신의 의사 표현에 문제가 발생한 것이다.

구개파열은 뇌 신경조직의 결함 외에 기관 구조의 이상으로 나타나는 장애이다. 구개파열과 같이 구강구조에 이상이 있을 경우에도 말소리를 알아듣기 힘들고, 정상적인 음성을 사용하지 못한다. 이러한 구개파열의 정확한 원인은 밝혀지지 않았지만 유전, 유전인자의 돌연변이, 염색체 이상, 모체 영양 상태, 약물 중독, 방사선

노출, 태아의 산소 결핍 등의 이유라고 볼 수 있다. 따라서 의사소통장애를 유발하는 생물학적 원인은 중추신경계나 입, 후두 등에 손상을 가져오는 질병 또는 사고에 의한 것으로, 출생 전, 출생 시, 출생 후 그리고 아동기나 성인기 등 모든 시기에 걸쳐서 발생할 수 있다(Lahey, 1988).

2) 환경적 원인

말과 언어 발달이 제대로 되지 않고 지연되는 원인으로 환경적인 원인을 들 수 있다. 예를 들어, 부모가 유아기 때 옹알이에 반응해 주지 않았거나 아이가 큰 소리를 지르거나 울 때에만 반응을 보일 경우에 언어 능력의 발달에 지체를 가져올 수 있다. 환경적 요소들은 아동기 전반에 걸쳐서 말과 언어 기술을 통한 언어 능력의 발달을 촉진하기도 하고 저해하기도 한다.

아동이 새로운 소리를 습득하여 산출하기 시작할 때 성인의 미소나 모방 등에 의해서 강화되지 않으면 그 새로운 소리는 사라질 수 있다고 밝히고 있다. 또 부모로부터 소리를 내거나 목소리를 통한 반응적 어휘놀이를 제공받지 못할 경우에 구강기관을 움직이는 기술이나 언어 습득의 발달이 지체된다(Bernsteia & Tiegerman, 1985).

말더듬의 증상을 보이는 아동들 역시 환경적 영향을 받는다. 예를 들어 가족이나 이웃 중에서 말더듬 증상이 있는 사람이 있으면 이를 모방하는 경우가 있다. 또 아동이 정상적인 발달 과정에서 말을 더듬는 현상을 보고, 부모가 자녀를 말더듬이로 진단해 버렸기 때문에 고질적 말더듬이 된다고 보고하였다(Johnson, 1961). 즉, 부모가 말더듬이로 인정하고 지나치게 관심을 갖거나 비판을 하면 아동은 말을 할 때마다 불안감을 갖게 되고, 더 심하게 더듬게 되는 것이다. 또한 말을 더듬는 아동들은 처음에 별 문제를 느끼지 않다가도 상대방과 대화가 단절되면 극도의 두려움과 좌절감을 느끼고 점차 어떤 상황, 어휘, 소리에 대해 말을 더 더듬고 많이 더듬을수록 두려운 상태로 고정화 된다고 하였다(Vanriper, 1973).

4 의사소통장애 아동의 출현율

의사소통장애는 국립특수교육원에서 연구팀을 구성하여 전국적으로 장애 출현율을 조사한 결과 1998년에는 의사소통장애가 0.06%로 밝혀졌고, 2016년에는 2.4%로 밝혀졌다(특수교육통계자료).

5 의사소통장애 아동의 판별

1) 판별 과정

의사소통장애 아동들을 정확히 판별하기 위해서 교사는 아동의 정상적인 언어 발달과 말, 언어 발달과 의사소통장애의 유형, 특성에 대해서 알아둘 필요가 있다. 또, 교사는 일상생활 속에서 아동들이 말하는 습관이나 의사소통 과정에서 사용하는 말, 언어 등을 유심히 관찰해야 한다. 장애가 의심되면 임상전문가나 전문의사에게 의뢰하여 아동의 청력, 조음, 음성, 말소리의 흐름, 언어 수행의 적절성 여부를 검사받게 해야한다.

따라서 의사소통장애의 진단 · 선별에서 교사는 매우 중요한 역할을 하며, 어떠한 종류의 장애를 갖든 조기에 발견하여 적절한 치료와 교정을 해야 한다.

2) 선별 검사와 진단검사

의사소통장애를 판별하기 위해서는 선별 검사와 진단 검사를 해야 하는데, 선별 검사는 의사소통장애를 가진 아동과 일반아동을 구별하고 정밀검사의 필요성 여부를 결정하기 위해 실시하는 검사로 형식이 없는 간단한 검사이다. 선별은 그 아동을 잘 아는 사람을 통하거나 아동의 말소리를 직접 들어보고 관찰함으로써 알 수 있다. 또한 여러 가지 검사를 사용하여 판별할 수도 있는데 검사의 종류는 다음과 같다.

① 언어 표현력 검사 : 언어 표현 방법, 사용 어휘, 화법 등을 검사하여 말더듬, 언어 발달 지체, 중복장애, 언어장애 등의 여부를 알 수 있는 검사이다.

② 언어 이해력 검사 : 언어를 이해하는 수준이 어느 정도인지 검사하며, 청각장애의 유무를 판별하는 검사이다.

③ 조음 검사 : 조음장애의 유무를 가려내어 조음장애가 있을 경우 어떤 음에 장애가 있는지 알 수 있는 검사이다.

진단 검사는 선별 검사를 통해 확인된 장애 유무를 재확인하는 검사로 확인된 아동을 치료하면서 원인을 밝혀낸다. 진단 검사로는 병력 검사, 가족 관계 검사, 발음 기관 검사, 청력 검사, 지능 검사, 성격 검사 등 여러 가지가 있지만 검사 목적에 따라 검사 도구를 선별하여 사용하여야 한다.

6 의사소통장애 아동의 특성

1) 심리 · 사회적 특성

Rogow(1987)는 의사소통장애 아동들은 타인과 대화를 할 때 거절당할지도 모른다는 불안감과 긴장을 나타내며, 언어지체로 자아 존중감이 매우 낮다. 또한 단어놀이나 수수께끼를 할 때, 농담을 하면서 웃을 때, 그 외 사회적 상호작용을 할 때 매우 융통성이 부족하다.

의사소통장애는 장애아동에게 정서적 측면에서도 좋지 못한 영향을 끼칠 수 있다. 말더듬 기간이 길수록 정서장애가 나타날 가능성이 높고(Shames & Florance, 1982), 부정적 경험으로 인한 좌절감, 분노 때로는 적대감이나 위축 행동까지 보인다(Vanriper, 1978). 그러므로 교사들은 아동들이 긍정적인 상호작용과 대인관계에 적응을 잘할 수 있도록 전문가의 도움을 받는 것이 좋다.

2) 학업성취

의사소통장애 아동들은 학습 영역들의 성취에 어려움을 겪는다. 이는 그들이 사용 어휘수가 적고 단어 인지력이나 독해력, 기존 개념의 미발달 등으로 학교 교과목을 학습하는데 장애가 된다는 것이다. 또한 읽기 학습에서 추상적이고 상징적인 내용이 새롭게 도입될 경우 학습에 어려움이 따른다(Wiig, 1982). 그리고 의사소통장애 아동들은 지적 능력이나 성취도 평가에서 평균보다 낮은 점수를 보이곤 한다(Kelly & Rotatori, 1986). 특히 언어지체나 조음장애아동들은 학습의 기회가 방해되어 지능 발달의 지체를 가져올 수 있다. 하지만 의사소통장애를 가진 대부분의 아동들이 다른 장애(정신지체, 학습장애 등)를 중복해서 갖기 때문에 의사소통장애 자체만으로 학업 성취나 지능에 영향을 미친다고 말하기 어렵다.

7 의사소통장애 아동의 지도

의사소통장애가 있는 아동은 자신의 생각을 언어로 표현하거나 상대방이 말하는 내용을 이해하지 못한다. 또한 말을 더듬거나 이상한 음성으로 말을 하기도 하며 소리, 어휘를 잘못 발음하여 부모, 교사, 또래 간 의사소통에 영향을 주기도 한다. 그러므로 의사소통장애아동의 부모들은 다양한 목소리로 아동에게 말을 해줌으로써 언어를 학습하는데 도움을 줄 수 있으며, 의사소통장애아동은 부모가 내는 목소리의 높낮이, 강도, 장단, 속도, 유·무성 등의 특성에 관심을 둠으로써 언어 기능을 향상시킬 수 있다. 언어는 초기에 가정에서 먼저 발달하므로 가족 간의 상호 관계는 언어지체나 기타 장애아동들에게 중요한 역할을 한다. 일반학습 교사들은 우선 의사소통장애의 유형과 특성을 이해하고 대인관계에서 긍정적으로 적응할 수 있게 도와주어야 한다. 또한 효과적인 교수 전략을 잘 알고 적용하며 특수교사나 언어치료사 등과의 협조 관계도 유지해야 할 것이다.

1) 의사소통장애 유형별 지도 방법

(1) 음성장애

음성장애는 목소리(음성)가 다른 사람과 뚜렷이 달라서 의사소통에 방해가 되거나 듣는 사람으로 하여금 불안정한 느낌을 갖게 한다. 예컨대, 목소리가 높거나 낮은 사람, 크거나 약한 사람, 콧소리, 목이 쉰소리 등이 여기에 포함된다. 이와 같은 경우에 일반적인 지도 방법은 다음과 같다.

- 매체를 통하여 여러 가지 소리를 듣게 하고 그 소리를 구별하게 한다. 또한 소리에는 강약, 높낮이가 있음을 알게 한다.
- 모델을 제공한다. 즉, 적절한 억양과 발음으로 자연스럽게 이야기 할 수 있는 교사나 또래기 말의 시범자가 되도록 한다.
- 녹음기를 활용하여 다른 사람과 자기의 말을 비교해 보고 높낮이와 속도를 조절한다.
- 상황에 따른 말을 할 수 있도록 지도한다. 예컨대, 식당에서 주문할 때, 은행에서 저금할 때 등 여러 가지 장면을 구성하여 알맞은 말을 하게 한다.

(2) 조음장애

조음장애는 말소리가 부정확하게 산출되어 다른 사람이 듣고 이해하는데 곤란을 느끼며 단어를 더하거나(첨가), 빼는 것(생략), 다른 어휘로 대체하는 것 등이 포함된다. 이와 같은 문제를 보이는 아동들을 위한 지도방법은 다음과 같다.

- 교사의 말을 듣거나 입 모양을 보면서 따라하게 한다.
- 음성을 듣고 구분할 수 있는 능력을 기른다. 예를 들어, 'ㅅ'을 'ㅌ'으로 대체하는 아동의 경우, '사, 타', '사, 사', '타, 타' 등 음성을 들어서 인식하고 'ㅅ'과 'ㅌ'을 구별할 수 있게 한다.
- 아동이 말 실수를 하면 비판하지 말고 올바른 말로 교정하여 아동이 한 말을 다시 반복해 준다.
- 특정 음을 발음하고, 그 소리가 어느 글자의 소리였는지 맞추는 게임을 한다.

(3) 유창성 장애

유창성 장애에는 말이 흐름에 있어 자연스럽지 못하고 너무 빠르거나 단어를 반복하는 등의 문제가 포함된다. 가장 일반적으로 보이는 유창성 장애로 말더듬의 형태가 있다. 여기에서는 말을 더듬는 경우의 지도방법을 다섯가지로 제시하고 있다 (Johnson, 1961; Shames & Ramig, 1994).

- 노래하기, 속삭이기, 목소리의 높낮이를 비정상적으로 변화시키기, 다함께 큰소리로 읽기, 박자에 맞추어 말하기 등의 활동을 한다.
- 말을 더듬는 아동의 경우 말하는 속도가 느리고 한 문장을 완성하는 시간도 오래 걸리므로 인내심을 갖고 들어 주는 것이 중요하다. 만일 말하는 도중에 재촉하거나 말을 대신해주면 열등감이나 좌절감 등의 역효과를 내기 쉽다.
- 문장을 끝내는 시간이 많이 걸리더라도 말을 대신해주지 않는다.
- 아동과 함께 그림책을 소리내어 읽거나 동시, 노래를 부른다.
- 아동이 말을 할 때 수용적인 환경을 조성해 준다. 즉, 말을 하는 도중에 실수를 하더라도 수용될 수 있다는 따뜻한 분위기를 제공해 주고 정서적 안정감을 가질 수 있도록 도와준다.

(4) 언어발달지체

언어에 문제를 보이는 아동을 치료하기 위해서 언어치료사나 학급 교사의 역할은 매우 중요하다. 언어치료사들은 언어를 정상적으로 획득해 나가는 언어 모델과 환경을 제공함으로써 아동 스스로 언어 규칙을 발견하도록 도와주는 역할을 한다. 또한 학급 교사는 문법에 맞는 문자를 시범 보이고 정확한 문법과 새로운 어휘를 익히도록 도와주며 언어 기술을 필요로 하는 활동이나 과제를 아동에 맞게 수정해 준다. 다음은 언어 발달에서 수용 언어와 표현 언어의 향상을 위한 방법이다.

- 문법적으로 정확한 문장의 사용을 일관성 있게 시범 보인다. 예를 들어, "나 지금 밥 먹어"라는 말을 할 경우 "나는 지금 밥을 먹고 있어요."라고 문법적으로 정확한 모델을 제시해야 한다.

- 말을 듣고 이해하는 데 '수용 언어' 면에서 어려움을 겪는 아동에게는 과제를 제시할 때 요점만 간단히 전달해야 한다.
- 자신의 생각을 표현하는데 문제를 보이는 '표현 언어' 면에서 어려움을 겪는 아동에게는 개방적 질문보다는 폐쇄적 질문을 하는 것이 도움이 된다. 예컨대, "가을에는 어떤 종류의 꽃이 피니?"라고 질문하는 것보다 "코스모스는 가을에 피는 꽃이니?"라고 묻는 것이 쉬운 것이다.
- 단어의 의미를 다양한 보기를 사용해서 가르친다. 예를 들어, '신는다'라는 단어를 지도할 때 '양말을 신는다' 외 '구두를 신는다', '운동화를 신는다', '고무신을 신는다' 등의 여러 가지 표현을 사용한다.
- 새로운 어휘를 가르칠 때 수수께끼와 실물을 활용한다. 예를 들어, '시계' 라는 단어를 가르칠 때 소리를 내면서 '우리에게 시간을 가르쳐 주는 고마운 물건' 이라고 수수께끼를 낸 후 실제 시계를 보여 주면서 가르친다.
- 잘 모르는 단어를 가르칠 때는 신체를 활용한다. 예를 들어, '달린다, 뛴다, 구른다' 등의 동사를 가르칠 경우 교사가 신체로 시범 보인 후에 아동들이 직접 표현해 보게 한다.

2) 통합교육을 위한 접근 방법

말이나 언어에 문제를 가지는 아동들은 일반학급에 통합하여 교육시키는 것이 바람직하다. 그 이유는 학급 또래들이 정확한 말의 모델이 되고, 이들의 말을 들으면서 교정되기 때문이다. 그러므로 의사소통장애 아동이 학급에 자연스럽게 수용되기 위해서는 교사들은 적절한 언어 모델을 제공하고 아동들에게 의사소통의 기회를 최대한 확장해 줌으로써 사회성과 언어 기술에 도움을 주어야 한다. 이러한 의사소통의 기회를 제공하기 위한 원칙은 다음과 같다(Culatta & Culatta, 1993).

- 아동의 필요한 욕구를 예측하지 않는다. 예를 들어, 크레파스 없이 종이만 가지고 있는 아동에게 크레파스가 필요할 것이라고 예측하여 아동이 말하기 전에 주어서는 안된다.

- 새롭거나 독특한 사건을 일으킨다. 예를 들어, 과자상자를 벽에 붙여 놓거나 젓가락으로 국물을 먹으려고 시도하는 등의 행동을 보임으로써 아동이 말을 시도할 수 있도록 해준다.
- 다른 사람들에게 정보를 전달해야 하는 기회를 제공한다. 예를 들어, 점심 시간에 식단을 설명하거나 자리를 정해서 가르쳐주는 역할을 담당하게 한다.
- 아동이 직접 선택하게 한다. 예를 들어, 간식 시간에 어느 자리에 앉아서 무엇을 먹고 마실지를 선택하여 말하게 한다.

말이나 언어장애를 가진 아동들을 위해서는 수용적인 환경을 조성해 주는 것도 중요하다. 이를 위해서는 무엇보다 교사와 학급 친구들의 이해와 수용적인 태도가 필요하며, 말하는 도중에 실수를 하더라도 계속해서 말을 시도할 수 있도록 배려해야 한다. 의사소통장애 아동은 수용적인 학급 분위기 속에서 누군가에게 말하는 것에 대해 편안함을 느끼고 계속해서 말을 시도할 가능성이 크기 때문이다.

의사소통장애 아동들을 위한 수용적인 학급 분위기를 만들기 위해서는 다음과 같은 점을 주의해야 한다.

- 아동이 말하는 도중 실수를 하더라도 학급 친구들이 웃거나 놀리지 않도록 주의를 기울인다.
- 말장애를 지닌 아동이 이야기를 할 때 교사는 관심을 가지고 잘 경청하여야 한다. 특히 이는 다른 아동들에게 긍정적인 모델이 된다.
- 교사는 아동의 말 실수에 대해 관심을 보이지 않도록 한다. 교사가 아동의 발음이나 억양이 문제에 관심을 가지지 않고 아동이 말하고자 하는 내용에 관심을 보이면 학급 아동들도 교사와 같은 행동을 보이면서 수용하는 태도를 가질 것이다.
- 교사나 학급 아동들은 말이나 언어장애를 가진 아동의 말 실수에 대해 비판하지 말아야 한다. 하지만 교사는 아동이 틀린 말을 문법상 적절한 말로 반복해 줌으로써 정확한 말을 시범 보일 수 있다.

chapter

07 지체장애 아동

1 지체장애의 정의

지체장애 아동들은 장애 종류나 원인, 질환 등의 범위가 넓으면서 그 정도도 다양하다. 또한 신체적 장애 뿐만 아니라 지적인 능력이나 기타 감각적인 장애 등이 중복적으로 나타나는 복합장애를 가지는 경우도 흔히 볼 수 있다. 따라서 일반학급 교사들은 지체장애 아동들에 대한 편견이나 두려움을 없애고 효과적인 교육을 실시하기 위해 올바른 지식과 교육 방법에 대해 잘 알고 지도해야 한다(전경원 외, 2015).

1) 정의

장애인하면 제일 먼저 떠올리는 장애종류로 사람의 몸 중 골격, 근육, 신경 중 어느 하나의 일부나 전체의 질병이나 외상 등으로 기능에 장애가 있을 때 운동장애이 상태로 그 증상이 나타나게 되는 것을 말한다(특수교육원, 2016).

2) 우리나라 장애인 등에 대한 특수교육법 시행령(2008) 정의

기능 · 형태상 장애를 가지고 있거나 몸통을 지탱하거나 팔다리의 움직임 등에 어려움을 겪는 신체적 조건이나 상태로 인해 교육적 성취에 어려움이 있는 사람을 말한다.

2 지체장애 아동의 원인

1) 소아마비

소아마비는 급성회백수염이라고 하며 폴리오바이러스균이 음식 등의 복용으로 척수전각세포를 파괴시켜 어깨, 말, 손, 다리 근육이나 신경을 마비시키는 증상을 말한다. 소아마비 장애는 지능은 보통 정상이며, 대부분은 하지에 침범하므로 상체는 자유로이 쓸 수 있는 경우가 많다.

2) 척추손상

척추 내의 신경인 척수가 질병 또는 외상으로 손상되어서 그 손상된 부위 아래로 마비가 일어나는 장애인데, 종량, 척수결핵, 혈관질환 등에 의해 발생되기도 하지만, 대부분의 경우는 산업재해나 교통사고 등 물리적인 외상에 의해 나타난다. 주요증상은 마비이며, 그 밖에 신경인성 방광 및 대장의 증세로 대소변을 가릴 수 없고 체온과 땀 조절이 어렵다.

3) 사지절단

사지절단은 팔, 다리 등의 일부를 잃은 상태를 말하는데 태어나면서 팔, 다리 일부가 없는 경우도 있고, 후천적으로 교통사고나 산업재해 등 외상에 의한 것이 대부분이며 질병에 의한 경우는 흔히 동맥경화증, 버거스씨병, 당뇨병, 합병증 등 혈액순환 장애에 의한 것이 많다.

4) 관절염

관절염은 대개 관절연골의 파괴와 관절 주위 조직의 유착으로 관절운동이 제한되고 심한 통증의 지속으로 관절이 제 기능을 할 수 없게 되는 것을 말한다. 원인 및 발생기저에 따라 여러 종류로 발생되는데 흔히 퇴행성 관절염, 류마티스 관절염, 감염성 관절염 등이 있다.

5) 근이영양증

근이영양증이란 근육이 위축되고 점차 힘이 없어져 움직일 수 없게 되는 근육 질환으로 감각은 정상이며 통증은 없는 것이 특징이다. 대부분 유전에 의해 발병하지만, 원인을 뚜렷하게 찾기 어렵다.

3 지체장애 아동의 출현율

지체장애는 보건복지부에서 전국적으로 장애 출현율을 조사한 결과 2011년에는 지체장애가 2.88%로 밝혀졌고, 2016년에는 12.5%로 밝혀졌다(특수교육통계, 2016).

4 지체장애 아동의 판별

지체장애 아동을 판별하기 위해서 주변의 전문가들에게 협력을 요청하는 것이 우선적이다. 의사는 아동의 신체 상태를 진단 · 선별하여 처방하고, 그 결과를 부모나 교사에게 정확히 알리는 의무가 있다. 또 물리치료사나 작업치료사는 치료와 보조기기와 관련된 부분의 진단을 해주고, 언어치료사는 언어와 관련된 부분을 진단하고 필요한 정보를 제공하여야 한다(전경원, 2015).

5 지체장애 아동의 특성

지체장애는 발생원인에 따라 정도의 차이가 심하다. 최근에는 사회 시설의 개선 및 보완으로 활동상의 불편이 완화되고 있으므로 뇌손상을 수반하지 않는 경우에는 사회적 재활에 큰 어려움이 없는 편이다. 특히 전형적인 지체 장애라 간주했던 소아마비는 예방 활동에 의해 현격히 감소하고 있으나, 뇌성마비는 증가 추세에 있어 문제가 되고 있다.

1) 지체장애아동의 정의

지체장애아동은 팔다리 및 체간에 운동 기능의 장애가 있는 아동을 말한다. 그런데, 이 경우 체간이란 두부와 향부, 그리고 위부이며, 내장기능은 제외된다. 지체장애는 뇌성마비와 소아마비 등의 신경계통, 근육 발육 이상증과 관절염 등의 근골격 계통과 척추관이 열려 있는 이분척추의 선천성 기형과 기타 장애로 유형화될 수 있다.

2) 지체장애아동의 원인

지체장애는 중추신경계인 두뇌와 척추 신경의 손상과 퇴화에 의해 발생된다. 특히 뇌성마비는 수태에서 생후 1개월 이내에 생긴 대뇌의 비진 행성 변질로 인하여 발생한다. 그리고 소아마비는 척수에 있는 운동 세포가 세균에 감염되어 발생한다. 출산 전 원인으로는 풍진과 기생충 등에 의한 태아 감염, 태아의 산소 결핍, 태아의 뇌출혈, 약물중독을 들 수 있으며, 태아의 산소 결핍, 자궁에서의 뇌 압박, 인공분만에 의한 외상과 출혈 등의 출산 시 잘못에 의해서도 발생된다. 그리고 출생 후에 사고에 의한 뇌 손상, 뇌 질환, 뇌 발육 부진에 의해서도 발생한다.

3) 지체장애아동의 특성

현저한 특성은 운동 발달의 지체이며, 이로 인한 행동반경의 제한으로 사회성 발달이 지체된다. 언어와 인지 발달은 정상 아동과 차이가 없는 편이다. 그러나 뇌성마비 아동의 경우는 전 발달 영역에서 지체를 보인다. 뇌성마비는 영속적인 운동 기능의 장애를 일으키는데, 근육의 약화와 무기력, 불수의적 동작, 경련, 자세의 불균형을 나타낸다.

6 지체장애 아동의 지도

1) 목표

신체 및 건강 장애 아동들은 비록 장애는 있을지라도 교육의 목표는 일반 아동과 다름이 없으면 그들과 같은 요구를 가지고 있다. 따라서 그들의 특수성과 개인차를 감안하여 장애 극복과 개선 생활의 기본적인 태도나 습관의 형성, 정서적·도덕적 발달의 촉진, 직업 능력의 향상, 지식과 이해 기능의 발달, 창조적 표현 능력의 개발을 시킬 수 있도록 설정되어야 한다.

2) 내용

신체 및 청각장애 아동을 위한 교육 내용은 각기 다른 생활연령과 지적 수준에 따라 취학 전 교육, 초등교육, 중등교육에 또 교육 내용이 계획되고 조직되어야 하며, 신체의 교리성과 보철구의 응용 및 수정 응용과 모든 아동에게 적용되는 일반 교육을 위한 설비, 말하기, 듣기, 읽기, 쓰기 등이 포함되어야 한다.

신체와 건강에 장애가 있는 아동의 교육 내용 수정은 교사 , 물리치료사, 작업 치료사, 의사 등의 다른 전문가들과 잘 협동해서 각 아동의 필요에 따라 개별적으로 고려하는 것이 중요하다.

① 취학 전 교육

유아들을 위한 초기의 교육은 운동 발달, 일상생활에서의 자조 사회적 기능에 초점을 맞춘다. 예를 들면 화장실을 가야 할 때 말 이외의 방법으로 다른 사람에게 표현할 수 있게 하는 거동 자립 기능을 향상시키는 것이다. 식사, 용변, 착·탈의 등 실제 과정의 훈련이 포함되는데, 많은 유아들은 처음엔 힘들고, 이해력도 부족하지만 자립을 위한 교육과정은 여기에서부터 시작된다.

② 초등교육

아동의 흥미, 주의 집중도, 피로도, 시각의 식별력, 눈과 손의 협응력, 일상생활 동작의 수, 보행 능력, 손의 사용능력, 치료 상태와 저서 상태 등을 정확히 평가하고 반영하고 사회, 과학, 미술, 체육 등의 과목도 지도되어야 한다.

③ 중등교육

중등교육에서는 초등교육에 접속한 발전적 단계의 교육과 직업 준비 교육을 실시하여 성장 발달의 기반 형성과 국민으로서 갖추어야 할 실생활에 필요한 지식과 기능을 습득시킨다. 따라서 고등교육은 장애 유형, 부자유의 종류, 정도, 능력 및 특성 등에 적합한 교육으로서 사회에 참가하여 국가 사회에 공헌할 수 있는 인간으로 육성하기 위하여 필요한 지식과 기증 및 태도를 기르면 직업과를 설치해서 본격적인 직업교육을 동시에 실시한다.

Tip. 지체장애의 이해

- 뇌성마비는 유전되지 않는다. 뇌성마비는 어떤 상태나 조건을 의미하는 증후군이며 질환이 아니다. 또한 계속 상태가 악화되어 가는 진행형도 아니고 유전되는 것이 아니다.
- 간질 환자가 발작을 하고 있을 때에는 환자 옆의 위험한 물건을 치우고 환자의 허리띠를 풀어주며, 공기가 잘 통하도록 조치를 취하는 것이 좋다. 그러나 주물러 준다거나 정신을 차리도록 뺨을 때리는 등의 행위는 오히려 발작 시간을 더 길게하고 그 강도도 높이는 역효과를 초래할 수 있다. 발작 중에는 그대로 놔두는 것이 최선의 방법이다.
- 뇌성마비라고 모두 지능기수(IQ)가 낮은 것은 아니다. 뇌성마비는 뇌 전체가 아닌 특정 부위가 마비되어 발생되는 기능장애이므로, 뇌성마비인이라고 해서 모두가 지능이 낮은 것은 아니고 천재도 많다.

2016. 특수교육원 홈페이지 참조.

Tip. 지체장애를 대할 때 예절

- 휠체어 이용자 등 지체장애인이 거리에서 곤란해하는 경우를 보면 먼저 말을 걸어 도울 일이 없는가를 물어본다. 일반적으로 지체장애인들은 가능한 한 다른 사람의 도움을 요청하지 않는데 무턱대고 도움을 주는 것을 원하지 않는다.
- 길거리에서 휠체어나 목발 이용자를 만나면 먼저 지나갈 수 있도록 옆으로 비켜주도록 한다.
- 휠체어나 목발을 이용하는 지체장애인은 비가 올 때 우산을 사용하기가 어려워 곤란을 겪기 쉽다. 이때에 옆에 있는 사람이 자연스럽게 우산을 받쳐 주는 등 도움을 주면 좋다.
- 언어장애가 있는 뇌성마비인이 말을 하는 모습이 다소 답답하게 느껴지더라도 끝까지 상대방의 관심을 보이면서 들어주는 태도가 필요하다.
- 지체장애인 중에는 신체적 결함을 보상하고자 하는 무의식적 행동인 방어기제가 나타나는 경우가 많다. 예를 들어, 다리가 불편한 지체장애인이 팔 힘을 자랑하는 것을 볼 수도 있는데 이때 그 태도를 받아주는 태도가 필요하다.

2016. 특수교육원 홈페이지 참조.

chapter

08 영재 아동

1 영재 아동의 정의

영재교육을 연구하던 초기연구들을 보면 일반적으로 지능이라는 단일 요인으로 정의하였으나 제한된 범위의 능력만을 할 수 있기 때문에 영재의 특성으로서 중요하다고 생각되는 창의력이나 동기, 특수재능 등은 잴 수가 없다는 한계를 보인다.

Terman(1925)은 본인의 초기 연구에서는 대부분 높은 IQ를 가진 아동을 조사한 심리측정, 특별한 성취를 한 제한적인 영재를 나타내는 편협하고 제한된 정의였다. 그러나 현재 그의 영재아 연구를 보면 지능과 영재성이 나타낼 수 있는 여러 가지 행동적인 분야들을 포함하고 있다.

1) 우리나라의 법적 정의

영재교육진흥법 제2조 1항에 '영재라 함은 재능이 뛰어난 사람으로서 타고난 잠재력을 개발하기 위하여 특별한 교육을 필요로 하는 자를 말한다.'라고 정의하고 있다.

• 제5조(영재교육대상자의 선정)

① 고등학교 과정이하의 각급 학교에 취학자 중에서 다음 각 호의 1의 사항에 대하여 뛰어나거나 잠재력이 우수한 사람 중 영재판별 기준에 의거 판별된 사람을 영재교육대상자로 선정한다.

(1. 일반 지능, 2. 특수 학문 적성, 3. 창의적 사고 능력, 4. 예술적 재능, 5. 신체적 재능, 6. 기타 특별한 재능)

2) 미국 교육부(USOE)의 정의

미국의 교육부에서는 영재아동의 정의를 다음과 같이 내리고 있으며, 그에 따른 하위 여섯 개의 영역을 제시하고 있다.

영재아동 : 능력이 뛰어나고 탁월한 성취를 보일 가능성이 있는 자.

• 여섯 개 영역

-일반적인 지적 능력(general intellectual ability)

-특정교과에 대한 능력(specific academic aptitude)

-창의적 사고 능력(creative or productive thinking)

-지도 능력(leadership ability)

-예능계 능력(visual and performing acts)

-운동 신경 능력(psychomotor ability)

영재아동의 범위를 다양한 여섯 개의 하위영역으로 나누어 재능이 있는 모든 아동의 폭을 보다 넓게 보고 교육을 시도하여야 한다는 것이다.

3) 미국 우수아동법의 정의

미국 공법(PL)95-561, 제902항인 우수아동교육법에 따르면 학령 전, 초등학교 또는 중등학교 수준에서 지적 능력, 창의력, 특정학문 능력 또는 지도능력과 같은 영역에서 탁월한 성취 가능성을 보여주는 잠재적인 능력을 가지고 있는 것으로 판별

되기 때문에 학교에서 일반적으로 제공되지 않는 특별한 서비스나 활동을 요구하는 아동을 의미한다.

4) Lamkins의 일반 영재성 구성 모형

Lamkins(1977)에 의하면 일반 영재성 구성 모형은 소질, 창의성, 성격 및 동기 등을 포함시켜야 한다고 하였다. 영재아란 이 세 영역(창의성, 성격, 성격 및 동기)에서 모두 우수함을 보이는 아동을 말하며, 두 영역만이라도 우수함을 보이는 아동은 영재가 될 가능성이 있는 아동을 의미한다고 주장하고 있다.

그의 영재성 구성모형이 주는 중요한 시사점은 다른 분야에서는 뒤떨어지지만 뛰어난 한 분야가 있으면 그에 알맞은 지도를 할 수 있다는 것이다. 또 무엇보다도 창의성을 중요하게 본다. 따라서 학습자가 아무리 소질과 창의력이 뛰어나다 할지라고 강한 의욕이 없다면 그의 재능이 발휘되기 어렵다는 것이 Lamkins의 주장이다.

5) Renzulli(1978)의 영재성 결정요인

(1) 평균 이상의 일반능력

능력만으로 영재를 판별하는 것은 부족함을 알지만 평균 이상의 결과를 얻은 사람이 영재일 가능성이 높다고 할 수 있다.

(2) 창의성

다양한 문제상황에서 얼마나 창의적인 사고를 유출해 내는가를 의미한다.

(3) 과제집착력

어떤 한 가지 문제 또는 영역에 사신이 에너지를 집중시키는 힘을 가리킨다.

2 영재 아동의 출현율

과연 영재아동이 출현하는 비율은 어느 정도 되는지에 대한 관심이 높아지면서 영재아를 판별하는 판별에 사용되는 기준과 그들의 사회 경제적 지위에 따라 달라지며, 비교되는 집단에 따라 달라지기도 한다.

Hallahan과 Kauffman(2000)은 높은 지능, 창의력, 과업수행을 분명하게 나타내거나 잠재성을 보는 아동이라 정의하고 2~5% 정도 있을 것이라 하였다. 우리나라에는 연구가 없기 때문에 외국에서 밝히고 있는 우수아동의 출현율을 가지고 우리나라에 있을 우수 아동의 출현율을 추정할 수밖에 없다.

3 영재성의 기원

1) 유전적 요인

개인이 부모로부터 물려받은 유전적 기질을 통해 영재아동이 출생할 수 있다고 보는 기원이다. 결국 영재아는 타고난다는 견해이다.

2) 환경적 요인

개인이 주변 환경을 통해 습득되어지는 정보와 지식 그리고 개인의 환경 및 양육태도 등 태어난 이후의 환경에 의해 영재아가 만들어 진다는 견해이다.

4 영재아동의 판별과 진단

영재아동에 대한 명확한 분류와 정의는 영재아동을 조속히 판별하여 적절하고 알맞은 교육적 경험을 제공하기 위하여 매우 중요하다. 모든 중요 영역들을 동시에 역점을 두어 다루거나, 많은 영재아동을 효과적으로 발굴 할 수 있는 단 하나의 적절한 판별 절차는 존재하지 않는다.

- 과거의 영재아동 판별 : 영재성이 단일 변수로 구성된 것으로 간주되었으며, 기본적으로 이들 요소들의 특성은 IQ검사에 의하여 측정되어졌다. 따라서 높은 IQ점수를 받은 아동이 영재아동으로 판별된 집단에서 대부분이 되었다.
- 현재의 영재아동 판별 : 영재성의 다른 면에 대해서 예민하게 인식, 그러나 아직도 영재아동의 약 95%가 지적인 영재성 또는 특별한 학문적 재능의 영역에서의 우수한 집단으로 판별되고, 창의성과 기타 특별한 특성들의 평가에서는 여전히 어려움이 있다.

1) 지능검사

지능검사는 개인용 검사와 집단검사가 각기 다른 목적으로 사용되고 있으며, 영재 판별에서의 단계를 선별과정과 판별과정으로 구분할 수 있다.

1단계 선별검사는 주로 집단 지능검사를 채택하여 이용하고 있다. 집단 지능 검사로 대략적인 영재 집단을 선별하는 것이다. 집단 지능검사는 외견상으로 보이는 객관성과 적은 비용, 쉬운 운용으로 널리 사용되어 왔다. 그러나 이 검사는 특히 가장 우수한 IQ집단에서는 시계한도가 낮고, 예언적인 타당성과 신뢰도가 낮아서 일반적으로 적당치 못하다.

2단계 판별과정에서는 개인용 지능 검사를 실시한다. 개인용 지능검사는 선별 단계에서 선별된 대략적인 영재 집단에게 좀 더 엄격한 설발, 즉 최종적인 판별을 해내는 것이다. 개인지능검사는 학문적 성취에 대한 예언자로서 높은 타당성을 지니며(Wallach, 1970) 그들의 점수는 시간을 초월하여 비교적 안정되어 있다.

최근에는 지능은 독특한 능력들과 가능성들로 이루어졌다는 결론 아래 포괄적으로 측정할 수 있도록 하는 융통성에 기초한 판별도구를 제작하였다.

Guilford(1988)는 요인 분석을 기초로 한 전반적인 지능구조 모형을 만들었는데, 지능을 지적이고 창조적인 능력들의 다양한 범위로서 재고하도록 연구가들을 자극하였다. 또한 창조적 사고 과정과 창조성 검사 등의 특성에 대한 관심을 불러일으켜서 영재아동들의 연구에 큰 공헌을 하였다. 그는 지능을 분석하여 특별한 기능들의 용어로 지능구조를 결정하였고, 지적 수행 능력을 3차원으로 나누어 각각 여러 개의 능력들을 포함시켰다.

① 작용(Operation) : 사람들이 정보를 분석하는 데 사용하는 방법들을 말한다.

- 인지력 : 자료를 이해하고 재인식하는 능력
- 기억 : 새롭게 얻은 정보를 잊지 않는 능력
- 확산적 사고 : 논리적 다른 방도나 새로운 사고를 유발하는 능력
- 수렴적 사고 : 문제를 해결하는 데 정보를 이용하는 능력
- 평가력 : 적절한 판단을 내리는 능력

② 내용 : 학습자가 분석된 자료를 어떻게 분류하는 가와 관계가 있다. 이는 네 가지 영역이 있다.

- 도형적 내용 : 우리의 감각을 통해 획득한 실제적인 대상에 대한 정보
- 상징적 내용 : 수, 문자, 음악적 기호 또는 공식 같은 기호로부터 획득한 정보
- 의미적 내용 : 언어로부터 획득한 정보
- 행동적 내용 : 인간 상호작용을 포함한 정보

③ 결과 : 사람들이 정보를 조직하는 데 사용하는 형태와 구조를 언급하였다. 이는 결과의 여섯 가지 형태가 있다.

- 단위 : 정보의 개개의 조각들
- 분류 : 여러 개의 일반적인 속성으로 나누어지는 주제
- 관계 : 정보의 항목들 간의 의미 있는 관련
- 체제 : 구조화된 정보의 집합
- 변형 : 이미 존재하는 정보의 변형
- 적용 : 정보에 관한 예측, 추론, 결론

2) 평가 영역

영재아동의 판별은 일반적인 지적능력, 학업성취도, 창의력, 비판적 사고력에 대한 평가를 포함한다. 전문가들은 여기에 교사의 추천, 부모의 추천, 성적, 학점 집안 내력, 면접 등의 정보를 추가 시킨다. 최근 영재아동을 위한 프로그램은 창의력, 인지과정, 비언어적 평가 등을 포함한 폭넓은 분야에 대한 중요성이 증가되고 있다.

3) 조기 판별

영재아동의 잠재력을 충분히 발휘시키려면 조기 판별이 중요하다. 지적, 감정적 퇴보를 최소화하기 위해 판별은 유치원 단계에서 실시되어야만 한다. 가장 효과적인 판별 절차는 정신능력의 표준화된 검사들, 표준화된 성취도 검사들, 결과와 수행에 관한 평가, 그리고 일반적으로 관찰되는 우수 아동들의 행동 특성들을 확인할 수 있는 평가도구들을 적절하게 사용하는 것이다.

4) 성취도 검사

성취도 검사는 이미 높은 수준의 성취를 하고 있는 영재아동들을 판별하는 데 체계적으로 이용할 수 있다. 이는 특정 분야에서 극단적으로 잘 성취하는 학령기 아동의 판별에 매우 성공적으로 사용되어져 왔다(Stanley, 1979). 그러나 교육적 성취도 평가는 평균 이상의 높은 수준 성취를 하지 못하는 영재아동을 찾아내지는 못한다. 결국 이 검사의 사용은 논쟁거리로 남아 있다.

5) 교사의 추천

전통적으로 교사의 추천은 존재해 왔고, 오늘날에도 영재아동들을 판별하는 중요한 방법이다. 교사의 추천은 특별한 도움이 필요한 결함이 있는 학생들을 판별하는 데 꽤 효과적이면서도 영재아동들을 판별하는 데는 비교적 서툴다.

교사의 추천은 진부한 집단검사에 불과하다. 판별 중 약 50%만이 성공적이었다. 조기판별 과정이 매우 중요함에도 불구하고 대부분의 교사들은 첫 단계에서 영재아동들을 판별하는 데 실패하였다. 판별과정에서 교사가 영재아동에 대한 정확한 특징들을 기초로 하여 영재아동들을 판별한다면 교사의 정밀성을 40%는 더 향상 가능하다. 프로그램, 설문지, 평가 척도의 훈련은 이러한 효과를 모두 증진시킬 수 있을 것이다. 평가 척도는 교사의 판단을 좀 더 객관적으로 만드는 데 특히 도움이 된다.

6) 부모의 추천

부모의 추천 정확성은 일반적으로 11~76%로 다양하지만 교사의 추천보다는 더 정확한 편이다. 주로 사회, 경제적으로 낮은 지역의 부모들이 사회, 경제적으로 높은 지역의 부모보다 그들 자녀의 영재성을 더 많이 보고하고 있는데, 이는 교육을 많은 부모들이 자녀들의 지능 기준을 더 높이 두는 경향 때문이다. 특히, 그들 자녀들의 성취와 같은 또래의 다른 아동의 성취를 비교할 기회가 없다며, 부모들은 자녀의 뛰어난 능력에 대해 인식하지 못할 것이다.

7) 창의성 측정

영재아동은 높은 수준의 능력, 창의성과 동기에 의하여 판별된다. 최근에 와서 지능지수의 영향을 넘어 창의성을 측정하려는 노력은 영재성의 개념이 확장되도록 도왔으나 어떻게 창의성을 평가하고 정의할 것인가 하는 문제가 제기되었다. 창의성에 대한 통일된 이론은 없다. 지능검사는 문화적 배경에 영향을 받지만 창의성 검사에서는 문화, 민족, 사회, 경제, 장애 집단에 대한 편견이 개입되지 않는다. 그러나 창의성의 평가는 모순의 도전에 직면하게 되는데, 어떻게 비표준적인 행동을 판별하는 표준적인 수단을 고안해 내느냐 하는 것이다. 이러한 근본적인 어려움에도 불구하고 창의성을 측정하거나 평가하기 위한 도구가 60개 이상이 있다.

8) 지도력

지도력이란 타고난 것이 아니라 아동의 내재된 능력과 경험이 혼합된 데서 오는 누가된 능력을 말한다. 다음은 지도력을 가진 아동의 행동들이다.

① 다양한 사람들과 쉽게 상호 작용한다.
② 다른 사람보다 눈에 잘 띈다.
③ 자신감을 가진다.
④ 집단의 분위기를 안정시킨다.
⑤ 나른 사람들의 감정에 신경을 잘 쓴다.
⑥ 과제를 어떻게 개선할 것인가 다른 사람에게 보여준다.
⑦ 많은 아이디어와 해결 방법을 떠올린다.

지도력을 평가하기 위해서는 몇 기지 평가 검사 목록을 가지고 성취도 검사를 하는 것이 가장 타당하다.

9) 시각적이고 공연을 요하는 예술

예술 분야의 전문가들은 예술 능력을 측정하려는 검사들을 적극적으로 이용하려 하지 않는다. 그럼에도 불구하고 특히 음악과 시각 예술 분야에서의 측정 범위는 잠재능력과 소질의 평가가 가능하다.

10) 판별에서의 특별한 문제들-적절한 프로그램의 적용을 받지 못하는 아동

① 자신의 지능에 훨씬 못 미치게 성취를 하는 영재아동의 문제.
② 영재 여성들의 문제.
③ 장애가 있는 영재아동들의 문제.
④ 문화적 차이가 있는 곳에서 자라는 영재아동들의 문제

5 영재아동의 특성

1) Terman의 연구

역사의 기록을 통하여 영재아동은 완고하게 고정관념화 되어 있었는데, 이는 우수한 사람은 신체적으로 약하고 가정적이며, 사회생활에 적응을 못하고 이해관계에 있어서 인색하며, 감정적으로 불안정한 경향이 있다는 것이다. 그러나 이러한 고정관념은 Terman에 의해 깨어졌다.

Terman(1947)은 1920년에 영재아동으로 판별된 1,528명의 아동을 대상으로 1956년 그가 세상을 떠날 때까지 35년간 종단적 연구를 하였다. 그가 최종적으로 선발한 대상 중 대다수는 1916년판 스탠포드-비네 지능검사에서 IQ140 이상의 점수를 받은 아동들이었다.

Terman(1947)이 알아낸 영재아동들의 특성은 다음과 같다.

① 대부분의 영재아동들은 결손 가정 비율이 낮은 종류 또는 상류계층의 사회, 경제적인 계층 출신이었다.

② 거의 절반에 가까운 영아가 유치원에 들어가기 전에 읽을 수 있었다.

③ 5명 중 1명이 한 학년의 전부 또는 일부분을 월반하였다.

④ 성취(학력) 검사에서 그 평균이 또래보다 40%가 더 높았다.

⑤ 문학 토론이나 고대 역사와 같은 추상적인 과목들을 더 선호했으며, 필법과 손을 사용하는 훈련 등의 실용적인 관심사들에는 관심이 덜했다.

⑥ 보다 좋은 책을 많이 수집하고 읽었으며, 그리고 많은 취미들을 가지고 있었다.

⑦ 또래보다 일반적 건강, 체력, 정신건강 그리고 감정조절 면에서 훨씬 우수했다.

⑧ 성인용 지능검사를 실시했을 때 그들의 지적 우수성을 계속 유지하고 있었다.

⑨ 성인이 되어서도 직업상의 직위, 수입, 연구발표, 그리고 발명품 등의 면에서도 앞서 있었다.

2) 영재아동들의 일반적인 특성

영재성이란 능력이나 특성이 복잡한 인간 상태이다. 영재아동들은 성별이나 언어, 문화가 다른 집단에서도 발견되어지며, 심지어 장애아동 집단에서도 발견된다. 영재성을 가지고 있는 아동들은 1,000명중 1녕, 혹은 10,000명중 1명꼴로 발견된다. 영재로 간주되는 아동들의 학습적, 지적 특성을 다음과 같다.

- 빨리 습득하고, 파지하고 많은 양의 정보를 사용하는 능력
- 하나의 아이디어를 다른 것과 연관시키는 능력
- 건전한 판단을 하는 능력
- 보통 사람들은 인식하지 못하는 광범위한 지식 운용을 수용하는 능력
- 질문을 재구성하고, 새로운 해결책을 창조함으로써 문제를 해결하는 능력
- 추상적인 상징체계를 습득하고 조작하는 능력

Silverman(1995)은 평균보다 훨씬 높은 표준편차 3이상의 IQ점수(IQ>145)를 가진 아주 우수한 영재아동들의 특성을 확인하였다.

- 강렬한 지적 호기심
- 단어와 아이디어에 매료됨
- 완벽주의
- 정확성에 대한 요구
- 직관적 비약을 통한 학습
- 정신적 자극에 대한 강렬한 욕구
- 타인의 생각을 따르는 데 어려움을 느낌
- 초기의 도덕적, 존재적 관심
- 내향적인 성향

아동을 독특하게 하는 것은 아동의 영재성이며, 이 독특성으로 인해 아동을 범주화시키는 것 자체가 어려운 것이다. 그리고 영재의 특성에 대한 많은 자료들은 영재아동을 단점은 없고 오직 장점만 지닌 아동으로 규정짓고 있음도 깨달아야 한다. 그

리고 우리가 영재아동을 판별했던 바로 그 속성들이 또한 문제가 될 수도 있다.

Tuttle와 Bacher(1983)는 여러 연구 결과를 종합적으로 정리하여 영재아동의 일반적인 특성을 열두 가지로 들고 있다.

〈영재아동의 개인내적 특성〉

① 호기심이 많다.
② 관심을 갖고 의문을 갖는 것을 끝까지 추구한다.
③ 환경에 민감하게 반응한다.
④ 자신은 물론 타인에 대해서도 비판적이다.

〈인간 상호간의 특성〉

⑤ 수준 높은 언어적 유머 감각이 있다.
⑥ 개인적 및 세계적인 수준에서의 정의감을 갖는다.
⑦ 여러 분야에서 지도력을 갖고 있다.

〈정보처리적 특성〉

⑧ 피상적인 진술, 반응 평가를 수용하지 않는다.
⑨ 일반적인 원칙을 쉽게 이해한다.
⑩ 인쇄된 매체 이외의 매체를 자주 이용하여 반응한다.
⑪ 무척 다양하게 보이는 생각들을 관계 지을 수 있다.
⑫ 구체적인 자극에 대해 여러 가지 생각들을 창출해 낸다.

3) 신체적 특성

영재아동들은 집단적으로 우수한 신체적 특성들을 나타낸다.

Terman의 연구에 의하면 영재아들은 출생 시 일반 아동들 보다 더 무거웠으며, 더 빨리 걷기 시작했고 더 일찍 사춘기를 겪었으며, 일반 아동들 보다 질병을 덜 앓으며, 수술 받은 경험도 적었고 덜 신경질적이라고 보고 하였다. 즉, 전통적인 통념과는 달리 성장률이 좋았으며 좋은 건강 상태를 누리고 있었다.

4) 인지적 특성

영재아동은 다른 일반 아동들에 비해 지식을 습득 및 재생하는 능력에 탁월한 특성을 보인다. 또한 영재아동은 사물을 보고, 듣고, 느끼는 반응 면에서도 일반 아동들과 다른 맥락으로 습득하였으며 호기심에서도 왕성한 면을 보였다.

(1) 지적인 면

영재아동들은 상위 5% 이내의 높은 지능지수를 갖고 있는 것으로 나타난다. 이들의 지적 행동 특성을 선행 연구를 통하여 종합한 보고「Renzulli, Hartman, Callahan (1975)」를 보면 다음과 같다.

① 또래에 비해 높은 수준의 어휘력을 보유, 용어를 의미 있게 사용하고 언어 표현이 풍부하고 유창하다.

② 또래의 일반적인 관심 수준을 넘어 여러 가지 문제에 대해 정보를 많이 가지고 있다.

③ 사실적인 정보를 빨리 습득하고 기억한다.

④ 인과관계를 쉽게 파악하고 사물의 배후에 숨어 있는 법칙과 원인을 발견하려 노력한다. 또한 다른 사람의 주의를 환기시키는 날카롭고 의미 있는 질문을 많이 한다.

⑤ 사건, 사람, 사물의 배후에 숨어 있는 원인을 빨리 파악하고 타당한 일반화를 잘한다. 또한 사건, 사람, 사물의 유사점과 차이점을 발견하려 한다.

⑥ 관찰력이 날카로우며, 이야기나 영화 등에서 보다 많은 것을 보고 얻는다.

⑦ 책을 많이 읽는다. 보통 성인들이 읽는 수준의 책을 좋아하며, 어려운 책도 읽기를 꺼려하지 않는다.

⑧ 복잡한 문제는 의미 있게 분할하여 이해하려고 한다. 스스로 생각해 내려고 할 뿐만 아니라 논리적이고 명백한 해답을 찾으려 한다.

(2) 창의적인 면

Renzulli(1986)와 그의 동료들이 제시한 우수아들의 창의적 행동특성을 보면 다음과 같다.

① 여러 가지 문제에 대해 강한 호기심을 가지고 있으며, 모든 문제에 대해 끊임없이 의문을 제기한다.

② 문제나 질문에 대하여 독특하거나 비상한 해결 방안을 많이 제시한다.

③ 자유롭게 자신의 의견을 표현하며, 의견이 일치하지 않을 경우 자신의 주장을 도전적으로 강력하게 내세우기도 한다.

④ 모험적이고 사변적이다.

⑤ 공상, 상상 등을 포함한 다양한 지적 활동을 보인다.

⑥ 유머 감각이 풍부하다.

⑦ 자신의 결함을 잘 알고 있으며 자신의 비합리성에 대해 보다 개방적이다.

⑧ 미적 감각이 예리하다.

⑨ 다른 사람에게 쉽게 동화 되지 않는다. 세부적인 사항에 대하여는 별로 관심을 갖지 않으며, 개인주의적이고, 타인과 다른 것을 두려워하지 않는다.

⑩ 비판적이다. 비판을 해보지 않고는 권위적 지시를 받아들이지 않는다.

(3) 학업 성취면

영재아동들은 학업 성취 면에서 일반 아동들 보다 우수하다. 그들은 일반의 아동들보다 한 학년의 교육과정을 두, 세배 더 빨리 배운다. 그들은 배우는 것을 좋아하고 어려운 주제를 즐기며, 그들의 흥미를 자극시키는 연구과제에 그들의 나머지 시간을 기꺼이 할애한다. 또한 영재아동들은 사실을 비판적으로 평가하고 논쟁하는데 아주 익숙하다. 그들은 관계를 더 빠르게 인식하고 그 의미들을 이해하기 때문에 그들의 문제점들을 좀 더 효과 있게 논리적으로 생각해 낼 수 있다. 이러한 모든 요인들로 인하여 영재아동들은 훨씬 더 우수한 학업성취를 이룰 수 있다. 그들은 읽기 영역에서 더 앞서는 경향이 있고, 또한 개념과 기술의 계열적 발달에 의존하는 수학보다는 읽기에 더 우수함을 나타낸다.

영재아동들은 대개 일반 학급의 일상적인 일들에 대해 참을성이 없으며 계획된 교수를 싫어한다. 계속되는 훈련과 연습 그리고 자극과 도전적인 것이 없는 이러한 반복적인 학교생활이 지루해서 공상에 잠겨 있을 수도 있으며, 다른 영재아동들은 다른 동료들과 보조를 맞추기 위해서 스스로 속도를 늦추며 조절 할 지도 모른다. 13~14세까지 영재아동들은 성공에 대한 기대보다는 오히려 실패를 피하려고 하며, 흔히 학교생활을 싫어 할 것이라는 통념과는 달리 대부분 학교를 좋아한다.

5) 사회 · 정서적 특성

Terman(1947)은 종단연구를 통하여 영재아의 정신 건강과 적응에 관한 영역도 조사하였다. 이 연구에서 약80%는 적응을 잘하고, 15%는 다소 부적응을 보이며, 나머지 5%는 심한 부적응을 보이는 것으로 나타났다. 그리고 비행률은 일반인의 인구 중에서 출현하는 비행률보다 훨씬 낮았다. 또한 성인이 된 영재아동의 결혼 비율은 일반인과 같았으며 이혼율은 일반 인구의 이혼율 보다 낮았다고 보고 하였다.

Carroll(1971)이 연구한 영재아동의 성격특성에 대해서 다음과 같은 점을 강조하고 있다.

① 영재아동은 보통아와 비교해서 지도성이 풍부하고, 타인과도 잘 교재하나, 보통아 집단의 행동 양식에 쉽게 추종하지 않는 점도 있다.

② 영재아동은 비교적 정직성이 강하고, 신뢰성이 있으며, 사회적 태도와 자신의 의지력이 강하며, 보통아 보다 뛰어나려는 욕망이 강하다.

③ 정서적으로 영재아동은 안정되어 있고, 다른 아동 집단에 비해서 신경증을 가진 아동이 적다.

④ 도덕성에 있어서도 영재아는 보통아 보다도 동정심이 강하고, 추리를 좋아하고, 독서력도 보통아보다 강하고, 지구력이 있고, 지적 및 학문적인 성취도가 아주 높다. 그리고 영재아동들은 도덕적 윤리적 문제에 대해 보통 사람들보다 더 높은 관심을 나타낸다. 영재아동들은 어린 나이에도 보통사람들 보다 선과 악, 옳고 그름, 정의와 불의와 같은 추상적인 개념에 관심을 더 많이 가지는 경향이 있다.

6 영재아동의 양육과 중재

1) 영재아동 양육

Ross(1979)는 영재아동의 전통적 가족 역할의 영향력 정도는 영재아동의 지적 능력과 다른 가족 구성원들의 지적 능력 사이의 불일치 정도와 직접적으로 관련이 있다고 가정하였다.

가족들은 다음에 말하는 것을 포함한 몇 가지 문제에 직면한다.

① 영재아동의 출현은 일반적인 부모 역할을 변경시킬 수도 있다.

② 영재아동을 가진 부모들은 부모 자신의 능력에 의구심을 일으킬 수도 있으며, 그리고 과중한 책임의식을 가지게 할 수도 있다.

③ 특수한 학교와 특수 시설 같은 것에 대한 많은 비용과 시간 소비 등을 포함한다.

④ 영재아동을 위하여 특별한 적응이 제공될 때, 다른 형제, 자매들 간의 경쟁과 질투가 일어날 수도 있다.

⑤ 영재아동은 때때로 학교에서 특별한 문제를 일으킬 수도 있다.

2) 영재아동의 중재

(1) 공학적 중재

영재아동들은 창의성, 과제 수행 능력 등에서 보통 능력 이상을 소유하고 있으므로 학교에서 컴퓨터 교육 활동을 통하여 컴퓨터 기술에 중대한 기여를 할 수 있을 것이다(Dover, 1983).

(2) 교육적 중재

교육과정 구성의 기본원리, 교육과정 운영방식을 통한 중재가 있을 수 있다. 예를 들어 취학 전일 경우 영재아동은 행동으로 판별할 수 있다. 18개월 된 영아가 보통의 영아들이 30개월 되었을 때처럼 말을 할 수도 있고, 세 살짜리 영아가 3학년에서 배우는 수학문제를 풀 수도 있다. 네 살짜리 영아가 대부분의 성인들처럼 지도를 읽고 그릴 수도 있다.

(3) 영재아동 교사의 역할과 자세

① 영재아동에게 좀 더 어려운 질문을 하라.
② 책임을 맡겨주고 놀이를 이끌게 하며 계획자가 되게 하라.
③ 수학, 과학과 같이 명백하게 위계적인 교과에 있어서는 앞서나가도록 해주어라.
④ 주제나 절차를 학급 아동들에게 설명해 주도록 하며, 영재아동들은 자신의 수준에 있는 아동들을 자주 접하게 하라.

(4) 영재아동의 이해와 지도

영재아동이 느끼는 심적 고통에 대한 구체적인 여덟 가지 부담은 다음과 같다(Radford, 1987).

① 누구도 영재라는 것이 무엇인가에 대하여 확실히 알려주지 않는다.
② 학교수업은 너무 쉽거나 너무 지겹다.
③ 부모, 교사, 심지어는 친구들까지 모든 면에서 완벽하기를 기대한다.
④ 이해해주고 이야기를 나눌 수 있는 친구는 거의 없다.
⑤ 반에서나 학교에서 가끔 놀림감이 되기도 한다.
⑥ 앞으로 해야 할 일이 너무 많은 것 같아 당혹스럽다.
⑦ 다른 삶과 다르다는 느낌이 있고 소외 될 때도 있다.
⑧ 주위와 세상에서 일어나는 여러 가지 문제에 대하여 걱정을 많이 하지만 실제로 무엇을 해야 할지 몰라서 무력감이 들 때도 많다.

chapter

09 발달지체장애 아동

1 발달지체장애 아동의 정의

1) 우리나라의 장애인 등에 대한 특수교육법(2008)

신체, 인지, 의사소통, 사회·정서, 적응행동 중 하나 이상의 발달이 또래에 비하여 현저하게 지체되어 특별한 교육적 조치가 필요한 영아 및 9세 미만의 아동이라고 정의한다(특수교육원, 2016).

2 발달지체장애 아동에 대한 정부지원

발달지체 영유아에 대한 무상보육료 지원제도는 장애아 무상교육료 지원대상에 '장애 영유아'뿐만 아니라 2010년 7월1일부터 만5세 이상 '발달지체 영유아'도 포함되었다(38만3천원/월/인).

발달지체 의심아동을 조기에 선별하여 적절한 치료 보육 및 교육과 연계하여 건전한 사회구성원으로 자랄 수 있도록 하기 위함이며, 대상 연령도 2011년 만 4세, 2012년 만 3세 이상으로 확대할 예정이다.

신청을 위해서는 지역교육청(특수교육센터)에서 진단, 평가 등을 통해 발급하는 '특수교육대상자 진단 · 평가 결과통지서'를 읍 · 면 · 동 주민센터에 제출하면 된다.

관련홈페이지 : 아이사랑 보육포털(http://www.childcare.go.kr)

PART 3 특수교육의 실제

-장애 이해 프로그램 여섯 가지-

1. 동화를 통한 너와 나의 차이 이해하기
2. 비디오 감상 및 느낀 점 발표하기
3. 역할극 하기
4. 장애이해 표어, 포스터 그리기
5. 따뜻한 편지 보내기
6. 이야기 속으로
7. 선별검사

01 chapter 동화를 통한 너와 나의 차이 이해하기

1 장애에 대한 바른 인식

장애란 신체 일부의 기능이나 생각하는 구조, 능력이 달라서 지적, 심리적, 신체적, 사회적, 직업적인 면에서 불리한 상태를 말한다.

이러한 장애는 사회적인 것으로 어떤 경우에는 장애가 되기도 하고 장애가 되지 않기도 한다. 예를 들어, 보기 어려운 사람들이 렌즈나 안경이 없던 시절에 살았더라면 장애를 느낄 수 있었을 것이다. 따라서 장애는 시간과 장소와 문화에 따라 달라질 수 있다. 또한 장애인은 그 사람의 모든 부분이 장애를 겪고 있는 것이 아니라 부분적 장애를 지닌 사람이라고 볼 수 있다. 즉, 부분적으로는 능력이 부족한 영역도 있지만 남아있는 보유능력이 많을 수도 있다. 일반적인 경우처럼 강점과 약점을 동시에 갖고 있는 것이다.

장애는 발생 시기별로 선천적인 경우와 후천적인 경우로 나누어 볼 수 있다. 대부분 유전적인 것보다는 태내 감염, 질병, 출생 시 외상, 난산, 성장기의 질병, 사고 등으로 인한 경우가 많다. 장애를 겪고 있는 영역에 따라서는 각각 시각장애, 청각장애, 지체부자유(장애), 정서장애, 정신지체, 학습장애, 언어장애 등으로 구분할 수 있다.

2 지도 방향

첫째, 장애는 모든 사람이 지니고 있는 여러 가지 다른 점 중 하나로 받아들이고 장애로 인한 편견을 없애도록 해야 한다.

둘째, 장애인의 삶은 장애 자체보다도 그 장애를 겪고 있는 부분을 어떻게 도움을 받고 있는가에 따라 더 큰 영향을 받는다. 약점을 보완하고 강점을 강화시켜 주어 이 사회에서 당당하고 독립적으로 살아가도록 돕는 것이 중요하다.

3 '다른 점을 차별이 아닌 차이로 알기' 수업 지도안

학습목표	나와 다른 사람의 차이를 수용하고 장애인에 대한 인식도 서로 다른 차이로 받아들이며 이에 대한 수용적 태도를 표현 할 수 있다.
도입	• 우리 주변에는 우리와 다르게 느껴지는 사람들이 있어요. 어떤 사람들일까요? - 외국인, 장애인 • 학습 목표 제시 나와 다르게 느껴지는 사람들에 대해 어떤 생각과 태도를 가져야 하는지 알아봅시다.
전개	• 활동 1 : 『미운 오리 새끼』 - 여러분 『미운 오리 새끼』 이야기 많이 알고 있죠? 오늘 이 이야기를 다 함께 읽고 몇 가지 선생님과 생각해 보아요. - 『미운 오리 새끼』 이야기 듣기 (1부) http://kr.kids.yahoo.com/storybook/aesop/duck1/ (2부) http://kr.kids.yahoo.com/storybook/aesop/duck2/ • 활동 2: 다함께 생각하기 (활동자료 1) - 선생님이 나누어주는 학습지를 완성해 보세요. 질문 1. (답 : 다르게 생겼기 때문) 질문 2. (답 : 외모, 능력, 성격, 목소리 등) 질문 3. (답 : 상대방이 지니고 있는 개성이나 특성을 존중하고 놀리거나 나쁘게 생각하지 않는다.) 질문 4. (답 : 서로 다르다고 해서 놀리지 않아요.)
정리	우리 주변에서 보게 되는 우리와 다른 사람들(장애인)에 대한 태도 확인하기

4 『미운 오리 새끼』를 이용한 수업 활동

나와 다르다고 해서 친구를 놀리거나 이상하게 생각한 적이 없나요? 다음 이야기를 듣고 다 함께 생각해 보아요.

미운 오리 새끼

1부. http://kr.kids.yahoo.com/storybook/aesop/duck1/

2부. http://kr.kids.yahoo.com/storybook/aesop/duck2/

유난히 크고 못생긴 아기오리……다르게 생겼다는 이유로 미움도 받고 따돌림 당하고, 결국 집을 나와 버렸어요. 시간이 지나자 아기오리는 목이 길고 털이 하얀 멋진 백조가 되었네요. 그래요. 아기오리는 오리가 아니라 백조였던 거예요.

1) 아기오리가 미움을 받은 이유는 무엇이었나요?

2) 이 세상에는 모든 것이 똑같은 사람은 없답니다. 어떤 점이 서로 다를 수 있을까요?

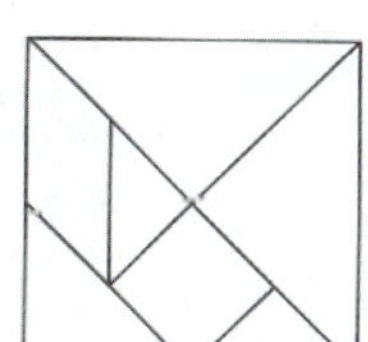

3) 나와 다른 사람을 어떻게 대하는 것이 좋을까요?

4) 다음 문장을 완성해 보세요.

서로 (   )해서 (   ) 않아요.

02 비디오 감상 및 느낀 점 발표하기

chapter

「우리친구 까치」 비디오 감상 후 이야기 나누기

구분	내용
출처	제작 : 서울장애인 복지관 상영시간 : 20분 자료형태 : 비디오
대상	초등학교 1~6학년, 교사
주제	일반 아동들이 정신지체를 가진 장애아동에 대해 긍정적인 태도를 갖고 바람직한 친구관계를 형성할 수 있도록 도와준다.
내용	정신지체 아동 까치는 친구들과 어울리지 못하고 따돌림과 놀림을 당하며 지내다가 새로 전학 온 친구 엄지에게 관심을 보인다. 엄지 또한 까치에게 관심을 나타내며 보살펴 준다. 엄지의 까치에 대한 태도를 보면서 반 친구들의 생각도 점차 바뀌어간다는 내용.
활용 방법	「우리 친구 까치」 시청 후 소감 나누기 ① 「우리 친구 까치」를 보고 서로 느낀 점을 이야기해 보게 한다. 가. 엄마나 다른 사람에게 장애인에 대한 이야기를 들은 적이 있는가? 나. 까치에 대해 어떻게 생각하는가? 다. 까치처럼 장애를 가진 사람들에게 어떻게 해야 한다고 생각하는가? ② 이야기해 본 다음 느낀 점을 그림으로 나타내거나 글로 소감문을 쓰게 한다. ③ 자기 작품 발표시간을 갖고 잘 된 작품에 대해 함께 토의해 볼 수 있게 한다.
별첨 자료	참고 : 재미있고 신나는 교실(국립특수교육원)

03 역할극 하기

chapter

1. 윤형이(가상인물)란 아이의 이야기를 통한 장애인에 대한 입장 이해하기

- 기본적인 이야기 내용을 제시하고 다양하게 역할극을 만들어 시연한다.
- 역할극을 하고 난 후 질문에 대해서 생각하고 토론한다.

윤형이 이야기

윤형이는 초등학교 5학년 남자아이입니다. 지능이 낮고, 체격이 몹시 크고 몸이 뚱뚱한 편이라 움직임이 둔하며, 수업 중에 엉뚱한 소리를 하곤 합니다. 성격은 몹시 착하고 마음이 여려서 여자아이들이 때려도 맞기만 합니다. 학기 초에는 별다른 따돌림이 없었으나, 점차 아이들의 놀림감이 되었습니다. 움직임이 둔하다 보니 체육 시간에 달리기를 하면 운동장을 두 바퀴도 채 돌지 못해 헉헉거리고, 훌라후프 단체전을 하면 윤형이 때문에 그 모둠이 꼴찌를 합니다.
학습 능력 또한 떨어지는 편이어서 수학은 전혀 풀지를 못해 늘 방과 후에 남아서 공부를 합니다. 또 공부 시간에 늘 손을 들지만, 대답을 하라고 하면 전혀 엉뚱한 이야기를 합니다.
처음에는 반 친구들이 그런 윤형이를 재미있어 하고 귀엽게 생각했으나 점차 전체적으로 놀려대더니 나중에는 집단 따돌림을 하기에 이르렀습니다. 수업시간에 윤형이가 손을 들면 '또 시작이야.' 하며 비웃기도 하고, 체육 시간에는 윤형이의 움직임을 흉내 내며 놀렸습니다. 그럴 때마다 윤형이는 커다란 덩치에 어울리지 않게 늘 징징거리며 선생님께 일렀습니다.
아이들은 이런 윤형이의 착한 마음을 이용해서 폐품 나르기나 우유 급식 등 자기들이 하기 힘든 일을 모두 시키는가 하면 준비물을 떠맡기기도 합니다. 또, 윤형이가 돈을 갖고 오면 먹고 싶은 것을 사 달라고 조르기도 하고 싫다고 하면, '다신 너랑 안 놀 거야.' 하면서 윤형이를 괴롭힙니다. 마음이 약한 윤형이는 친구들이 자기랑 놀지 않을까 봐 부탁을 들어줄 수밖에 없습니다.

질문 ① 윤형이는 왜 놀림감이 되고 따돌림을 받았나요?

질문 ② 윤형이와 친구들이 함께 즐겁게 지내려면 어떻게 해야 할까요? 윤형이의 입장과 친구들의 입장에서 말해 보세요.

2. 은희(가상인물)란 아이의 이야기를 통한 장애인에 대한 입장 이해하기

은희의 이야기

은희는 초등학교 6학년입니다. 5학년 때 인근 초등학교에서 전학을 왔습니다. 성적은 중상 정도이나, 얼굴에 붉은 반점이 징그러울 정도로 많이 나 있습니다. 자기주장이 강하며, 남에게 지기 싫어하는 성격이라 토론학습을 할 때나 단체 활동을 할 때에 친구들과 자주 부딪치는 편입니다.

은희는 자기의 잘못을 인정하지 못하고, 친구의 잘못된 점을 발견하면 담임선생님께 꼭 고자질을 하며, 잘못된 점을 발견하면 반드시 사과를 받아야만 직성이 풀리는 성격이었습니다. 그러다 보니 주변에 친구가 없어지고 급기야 학급 내에서 왕따가 되었습니다.

친구들은 은희를 보면 재수 없다고 욕을 하고, 외모를 트집 잡아 놀려댔습니다. 친구의 생일잔치가 있어도 초대받는 일이 없었으며, 점심시간이나 방과 후 늘 혼자였습니다.

아버지가 오랫동안 병상에 계셔서 엄마는 직장에 다니면서 아빠의 병간호를 하셨습니다. 그래서 은희는 거의 할머니와 단둘이 생활했습니다. 그러다 보니 집에서도 부모님과 대화를 나누지 못하고, 친구들로부터 점점 고립되었습니다.

담임선생님도 이를 지도하기 위해 노력하였으나, 친구들로부터 따돌림을 당하게 되자 은희는 자신을 방어하기 위해 더욱 공격적으로 성격이 변했습니다. 자신에 대한 비난이나 별명을 들으면 심하게 반발하고 욕을 하며 대들어 친구들 역시 점점 더 은희를 멀리하게 되었습니다.

질문 ① 은희가 따돌림을 받는 이유는 무엇일까요?

질문 ② 은희의 잘못된 점과 친구들의 잘못된 점은 무엇일까요?

질문 ③ 은희와 친구들이 함께 즐겁게 지내기 위해서 은희와 친구들은 어떻게 변해야 할까요? 잘 지내기 위한 방법을 생각해서 말해 보세요.

3. 역할극의 마지막 부분 만화로 표현하기

역할극 · 토론하기(1), (2)활동을 해보고 한 가지 이야기를 선택하여 마지막 부분의 내용을 만화로 꾸며 봅시다.

제목 :

1	2
3	4
5	6

4. 자신을 되돌아보기

1) 나는 장애아동과 같은 반이 된 적이 있다. (O, X)

① 장애아동 또는 어려움을 가진 친구와 같은 반이었을 때 놀리거나 따돌리거나 괴롭힌 적이 있다. (O, X)

② 놀리거나 따돌리거나 괴롭힌 적이 있다면 그 이유는 무엇인가?

2) 나는 다른 아동들로부터 놀림을 받거나 괴롭힘을 받거나 따돌림을 받아 본 적이 있다. (O, X)

① 내가 놀림이나 따돌림을 받았다면 그 이유가 무엇이라고 생각하는가?

② 내가 놀림을 받거나 따돌림을 받을 때 기분이 어떠했는가?

3) 아동들이 장애아동 또는 어려움을 가진 친구를 놀리거나 따돌리거나 괴롭히는 것을 본 적이 있다. (O, X)

① 다른 아동이 장애아동이나 어려움을 가진 친구를 괴롭히거나 놀리거나 따돌리는 이유는 무엇이라고 생각하는가?

② 다른 아동이 장애아동이나 어려움을 가진 친구를 괴롭히거나 놀릴 때 어떤 기분이 들었나?

③ 다른 아동이 장애아동을 괴롭히거나 놀릴 때 자기는 무엇을 하고 있었나(어떤 행동을 했나)?

4) 장애아동 또는 어려움을 가진 친구와 같은 반이었을 때 도와준 적이 있다. (O, X)

① 도와준 적이 있다면 어떤 일을 도와주었고 왜 도와주었나?

② 도와주고 난 뒤의 기분은 어떠했는가?

chapter

04 장애이해 표어, 포스터 그리기

장애아동 집단 따돌림을 예방하자는 주제로 표어, 포스터를 그려본다.

1) 표어 만들기

2) 포스터 만들기

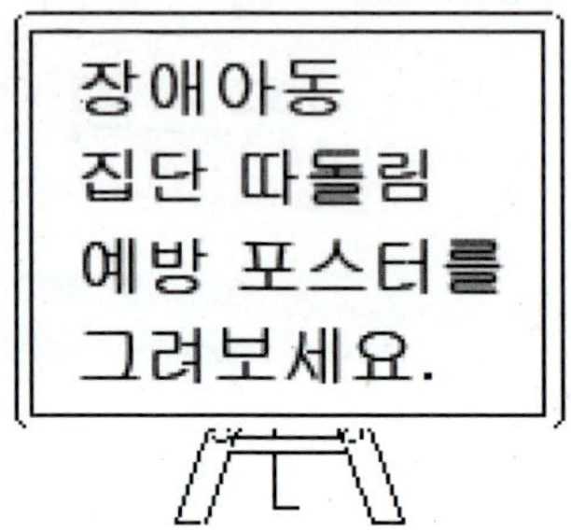

chapter

05 따뜻한 편지 보내기

1. '나'와 '네'게 편지를 보내면서 친구에 대한 소중함 깨닫기

- 나는 어떤 사람인가?

- 나의 가장 좋은 점은? 나의 어떤 점이 바뀌기를 원하는가?

- 가장 친한 친구는 누구인가? 그 친구의 어떤 점이 좋은가?

- 내가 잘 대하지 못한 친구는 누구인가? 왜 그랬을까?

- 그 친구와 함께 즐겁게 지내려면 어떻게 해야 할까?

2. 질문들을 잘 생각해 보고 자기 자신에게 편지를 써 보세요.

3. 더욱 관심을 가지고 사이좋게 지내야겠다고 생각하는 친구에게 행복 쪽지를 보내 보세요.

06 이야기 속으로

chapter

'함께 나누고 싶은 이야기'를 읽고, 장애인에 대한 일반 아동들의 생각을 알 수 있다.

1. 우리 형은 다섯 살

함께 나누고 싶은 이야기

병원에서 퇴원한 날 밤, 형제는 처음으로 주먹다짐을 했다.
다른 사람 말이라면 몰라도 동생 말만큼은 곧잘 듣곤 하던 형이 병원에서 돌아오자마자 자신을 병원에 가두었다며 동생을 향해 욕을 퍼붓기 시작했다. 형 때문에 어렵게 시작한 공부도 미루었던 동생은, 자신의 마음도 몰라주고 철없이 구는 형이 미워 주먹을 날리고 말았다.
세상에서 이제 둘뿐인 형제.
올해 열일곱 성락이. 성락이는 초등학교를 졸업하고 중학교에 입학하지 못했다. 열 살 무렵 어머니가 돌아가시고 아버지는 공사장 막일을 다니다가 2년 전 집을 나갔다. 성락이에게 남겨진 건 한 달에 열 번도 넘게 간질로 발작을 일으키는, 이제 겨우 다섯 살 수준의 형뿐.
형제는 동사무소에서 생활보호대상자를 지원하는 한 달 20여만 원의 돈으로 살아간다.
성락이는 최근 고입 검정고시 준비를 시작했다. 아침에 일어나 검정고시 학원을 나녀와서 형의 밥을 차려주고 다시 공부방에 들렀다 오후에 다시 집에 돌아와 형을 돌보는……성락이는 그렇게 하루를 보낸다.
화장실도 없는 단층 양옥집 문간방에서 형제는 그렇게 살았다…….

* 어떤 이야기가 더 이어질까요?
* 이 이야기는 http://www.drcrezio.co.kr의 영상기록 병원24시 제85회 <우리 형은 다섯 살>에서 영상으로 다시 볼 수 있습니다. 함께 보고 난 후 다음 쪽의 질문들을 생각해 봅시다

2. 〈우리 형은 다섯 살〉을 읽고 나서

1) '우리 형은 다섯 살'의 형을 보면서 어떤 생각이 들었나요? (　　)

① 저렇게 사느니 일찍 죽는 것이 낫다.　② 동생의 인생이 불쌍하다.
③ 불쌍하다.　④ 도움이 많이 필요하다.
⑤ 내가 저런 상황이 아닌 것이 다행이다.

2) 내가 만약 동생의 입장이라면 어떻게 했을까요? (　　)

① 마찬가지로 형과 함께 열심히 살아간다.
② 형을 수용시설에 보낸다.
③ 도망가서 혼자 산다.
④ 같이 살기는 하겠지만 형에 대해 별로 신경 쓰지 않는다.
⑤ 잘 모르겠다.

3) '장애'라는 말을 들으면 어떤 것이 생각납니까? (　　)

① 불편한 것　② 창피한 것　③ 싫은 것
④ 놀림거리　⑤ 개성의 하나

4) 장애인에 대해 평소에 어떻게 생각하셨나요? (　　)

① 왠지 그냥 싫었다.　② 별로 관심이 없었다.
③ 그저 그랬다.　④ 조금은 불쌍하게 생각했다.
⑤ 도와두고 따뜻하게 대해 주고 싶었다.

5) '장애인과 더불어 살아가는 사회'에 대해 평소 어떻게 생각하였나요? (　　)

① 장애인은 태어나지 말아야 한다.

② 장애인은 장애인끼리 모여 살아야 한다.

③ 장애인이 있으면 불편하므로 장애인은 집에만 있어야 한다.

④ 장애인은 역시 나와 똑같은 우리사회의 구성원이므로 함께 살아가야 한다.

⑤ 생각해 본 적이 없다.

6) 36483543×6798234270＝? 이 문제를 암산으로 풀 수 있나요? (　　)

① 시간만 많이 주면 할 수 있다.　　② 시간을 많이 줘도 할 수 없다.

7) 여러분들이 모든 것을 배울 때마다 이렇게 어렵고 복잡한 것만 배운다면 여러분의 느낌은? (　　)

① 가슴이 답답해질 것이다.　　② 미칠 것이다.

③ 불쾌해질 것이다.　　④ 하기 싫을 것이다.

⑤ 기분이 무지 나빠질 것이다.

8) 이렇게 어려운 것만 배운다면 여러분들은 선생님의 설명에 집중할 수 있을까요? (　　)

① 설명을 알아들을 수 없다.　　② 공부 안하고 장난치고 싶어진다.

③ 옆 친구랑 떠들고 싶어진다.　　④ 의자에 앉아 있기도 싫어진다.

⑤ 화장실에 가고 싶어진다.

9) 이렇게 어려운 내용을 열심히 풀려고 하는데도 다른 사람들이 못한다고 놀리면 그때의 기분은? (　　)

① 속상하다.　　② 기분이 '꽝'이다.

③ 놀리는 사람들을 때려주고 싶을 것이다.　　④ 억울할 것이다.

⑤ 사오정이 된 기분일 것이다.

10) 우리 학교에서도 '우리 형은 다섯 살'에 나오는 형처럼 생활에 어려움을 가지는 친구가 있습니까? (　　)

① 네, 몇 반 누구누구가 그래요.　　② 우리 반에 있어요.

③ 없어요, 또는 모르겠어요.

11) 우리 반에 장애를 가진 친구가 있다면 친구가 될 수 있을까요? (　　)

① 그럴 가능성이 전혀 없을 것이다.　　② 그럴 가능성이 별로 없을 것이다.

③ 잘 모르겠다.　　④ 친구가 될 수도 있다.

⑤ 친구가 될 것이다.

12) (가능성이 없다고 대답한 친구만) 그 이유는? (　　)

① 어떻게 대해야 할지 몰라서

② 같이 어울리면 놀림을 당할까봐

③ 나보다 모자란 아이와는 친구가 되고 싶지 않아서

④ 귀찮아서

⑤ 그냥 싫다.

13) 여러분이 만약 어떤 사고나 병에 걸려서 장애인이 된다면 기분이 어떨까요? (　　)

① 학교 다니기 싫을 것이다.　　② 학교를 다녀도 힘들 것이다.

③ 기분이 답답해지고 억장이 무너질 것이다.　　④ 살기 싫어질 것이다.

⑤ 아무에게나 원망할 것이다.

14) 장애를 가진 친구를 곁에 두게 되었다면 당신은? (　　)

① 친하게 지내야 한다.　　② 무시한다.　　③ 괴롭히고 놀린다.

④ 도와줘야 한다.　　⑤ '너는 할 수 있어!'라고 격려해 준다.

15) 여러분은 장애인에 대한 올바른 예절에 대하여 알고 있습니까? (　　)

① 예　　　　　　　　　　　② 아니요

16) 만일 장애인에 대한 접근 방법(친구로 사귐) 및 예절을 알려 주고자 한다면 관심이 있습니까? (　　)

① 예　　　　　　　　　　　② 아니요

2012년 3월에 도입한 '5세 누리과정'에 이어 2013년에는 만 3~4까지 누리과정을 확대도입됨에 따라 우리나라 모든 만 3~5세 유아들에게 유아교육 · 보육이 통합된 『3-5세 연령별 누리과정』이 시행되고 있다. 이 중 3-5세 연령별 누리과정의 주요 구성방향을 살펴보면 다음과 같다(교육부, 2013).

- 질서, 배려, 협력 등 기본생활습관과 바른 인성을 기르는데 중점을 두어 구성한다.
- 자율성과 창의성을 기르는 데 중점을 두고, 전인발달을 이루도록 구성한다.
- 사람과 자연을 존중하고 우리 문화를 이해하는데 중점을 두어 구성한다.
- 만3~5세아의 발달 특성을 고려하여 연령별로 구성한다.
- 신체운동 · 건강, 의사소통, 사회관계, 예술경험, 자연탐구의 5개 영역을 중심으로 구성한다.
- 초등학교 교육과정과 0~2세 표준보육과정과의 연계성을 고려하여 구성한다.

이 구성방향 중에서는 바른 인성과 사람과 자연을 존중하는 기본 구성방향에 특수교육이 연계될 수 있다고 본다.

유아기부터 자신 및 타인을 존중하고 서로 간의 관계를 소중히 하는 태도를 기르며 공동체 안에서 다른 사람과 관계를 맺으며 살아가며 서로를 인정하고 수용하고 배려하고 협력하는 것까지 모두 포함하는 교육과정에 가치를 두는 것이다. 따라서 누리과정에서 계획하는 생활주제에 접근하여 단기간의 교육이 아니라 지속적인 교육으로 내용 연계로 특수관련 동화 및 동영상, 영화 등을 활용하는 계획안이 필요하다.

1 특수교육에 관한 동화책 목록

생활주제	분류	제목	작가	출판사
유치원과 친구	신체장애	내 귀는 짝짝이	글 · 그림 히도 반 헤네흐텐 옮김 장미란	웅진주니어
	정신지체	에디에게 잘해주렴	글. 버지니아 플레밍 그림. 플로이드 쿠퍼	느림보
나와 가족	청각장애	내게는 소리를 듣지 못하는 여동생이 있습니다	글. J.W 피터슨 그림. D.K 레이 옮김 박병철	웅진주니어
	신체장애	오른발 왼발	글 · 그림 토미 드 파올라 옮김 정해왕	비룡소
	정신지체	내동생과 할 수 있는 백만 가지 일	글. 스테파니 스투브-보딘	한울림 어린이
우리 동네	신체장애	길아저씨 손아저씨	글. 권정생 그림. 김용철	국민서관
동식물과 자연	정서 · 행동장애	과잉행동 거북이 셜리	글.데보라 M.모스 그림.캐롤 슈워츠	한울림 스페셜
	시각장애	분홍이 친구 사랑이	글. 이종은 그림. 김예진	노루궁뎅이
건강과 안전	시각장애	그레구아르는 눈으로 말해요	글 · 그림 다니엘 노로	씨드북
생활도구	신체장애	휠체어를 타는 친구	글 · 그림 졸프리드 뤽	보리
	신체장애	가방들어주는 아이	글. 고정욱 그림. 백남원	사계절
교통기관	신체장애	경찰 오토바이가 오지 않던 날	글. 고정욱 그림. 윤정주	사계절
우리나라	신체장애	반쪽이	글. 이주혜 그림. 윤정주	시공주니어
세계 여러나라	신체장애	깃털 없는 기러기 보르카	글 · 그림 존 버닝햄 옮김 엄혜숙	비룡소
환경과 생활	인권	좀 다르면 어때?	글. 이기규 그림. 윤정주	웅진주니어
봄 · 여름 · 가을 · 겨울	정서장애	강아지똥	글. 권정생 그림. 정승각	길벗어린이

출처: 국립특수교육원 홈페이지 참조.

생활 주제	**유치원과 친구**	주제	유치원에서 만난 친구	분류	신체장애
동화명	**내 귀는 짝짝이**	저자	글·그림 히도 반 헤네흐텐	연령	만 4세
		출판사	웅진주니어		
도서 내용	한쪽 귀가 아래로 늘어졌다는 이유로 따돌림을 당하던 토끼 리키, 남 몰래 혼자 고민하던 리키는 자기 모습이 너무 싫었어요. 하지만 친구들이 리키의 마음을 이해하게 된 뒤에는 이제 더 이상 외롭지 않았습니다. 리키가 친구들과 다시 어울리는 과정이 따뜻하게 그려진 그림책입니다.				

언어 활동

토끼의 귀를 다양한 모습으로 그려보아요

←

→

미술 활동

목장갑으로 토끼인형 만들기

↙ ↓ ↘

수학 활동

리키의 짝짝이 귀
(어떤 방법으로 짝짝이 귀를 감추려고 했나요?)

게임 활동

토끼와 거북이 경주

요리 활동

당근 쥬스 만들기

생활 주제	유치원과 친구	주제	유치원에서 만난 친구	분류	정신지체장애
동화명	에디에게 잘해주렴	저자	글. 버지니아플레밍 그림. 플로이드쿠퍼	연령	만 4세
		출판사	느림보		
도서 내용	장애인인 에디는 모두에게 따돌림을 받는다. 크리스티는 엄마가 늘 에디에게 잘 해주라고 하지만 썩 마음이 내키는 것은 아니다. 그런 에디를 따돌리고 짐버드와 개구리 알을 찾으러 숲을 지나 호수로 간다. 하지만 짐버드는 알고 있다던 개구리알을 찾아 내지 못한다. 그 때 갑자기 들려오는 이상한 소리, 바로 에디였다. 에디는 호수를 아주 잘 알고 있었다. 크리스티를 위해 옷이 젖는 것도 마다하고 수련을 꺾을려고 했고 아름다운 연못, 개구리 알을 잘 찾았다. 개구리 알을 가져가자고 하는 크리스티에게 에디는 그럼 엄마개구리가 슬퍼하잖아 하고 따뜻한 마음을 보여준다. 크리스티에게 에디는 중요한 것은 마음이라는 것을 깨우치게 한다.					

언어 활동

「에디에게 잘해주렴」
작은 책
만들기

←

→

미술 활동

CD에 친구 얼굴
그리기

↙ ↓ ↘

수학 활동

같은 성을 가진
친구 찾기

게임 활동

우리 집에 왜왔니

요리 활동

친구 얼굴 미니
케이크 만들기

생활 주제	나와 가족	주제	소중한 가족	분류	청각장애
동화명	내게는 소리를 듣지 못하는 여동생이 있습니다.	저자	글. J.W 피터슨 그림. D.K 레이	연령	만 5세
		출판사	웅진주니어		
도서 내용	소리를 듣지 못하는 여동생이 있는 아이는 자신의 동생이 아주 특별한 아이라고 생각한다. 왜냐하면 동생은 소리의 울림만으로도 피아노를 칠 수 있고, 남들이 볼 수 없는 미세한 자연의 움직임들도 느낄 수 있기 때문이다. '내게는 소리를 듣지 못하는 여동생이 있습니다.' 라고 반복되는 아이의 반복되는 이야기를 들으며 그 사람의 단점까지도 이해하고 그 속에서 장점을 발견해내는 진정한 사랑을 깨닫는다.				

언어 활동 ←
내가 만든 책
(색칠하기)

→ **미술 활동**
동생 얼굴
그리기

↙ **수학 활동**
우리들의 마음속엔
(수화)

↓ **게임 활동**
무슨 소리일까요?
(악기소리 맞추기)

↘ **요리 활동**
바깥에서 나는 소리

생활 주제	나와 가족	주제	소중한 가족	분류	신체장애
동화명	오른발 왼발	저자	글 · 그림 토미 드 파올라	연령	만 5세
		출판사	비룡소		
도서 내용	할아버지가 쓰러지셨다. 보비는 너무나 놀라고 슬펐다. 하지만 보비는 할아버지가 예전처럼 다시 혼자서 밥을 먹고 말을 하고 걸을 수 있도록 도와준다. 예전 보비가 어릴 때 할아버지가 보비를 가르쳤던 것처럼 걷기 연습부터 도와주며 할아버지가 다시 건강해지시길 바란다.				

언어 활동

할아버지에게 편지쓰기

←

→

쌓기놀이 활동

블록을 높이 쌓아요

↙ ↓ ↘

음악 활동

오른발 왼발 노래부르기

동시 활동

오른발 왼발

바깥놀이활동

산책을 나가요

생활 주제	나와 가족	주제	소중한 가족	분류	정신지체장애
동화명	내동생과 할 수 있는 백만가지 일	저자	글. 스테파니 스투브-보딘	연령	만 5세
		출판사	한울림 어린이		
도서 내용	여섯 살 소녀 '엠마'를 통해 아이들이 동생이라는 존재를 기쁘게 받아들이고 함께하는 즐거움을 누릴 수 있도록 안내하는 내용이다. 특히 가족, 친구, 이웃 등의 장애를 받아들이는 방법도 자연스럽게 일깨워주고 있다. 장애의 유무가 아닌, 서로의 차이를 인정하고 따뜻한 마음도 배려한다면 더불어 행복하게 살아가는 문제가 없다는 것도 보여준다.				

언어 활동

「내동생과 할 수 있는 백만가지 일」 표지 만들기

←

→

언어 활동

동생을 위해 도와줄 수 있는 일

↙ ↓ ↘

수학 활동

우리반 친구들의 동생은?

게임 활동

유모차 끌고 반환점 돌아오기

바깥놀이 활동

동생반 친구들과 함께 놀아요

생활 주제	우리 동네	주제	우리 동네 사람들	분류	신체장애
동화명	길아저씨 손아저씨	저자	글. 권정생 그림.김용철	연령	만 5세
		출판사	국민서관		
도서 내용	아래윗 마을에 사는 다리가 불편한 길 아저씨와 눈이 보이지 않는 손 아저씨가 만나, 서로 의지하고 더불어 일하면서 즐겁게 살아가는 내용이다.				

← **언어 활동**: 길아저씨에게 필요한 물건은? 손아저씨에게 필요한 물건은?

→ **미술 활동**: 그림에서 빠진 부분 그리기

↙ **미술 활동**: 짚으로 꾸미기

↓ **게임 활동**: 친구 업고 반환점 돌기

↘ **미술 활동**: 스탬프로 도장찍기

생활 주제	동식물과 자연	주제	동물과 우리의 생활	분류	정서 · 행동장애
동화명	과잉행동 거북이 셜리	저자	글. 데보라 M모스 그림.캐롤슈워츠	연령	만 5세
		출판사	한울림스페셜		
도서 내용	셜리는 명랑하고 씩씩한 멋쟁이 꼬마 거북이다. 하지만 다른 거북이들과는 조금 달랐다. 셜리는 잠시도 가만히 있지 못하고 수업시간에 갑자기 자리에서 벌떡 일어나 돌아다니기도 하고 심지어는 뛰어다니기도 한다. 산만하고 행동도 거칠어서 물건을 자주 망가뜨려 부모님께 걱정과 꾸중을 받고, 스쿨버스 운전기사 아저씨에게 혼나기도 하고 친구에게 따돌림 받는 등 셜리는 말썽꾸러기로 통하게 되었다. 셜리는 그러고 싶지 않은데 정작 일을 저지른 다음에야 자기가 잘못했다는 것을 알게된다. 셜리는 너무 속상하고 우울해져서 자기 등딱지에서 잘 나오지 않게 되었다. 셜리는 주위 어른들의 도움을 얻어 자신의 어려움을 극복해가며 자신감을 얻는 모습을 보여준다.				

언어 활동

「과잉행동 거북이 셜리」
작은 책
만들기

←

→

미술 활동

거북이 꾸미기

↙ ↓ ↘

과학 활동

거북이를 키워요

음악 활동

생상의 거북이 감상

언어 활동

내가 만약 셜리라면?

생활 주제	동식물과 자연	주제	동물과 우리의 생활	분류	시각장애
동화명	분홍이 친구 사랑이	저자	글. 이종은 그림.김예진	연령	만 5세
		출판사	노루궁뎅이		
도서 내용	분홍이는 길을 잃은 강아지다. 함께 살았던 할머니를 잃고 길을 헤매다 사랑이를 만났다. 사랑이는 앞을 거의 못 본다. 사랑이는 놀이터에서 놀기를 좋아하는데 어느날 놀이터 기구 위치가 모두 바뀌고 만다. 분홍이는 사랑이가 놀이터에서 노는 것을 싫어하게 될까봐 몹시 걱정한다. 사랑이도 머릿속으로 기억하는 놀이 기구 위치가 모두 바뀐 것을 알고 크게 실망하지만 사랑이 곁에 좋은 친구들이 많아 도움을 받고 즐겁게 지낼 수 있게 된다.				

언어 활동

「분홍이 친구 사랑이」
작은 책
만들기

←

→

미술 활동

소리만 듣고 그림을
그려요

↙ ↓ ↘

쌓기놀이 활동

내가 만든 놀이터
(설계도)

게임 활동

눈을 감고 걸어요

요리 활동

눈을 감고 냄새로 맞춰요

<table>
<tr><td>생활 주제</td><td>건강과 안전</td><td>주제</td><td>즐거운 운동과 휴식</td><td>분류</td><td>시각장애</td></tr>
<tr><td rowspan="2">동화명</td><td rowspan="2">그레구아르는 눈으로 말해요</td><td>저자</td><td>글 · 그림
다니엘 노로</td><td rowspan="2">연령</td><td rowspan="2">만 5세</td></tr>
<tr><td>출판사</td><td>씨드북</td></tr>
<tr><td>도서 내용</td><td colspan="5">처음으로 유치원에 가는 날, 그레구아르는 무척 설렌다.그런데 선생님과 친구들은 언어 장애를 갖고 있는 그레구아르가 하는 말을 잘 알아듣지 못한다. 그러나 그레구아르가 그림을 그릴 땐 용과 너구리를 화려한 색깔로 표현할 만큼 상상력이 풍부하고, 뭐든지 열심히 한다. 그레구아르는 언어 치료사와 반 친구들의 도움으로 단어를 정확하게 발음하고 자신의 생각을 말로 전하는 법을 배워 나간다. 그림과 태권도에 재능을 발휘하여 성격도 밝아진다.</td></tr>
</table>

언어 활동 ← 그레구아르에게 편지쓰기

미술 활동 → 그레구아르에게 그림 선물 주기

신체 활동 ↙ 태권도

게임 활동 ↓ 우리 집에 왜왔니

언어 활동 ↘ 맹꽁

생활 주제	생활도구	주제	다양한 생활도구	분류	신체장애
동화명	휠체어를 타는 친구	저자	글 · 그림 졸프리드 뤽	연령	만 5세
		출판사	보리		
도서 내용	키르스텐은 휠체어를 타는 친구이다. 넬리는 처음에 키르스텐의 UFO처럼 생긴 세발자전거와 쓰마자동차를 개조한 휠체어에 관심을 가진다. 그리고 키르스텐과 함께 놀기 위해 휠체어를 배우고 함께 타기로 했다. 하지만 멀리 특수학교를 다니던 키르스텐과는 달리 넬리는 동네 학교를 다니면서 동네 친구들과만 어울린다. 아무래도 휠체어를 타는 친구 보다 함께 뛰어놀 수 있는 친구가 넬리에겐 더 즐겁기 때문이다. 그렇게 키르스텐과의 관계는 소홀해지고 넬리는 두 다리를 다쳐 휠체어 생활을 하게 된다. 그제서야 키르스텐에게 소홀했던 자신의 모습들 후회하고 키르스텐이 함께 일반 학교를 다니길 소망한다.				

언어 활동		미술 활동
내가 걸을 수 없다면	←  →	휠체어를 그려요

↙ ↓ ↘

체험 활동	체험 활동	언어 활동
빌리 엘리어트 무용수 동영상	휠체어 타기 체험	만약 휠체어가 없다면

생활 주제	생활도구	주제	다양한 생활도구	분류	신체장애
동화명	가방 들어주는 아이	저자	글.고정욱 그림.백남원	연령	만 5세
		출판사	사계절		
도서 내용	보는 아이들마다 가방을 두 개 맨 석우를 약올린다. 석우는 다리가 불편한 반 친구 영택이의 가방을 들어주고 가방을 영택이 자리에 갖다 놓으면 그날 아침 석우의 임무는 끝난다. 그리고 수업이 끝나면 영택이 가방을 집으로 가져다준다.선생님이 시키니까 어쩔 수 없이 하게 된 일이지만, 석우는 영택이와 조금씩 가까워진다. 서로 다른 입장을 이해하고 공감해가는 석우와 영택이의 잔잔한 우정의 내용이다.				

언어 활동

내가 걸을 「가방 들어주는 아이」 표지 꾸미기

←

→

미술 활동

가방 만들기

↙ ↓ ↘

체험 활동

가방 두 개 매기

게임 활동

가방 매고 유치원 가요

동극 활동

가방 들어주는 아이 동극

생활 주제	교통기관	주제	교통기관의 종류	분류	신체장애
동화명	경찰 오토바이가 오지 않던 날	저자	글. 고정욱 그림. 윤정주	연령	만 5세
		출판사	사계절		
도서 내용	전학 간 동수를 통학시키겠다는 경찰 오토바이가 학교로 찾아오고, 그 일로 동수를 도와주는 경찰이 신문에 나고 방송에도 나면서 유명해진다. 동수는 그만큼 불편하고 우울하다. 그러던 어느날부터 경찰오토바이가 오지 않는다. 혼자 힘으로 꿋꿋이 살고 싶다고 마음 먹은 동수는 항상 옆에서 지켜봐주고 있어주는 창진이의 마음을 고마워한다.				

언어 활동 ←

여러 가지 탈것의 종류 작은책 만들기

→ **미술 활동**

오토바이 그리기

↙ **수학 활동**

경찰아저씨와 창진이의 밴다이어그램

↓ **게임 활동**

우리 집에 왜왔니

↘ **쌓기놀이 활동**

경찰 오토바이가 오는 길 만들기

생활 주제	우리나라	주제	우리나라의 놀이와 예술	분류	신체장애
동화명	반쪽이	저자	글. 이주혜 그림.윤정주	연령	만 5세
		출판사	사계절		
도서 내용	자식 하나 얻는 게 소원인 할머니가 삼신할머니께 빌고 빌어 아들 셋을 낳았다. 그런데 막내가 반족이로 태어났다. 형들은 반쪽이를 창피하게 여기고 못살게 굴게 된다. 하지만 반쪽이는 형들의 구박을 꿋꿋하게 이겨내고, 지혜를 발휘해 부잣집 처녀와 결혼을 하게 된다.				

언어 활동

「반쪽이」 작은 책 만들기

←

→

미술 활동

데칼코마니

↙ ↓ ↘

수학 활동

부분을 보고 전체를 완성해보세요

게임 활동

물건을 완성하세요

음악 활동

앞으로
(친구와 함께 율동하기)

생활 주제	세계여러나라	주제	세계 여러 나라와의 교류	분류	신체장애
동화명	깃털 없는 기러기 보르카	저자	글 · 그림 존버닝햄	연령	만 5세
		출판사	비룡소		
도서 내용	기러기 보르카는 깃털에 없는 채로 태어난 아이다. 그러나 특별히 다른 문제점이 있었던 것은 아니다. 남들과 다른 외모 때문에 형제들로부터 따돌림을 당하고, 그런 탓에 날기를 배우지 못했다. 그러나 사람들의 도움을 받아 보르카는 안전한 공원에서 행복하게 살게 된다.				

언어 활동

보르카 형제 이름 쓰기

←

→

미술 활동

상자 뜨개질하기

↙ ↓ ↘

수학 활동

우리 가족은 몇 명?

미술 활동

색종이로 배접어 꾸미기

언어 활동

내가 만약 보르카라면?

생활 주제	환경과 생활	주제	소리와 우리생활	분류	인권
동화명	좀 다르면 어때?	저자	글. 이기규 그림. 윤정주	연령	만 5세
		출판사	웅진주니어		
도서 내용	여자아이 은지, 몸이 불편한 아람이, 다문화 가정 미누, 시골에서 온 기동이의 이야기이다. 몸이 아프고, 여자 남자 성별이 달라도, 시골에서 와서 사투리가 심해도, 다운증후군을 앓고 있어도, 피부색이 조금 다르고 말이 서툴러도 모두 다 친구가 될 수 있다.				

언어 활동 ←
마지막 이야기 꾸미기

미술 활동 →
색종이로 연결그림그리기

수학 활동 ↙
친구들의 같은점 다른점 밴다이어그램

게임 활동 ↓
징검다리 놓아주기

요리 활동 ↘
뻥튀기에 얼굴 꾸미기

생활 주제	봄 · 여름 가을 · 겨울	주제	봄 풍경 즐기기	분류	정서장애
동화명	강아지똥	저자	글. 권정생 그림.정승각	연령	만 5세
		출판사	길벗어린이		
도서 내용	시민의식이 없어 개똥을 보고도 치우지 않는 주인이 있는 흰둥이가 길을 가다가 똥을 쌌는데 그 똥이 강아지똥이였다. 똥이였기 때문에 여러 가지 질타와 비웃음을 당하며 나같이 더러운 똥이 세상에 왜 있나? 라는 생각을 하게 되며 삶의 희망이 없어진다. 그러던 어느 날 민들레 싹을 만나 싹을 자라게 하는 거름이 되어주면서 자신도 세상에 도움이 되는 존재가 된다는 것을 알고 기뻐한다.				

언어 활동		미술 활동
강아지똥에게 편지쓰기	←  →	클레이아크로 강아지 만들기

↙ ↓ ↘

미술 활동	음악 활동	동극 활동
강아지똥 등장인물 머리띠 만들기	강아지똥	강아지똥 동극

2 장애아동 인권침해 예방 콘텐츠

특수교육 현장에서 장애학생의 인권보호 및 인권침해 예방을 위해 학생, 교사, 학부모가 활용할 수 있도록 멀티미디어 자료로 개발하였다(국립특수교육원, 2016).

	유아용 인권침해 예방 콘텐츠
1	누구에게나 소중한 권리
2	무시하고 따돌리지 마세요
3	나를 지켜주세요
4	좋아하는 것을 선택하고 표현할 수 있어요
5	많이 놀고 싶어요
6	함께 놀고 배워요
7	친구들과 함께 하고 싶어요
8	아프게 하는 것은 싫어요
9	나에게 관심을 가져 주세요
10	이런 느낌은 싫어요

출처: 국립특수교육원 홈페이지 참조.

chapter

07 선별검사

1 발달지체 선별검사(국립특수교육원, 2016)

이 검사는 유치원부터 고등학교 3학년까지 특수교육대상자로 선정 • 배치되지는 않았지만 특수교육의 필요가 있다고 여겨지는 학생을 선별하기 위한 검사입니다. 이 검사의 사용자는 반드시 다음 사항을 잘 지켜 검사를 실시하시기 바랍니다.

- 검사자는 학생과 최소한 3개월 이상 생활한 사람이어야 합니다.
- 이 검사는 학생의 장애를 선별하는 검사이므로 이 검사의 결과로 학생에게 장애가 있다고 단정하여서는 **절대 안됩니다**.
- 이 검사결과 장애로 선별된 아동(진단검사 필요 아동)은 보호자의 동의를 얻어 장애 진단검사를 실시할 필요가 있습니다.
- 특수교육대상자로 선정 • 배치되기 위해서는 반드시 별도의 장애 진단검사를 받아야 합니다.
- 검사자가 학생의 장애 영역을 모를 때에는 3~4페이지의 '장애 영역별 선별검사 실시대상 행동 특성'을 참조하시기 바랍니다.
- 각 장애별 검사결과 장애 진단검사 필요가 있다고 여겨지는 아동은 진단검사 필요 여부란의 ○, 필요가 없다고 여겨지는 아동은 ×에 O표를 해 주시기 바랍니다.

장애 영역별 선별검사 실시대상 행동 특성

◑ 시각장애를 지닌 아동

육안으로 사물을 구별하기 어렵기 때문에 각종 안경이나 돋보기, 확대기 등을 사용하여야만 학습이나 일상생활이 가능한 저시력 아동, 빛의 유무을 구별하거나 아예 볼 수 없는 맹아동, 그리고 시야가 좁아 한 번에 볼 수 있는 사물의 양이 매우 적은 시야장애 아동 등을 포함함

◑ 청각장애를 지닌 아동

원인에 관계없이 귀가 잘 들리지 않아 말을 할 수 없거나, 말을 하더라도 정확하게 발음하지 못하여 학습이나 일상생활에 어려움을 겪고 있는 아동

◑ 정신지체를 지닌 아동

지적 능력의 발달이 일반 아동에 비하여 뒤떨어지고, 또래보다 학습이나 일상생활에서 어려움을 겪고 있는 아동

◑ 지체장애를 지닌 아동

사지나 몸통, 척추, 머리 등 신체의 일부분 혹은 전부의 형태 이상 또는 기능의 이상으로 인하여 운동능력에 어려움이 있는 아동

◑ 정서·행동장애를 지닌 아동

지적, 감각적, 건강상의 이유로는 설명하기 어려운 학습의 어려움, 대인관계 어려움, 일반적인 상황에서 나타나는 부적절한 행동이나 감정, 전반적인 불행감이나 우울, 또는

학교나 개인문제에 관련하여 신체적인 통증이나 공포를 나타내는 경향이 장기간에 걸쳐 발생하고, 이것이 학습에 불리한 영향을 미치는 아동

◑ 자폐성장애를 지닌 아동

타인과의 의사소통이나 사회적 상호작용이 어렵고, 일과 변화를 지나치게 싫어하며, 특정 행동(가령 손이나 머리 흔들기, 꼬집기, 머리박기 등)을 계속해서 반복하거나 사물의 특정 부위에 지나치게 관심을 갖고 집착하는 등의 행동을 하는 아동

◑ 의사소통장애를 지닌 아동

청력의 문제가 없음에도 불구하고 말을 정확하게 하지 못하거나, 말을 더듬는 아동, 지나치게 코막힌 소리, 지나친 콧소리 등을 내는 아동 또는 일반 아동에 비하여 언어발달이 늦은 아동

◑ 건강장애를 지닌 아동

심장병, 신장병, 만성간염, 소아암, 각종 만성질환 등으로 인하여 3개월 이상 입원 또는 통원치료 등 장기적인 의료적 지원이 필요하여 학교생활 또는 학업수행에 어려움이 있는 아동

◑ 학습장애를 지닌 아동

다른 장애(정신지체, 행동장애, 시각장애나 청각장애, 지체장애 등), 시각, 청각 등의 감각적 요인, 외적 요인(교육기회의 부족, 문화, 사회, 경제적 불이익) 등의 원인이 없음에도 불구하고 학력이 또래 아동들의 성취도에 비해 10~15%에 불과한 아동

◑ 발달지체를 지닌 아동

영아에서 9세 미만 아동으로 신체발달, 인지발달, 의사소통발달, 사회・정서발달, 일상생활 적응능력 중 하나 또는 그 이상의 영역에서 또래보다 1년 이상 지체되어 교육적 조치를 해 주지 않으면 발달에 부정적 영향을 미칠 수 있는 아동(단, 정신지체, 정서・행동장애, 자폐성장애, 의사소통장애 등으로 판별된 아동은 제외)

유 · 초등학생용

발달지체를 지닌 특수교육대상자

발달지체를 지닌 특수교육대상자는 영아 및 9세 미만 아동으로 신체발달, 인지발달, 의사소통발달, 사회 • 정서발달, 또는 적응기술 영역 중 하나 또는 그 이상의 영역에서 또래보다 1년 이상 지체되어 교육적 조치를 해주지 않으면 발달에 부정적 영향을 미칠 수 있는 아동을 말한다. 단, 정신지체, 정서 • 행동장애, 자폐성장애, 의사소통장애 등으로 판별된 아동은 제외한다.

아동명		학교명 (유치원명)		학년반	
나 이	만 세	검사일시		검사자명	
		장애진단검사 필요 여부	○		×

발달지체를 지닌 특수교육대상자는 다음과 같은 행동을 나타낼 수 있습니다. 문항별로 아동이 해당되는 항목에 모두 √를 해 주시기 바랍니다.

Ⅰ. 신체의 발달

검 사 항 목	자주 나타남	가끔 나타남	나타나지 않음
① 혼자서 발을 번갈아가며 계단을 내려가지 못한다.	2	1	0
② 발을 번갈아 가며 껑충껑충 뛰지 못한다.	2	1	0
③ 30㎝ 정도의 종이를 대칭이 되도록 반으로 접지 못한다.	2	1	0
④ 크레파스를 사용하여 삼각형을 그리지 못한다.	2	1	0
⑤ 일반적인 그림의 윤곽을 따라 오리지 못한다.	2	1	0
합 계			
		총점	

II. 인지적 발달

검 사 항 목	자주 나타남	가끔 나타남	나타나지 않음
① 서로 다른 물건 세 개를 보여주고 그 중 한 개를 숨기면 숨겨진 물건의 이름을 말하지 못한다.	2	1	0
② ○, △, □ 등의 기본 도형의 이름을 말하지 못한다.	2	1	0
③ 사물의 일부분이 빠져 있는 그림을 제시했을 때, 그 빠진 부분을 찾아내지 못한다.	2	1	0
④ "왜 이런 사람이 필요합니까?"라는 질문에 적절히 대답하지 못한다.	2	1	0
⑤ 전자시계를 보고 시간을 말하지 못한다.	2	1	0
합 계			
		총점	

III. 의사소통의 발달

검 사 항 목	자주 나타남	가끔 나타남	나타나지 않음
① 상대방의 지시에 따라 사물을 올바른 위치에 놓지 못한다.	2	1	0
② 어제, 오늘, 내일을 포함하는 질문에 정확하게 대답을 못한다.	2	1	0
③ 전화의 내용을 듣고 상대방의 말에 적절하게 반응을 못한다.	2	1	0
④ 대화 시 새롭거나 낯선 단어의 뜻을 묻지 못한다.	2	1	0
⑤ 순서를 지키며 대화를 하지 못한다.	2	1	0
합 계			
		총점	

Ⅳ. 사회 및 정서적 발달

검 사 항 목	자주 나타남	가끔 나타남	나타나지 않음
① 또래보다 어른하고 놀기를 좋아한다.	2	1	0
② 자신이 하고 있는 놀이를 또래에게 함께 하자고 말하지 못한다.	2	1	0
③ 공격적 또는 부적절한 행동이 아닌 적절한 행동으로 거절이나 싫음을 표현하지 못한다.	2	1	0
④ 상대방의 감정을 읽고 그에 적절한 행동을 하지 못한다.	2	1	0
⑤ 어른들이 이야기할 때 방해한다.	2	1	0
합 계			
		총점	

Ⅴ. 적응기술

검 사 항 목	자주 나타남	가끔 나타남	나타나지 않음
① 숟가락을 손가락으로 쥐어서 사용하지 못한다.	2	1	0
② 혼자서 큰 단추를 채워 옷을 입지 못한다.	2	1	0
③ 혼자서 세수를 하고 수건으로 닦지 못한다.	2	1	0
④ 혼자서 양치질을 하지 못한다.	2	1	0
⑤ 대변을 본 후에 스스로 뒤처리를 하지 못한다.	2	1	0
합 계			
		총점	

진단검사 필요 아동 : Ⅰ, Ⅱ, Ⅲ, Ⅳ, Ⅴ 영역 중 한 영역의 4점 이상인 경우
* 두 영역 이상을 합하여 4점 이상 나온 경우는 진단검사 필요 아동이 아님

2 의사소통 선별검사

이 검사는 유치원부터 고등학교 3학년까지 특수교육대상자로 선정·배치되지는 않았지만 특수교육의 필요가 있다고 여겨지는 학생을 선별하기 위한 검사입니다. 이 검사의 사용자는 반드시 다음 사항을 잘 지켜 검사를 실시하시기 바랍니다.

- 검사자는 학생과 최소한 3개월 이상 생활한 사람이어야 합니다.
- 이 검사는 학생의 장애를 선별하는 검사이므로 이 검사의 결과로 학생에게 장애가 있다고 단정하여서는 **절대 안됩니다**.
- 이 검사결과 장애로 선별된 아동(진단검사 필요 아동)은 보호자의 동의를 얻어 장애 진단검사를 실시할 필요가 있습니다.
- 특수교육대상자로 선정·배치되기 위해서는 반드시 별도의 장애 진단검사를 받아야 합니다.
- 검사자가 학생의 장애 영역을 모를 때에는 3~4페이지의 '장애 영역별 선별검사 실시대상 행동 특성'을 참조하시기 바랍니다.
- 각 장애별 검사결과 장애 진단검사 필요가 있다고 여겨지는 아동은 진단검사 필요 여부란의 ○, 필요가 없다고 여겨지는 아동은 ×에 O표를 해 주시기 바랍니다.

유아용

의사소통장애를 지닌 특수교육대상자

의사소통장애를 지닌 특수교육대상자는 말과 언어를 사용하여 의사소통하는데 어려움이 있는 구어(말) 장애와 언어장애를 보이는 아동을 말한다. 이때, 말장애는 조음장애, 유창성장애, 음성장애를 포함하며, 언어장애는 언어와 관련된 추상적 규칙체계와 상징적 체계의 이해장애와 표현장애를 의미한다. 언어장애는 언어의 형태, 언어의 내용, 언어의 의사소통기능에 있어서의 손상을 포함한다.

* 언어의 형태 : 음운론, 형태론, 구문론

** 언어의 내용 : 의미론

*** 언어의 의사소통기능 : 화용론

아동명		유치원명		학년반	
나 이	만 세	검사일시		검사자명	
		장애진단검사 필요 여부	○		×

의사소통장애 유아는 다음과 같은 행동을 나타낼 수 있습니다. 문항별로 아동이 해당되는 항목에 모두 √를 해 주시기 바랍니다.

Ⅰ. 조음장애

검 사 문 항	자주 나타남	가끔 나타남	나타나지 않음
① 동일 연령의 아동과 비교할 때 발음이 불명확하고 알아듣기 힘들어서 되물어야 하는 경우가 있다.	2	1	0
② 동일 연령의 아동과 비교할 때 말소리 체계에 대한 지식이 부족하다.	2	1	0
합 계			
		총점	

Ⅱ. 음성장애

검 사 문 항	자주 나타남	가끔 나타남	나타나지 않음
① 목소리의 높낮이와 크기, 음질이 적절하지 않아 듣기에 거북하다.	2	1	0
② 습관적으로 음성을 과도하게 사용하거나 잘못 사용한다.	2	1	0
합 계			
		총점	

Ⅲ. 유창성장애

검 사 문 항	자주 나타남	가끔 나타남	나타나지 않음
① 말을 할 때 의사소통에 방해가 될 정도로 반복, 연장을 보이거나 힘을 들여 말한다.	2	1	0
② 말을 할 때 자연스럽게 말이 이어지지 못하고 말 속도나 운율이 규칙적이지 못하다.	2	1	0
합 계			
		총점	

Ⅳ. 언어장애

검 사 문 항	자주 나타남	가끔 나타남	나타나지 않음
① 동일 연령의 아동과 비교할 때 다른 사람의 지시 내용을 이해하는데 어려움이 있다.	2	1	0
② 동일 연령의 아동과 비교할 때 간단한 문장으로 자신의 의사를 표현하는데 어려움이 있다.	2	1	0
③ 동일 연령의 아동과 비교하여 조사나 문장어미와 같은 형태소 사용 능력이 부족하다.	2	1	0
④ 동일연령의 아동과 비교하여 낱말이나 문장을 이해하거나 표현하는 데에 어려움이 있다.	2	1	0
⑤ 말을 하거나 들을 때 상대방의 의도를 잘 파악하지 못하거나 상황에 부적절한 대답을 하거나 반응을 보인다.	2	1	0
⑥ 자발적인 의사소통 욕구가 부족하다.	2	1	0
⑦ 언어자극에 적절한 반응을 보이지 않는다.	2	1	0
합 계			
		총점	

진단검사 필요 아동 : 다음 ①, ②항목 중 하나에 해당될 경우
① Ⅰ, Ⅱ, Ⅲ 영역의 경우 총점이 2점 이상인 경우
② Ⅳ 영역의 경우 총점이 4점 이상인 경우

3 자폐 선별검사

이 검사는 유치원부터 고등학교 3학년까지 특수교육대상자로 선정·배치되지는 않았지만 특수교육의 필요가 있다고 여겨지는 학생을 선별하기 위한 검사입니다. 이 검사의 사용자는 반드시 다음 사항을 잘 지켜 검사를 실시하시기 바랍니다.

- 검사자는 학생과 최소한 3개월 이상 생활한 사람이어야 합니다.
- 이 검사는 학생의 장애를 선별하는 검사이므로 이 검사의 결과로 학생에게 장애가 있다고 단정하여서는 **절대 안됩니다**.
- 이 검사결과 장애로 선별된 아동(진단검사 필요 아동)은 보호자의 동의를 얻어 장애 진단검사를 실시할 필요가 있습니다.
- 특수교육대상자로 선정·배치되기 위해서는 반드시 별도의 장애 진단검사를 받아야 합니다.
- 검사자가 학생의 장애 영역을 모를 때에는 3~4페이지의 '장애 영역별 선별검사 실시대상 행동 특성'을 참조하시기 바랍니다.
- 각 장애별 검사결과 장애 진단검사 필요가 있다고 여겨지는 아동은 진단검사 필요 여부란의 ○, 필요가 없다고 여겨지는 아동은 ×에 O표를 해 주시기 바랍니다.

유 · 초 · 중 · 고등학생용

자폐성장애를 지닌 특수교육대상자

자폐성장애를 지닌 특수교육대상자는 구어 및 비구어 의사소통과 사회적 상호작용에서 문제를 보이며, 제한적이고, 반복적이고, 상동적인 관심 · 행동 · 활동으로 인해 환경이나 일과의 변화에 저항을 보이는 아동을 말한다. 이러한 세 영역에서의 행동들은 일반적으로 3세 이전에 발생하며, 이로 인해 학생의 학습 및 일상생활 적응에 어려움을 보인다.

아동명		학교명 (유치원명)		학년반	
나 이	만 세	검사일시		검사자명	
		장애진단검사 필요 여부	○	×	

자폐성장애를 지닌 특수교육대상자는 다음과 같은 행동을 나타낼 수 있습니다. 문항별로 아동이 해당되는 항목에 모두 √를 해 주시기 바랍니다.

Ⅰ. 구어 및 비구어 의사소통

검 사 문 항	자주 나타남	가끔 나타남	나타나지 않음
① 간단한 질문이나 지시사항을 이해하지 못한다.	2	1	0
② 또래나 어른에게 먼저 의사표현을 하지 못한다.	2	1	0
③ 특정 문구를 반복하거나, 특이한 어조나 억양을 보인다.	2	1	0
④ 다른 사람의 말을 따라하는 반향어를 사용한다.	2	1	0
합 계			
		총점	

Ⅱ. 사회적 상호작용

검사문항	자주 나타남	가끔 나타남	나타나지 않음
① 상대방과 눈을 마주치지 않고 피한다.	2	1	0
② 친구 관계를 맺지 못한다.	2	1	0
③ 다른 사람의 입장을 이해하지 못하고 자기 입장에서 행동한다.	2	1	0
④ 사회적 놀이에 참여하지 않고, 혼자서 논다.	2	1	0
합 계			
		총점	

Ⅲ. 제한적, 상동적인 관심・행동・활동

검사문항	자주 나타남	가끔 나타남	나타나지 않음
① 특정한 물건에 집착한다.	2	1	0
② 규칙적인 일과나 순서를 고집하고, 사소한 변화를 거부한다.	2	1	0
③ 손뼉을 치거나 손가락을 돌리는 등 특정행동을 반복한다.	2	1	0
④ 사물의 전체 모습을 파악하지 못하고, 일부분에만 집착한다.	2	1	0
합 계			
		총점	

> 진단검사 필요 아동 : 다음 ①, ②의 두 가지 조건을 모두 만족하는 경우
> ① Ⅰ, Ⅱ, Ⅲ 세 영역의 총점을 합한 점수가 8점 이상임
> ② 영역별 총점이 Ⅰ영역 4점 이상, Ⅱ영역은 2점 이상, Ⅲ영역 2점 이상임

4 정서행동 선별검사

이 검사는 유치원부터 고등학교 3학년까지 특수교육대상자로 선정·배치되지는 않았지만 특수교육의 필요가 있다고 여겨지는 학생을 선별하기 위한 검사입니다. 이 검사의 사용자는 반드시 다음 사항을 잘 지켜 검사를 실시하시기 바랍니다.

- 검사자는 학생과 최소한 3개월 이상 생활한 사람이어야 합니다.
- 이 검사는 학생의 장애를 선별하는 검사이므로 이 검사의 결과로 학생에게 장애가 있다고 단정하여서는 **절대 안됩니다**.
- 이 검사결과 장애로 선별된 아동(진단검사 필요 아동)은 보호자의 동의를 얻어 장애 진단검사를 실시할 필요가 있습니다.
- 특수교육대상자로 선정·배치되기 위해서는 반드시 별도의 장애 진단검사를 받아야 합니다.
- 검사자가 학생의 장애 영역을 모를 때에는 3~4페이지의 '장애 영역별 선별검사 실시대상 행동 특성'을 참조하시기 바랍니다.
- 각 장애별 검사결과 장애 진단검사 필요가 있다고 여겨지는 아동은 진단검사 필요 여부란의 ○, 필요가 없다고 여겨지는 아동은 ×에 O표를 해 주시기 바랍니다.

유아용

정서 · 행동장애를 지닌 특수교육대상자

정서・행동장애를 지닌 특수교육대상자는 지적・감각적・건강상의 이유로 설명할 수 없는 학습의 어려움, 또래나 교사와 대인관계의 어려움, 일반적인 상황에서 나타나는 부적절한 행동이나 감정, 전반적인 불행감이나 우울, 또는 학교나 개인 문제에 관련하여 신체적인 통증이나 공포를 나타내는 경향이 장기간에 걸쳐 발생하고, 그로 인해 학습에 불리한 영향을 받는 아동을 말한다.

아동명		유치원명			학년반	
나 이	만 세	검사일시			검사자명	
		장애진단검사 필요 여부	○	×		

정서・행동장애를 지닌 특수교육대상자는 다음과 같은 행동을 나타낼 수 있습니다. 문항별로 아동이 해당되는 모든 항목에 √표를 해 주시기 바랍니다.

Ⅰ. 대인 관계 형성

검 사 문 항	자주 나타남	가끔 나타남	나타나지 않음
① 혼자 있거나 혼자서 논다.	2	1	0
② 또래와 상호작용을 적절하게 유지하지 못한다.	2	1	0
③ 또래 또는 교사와 이야기하는 것을 회피한다.	2	1	0
④ 단체 활동에 참가하는 것을 회피한다.	2	1	0
합 계			
		총점	

Ⅱ. 부적절한 행동이나 감정

검 사 문 항	자주 나타남	가끔 나타남	나타나지 않음
① 부주의로 인해 학업 및 놀이 활동에 실수를 저지른다.	2	1	0
② 수업시간에 손발을 가만히 두지 못하거나 의자에 앉아서도 몸을 움직거린다.	2	1	0
③ 유치원 규칙을 위반하는 행동을 한다.	2	1	0
④ 사람 및 동물에게 공격행동을 한다.	2	1	0
합 계			
		총점	

Ⅲ. 불행감이나 우울감

검 사 문 항	자주 나타남	가끔 나타남	나타나지 않음
① 슬프거나 공허한 표정 등의 우울한 기분을 보인다.	2	1	0
② 일상 활동에 대한 흥미나 즐거움을 느끼지 못한다.	2	1	0
③ 집중력이 떨어지거나 결정내리기를 어려워한다.	2	1	0
④ 자존감이 낮거나 지나친 죄책감을 보인다.	2	1	0
합 계			
		총점	

Ⅳ. 신체적인 통증이나 공포

검 사 문 항	자주 나타남	가끔 나타남	나타나지 않음
① 새로운 환경이나 낯선 사람과 있을 때 무서워한다.	2	1	0
② 특정 동물, 사물, 장소 등을 지나치게 무서워한다.	2	1	0
③ 친구들 앞에서 발표하는 것을 불안해하거나 고통스러워한다.	2	1	0
④ 특별한 질병이 없는데도 신체적 고통을 호소한다.	2	1	0
합 계			
		총점	

진단검사 필요 아동 : Ⅰ, Ⅱ, Ⅲ, Ⅳ의 각 영역 중 하나에서 4점 이상인 아동

* 반드시 각 영역별로 4점 이상을 받은 아동이라야 진단검사 필요 아동이며 1~4 영역의 합이 4점이 경우는 해당되지 않음
  - 예 : Ⅰ영역이 2점, Ⅱ영역이 1점, Ⅲ영역이 0점, Ⅳ영역이 1점으로서 총점이 4점인 경우는 진단검사 필요 아동이 아님

부록

1. 장애인 등에 대한 특수교육법
2. 장애인 등에 대한 특수교육법 시행령
   (약칭: 특수교육법 시행령)
3. 장애인 등에 대한 특수교육법 시행규칙
   (약칭: 특수교육법 시행규칙)

1 장애인 등에 대한 특수교육법

[시행 2016.8.4.] [법률 제13978호, 2016.2.3., 타법개정]
교육부(특수교육정책과) 044-203-6563

제1장 총칙

제1조(목적) 이 법은 「교육기본법」 제18조에 따라 국가 및 지방자치단체가 장애인 및 특별한 교육적 요구가 있는 사람에게 통합된 교육환경을 제공하고 생애주기에 따라 장애유형·장애정도의 특성을 고려한 교육을 실시하여 이들이 자아실현과 사회통합을 하는데 기여함을 목적으로 한다.

제2조(정의) 이 법에서 사용하는 용어의 정의는 다음과 같다. 〈개정 2012.3.21.〉

1. "특수교육"이란 특수교육대상자의 교육적 요구를 충족시키기 위하여 특성에 적합한 교육과정 및 제2호에 따른 특수교육 관련서비스 제공을 통하여 이루어지는 교육을 말한다.
2. "특수교육 관련서비스"란 특수교육대상자의 교육을 효율적으로 실시하기 위하여 필요한 인적·물적 자원을 제공하는 서비스로서 상담지원·가족지원·치료지원·보조인력지원·보조공학기기지원·학습보조기기지원·통학지원 및 정보접근지원 등을 말한다.
3. "특수교육대상자"란 제15조에 따라 특수교육을 필요로 하는 사람으로 선정된 사람을 말한다.
4. "특수교육교원"이란 「초·중등교육법」 제2조제4호에 따른 특수학교 교원자격증을 가진 자로서 특수교육대상자의 교육을 담당하는 교원을 말한다.
5. "보호자"란 친권자·후견인, 그 밖의 사람으로서 특수교육대상자를 사실상 보호하는 사람을 말한다.
6. "통합교육"이란 특수교육대상자가 일반학교에서 장애유형·장애정도에 따라 차별을 받지 아니하고 또래와 함께 개개인의 교육적 요구에 적합한 교육을 받는 것을 말한다.
7. "개별화교육"이란 각급학교의 장이 특수교육대상자 개인의 능력을 계발하기 위하여 장애유형 및 장애특성에 적합한 교육목표·교육방법·교육내용·특수교육 관련서비스 등이 포함된 계획을 수립하여 실시하는 교육을 말한다.
8. "순회교육"이란 특수교육교원 및 특수교육 관련서비스 담당 인력이 각급학교나 의

료기관, 가정 또는 복지시설(장애인복지시설, 아동복지시설 등을 말한다. 이하 같다) 등에 있는 특수교육대상자를 직접 방문하여 실시하는 교육을 말한다.

9. "진로 및 직업교육"이란 특수교육대상자의 학교에서 사회 등으로의 원활한 이동을 위하여 관련 기관의 협력을 통하여 직업재활훈련 · 자립생활훈련 등을 실시하는 것을 말한다.

10. "특수교육기관"이란 특수교육대상자에게 유치원 · 초등학교 · 중학교 또는 고등학교(전공과를 포함한다. 이하 같다)의 과정을 교육하는 특수학교 및 특수학급을 말한다.

11. "특수학급"이란 특수교육대상자의 통합교육을 실시하기 위하여 일반학교에 설치된 학급을 말한다.

12. "각급학교"란 「유아교육법」 제2조제2호에 따른 유치원 및 「초 · 중등교육법」 제2조에 따른 학교를 말한다.

제3조(의무교육 등) ① 특수교육대상자에 대하여는 「교육기본법」 제8조에도 불구하고 유치원 · 초등학교 · 중학교 및 고등학교 과정의 교육은 의무교육으로 하고, 제24조에 따른 전공과와 만 3세미만의 장애영아교육은 무상으로 한다.

② 만 3세부터 만 17세까지의 특수교육대상자는 제1항에 따른 의무교육을 받을 권리를 가진다. 다만, 출석일수의 부족 등으로 인하여 진급 또는 졸업을 하지 못하거나, 제19조제3항에 따라 취학의무를 유예하거나 면제받은 자가 다시 취학할 때의 그 학년이 취학의무를 면제 또는 유예받지 아니하고 계속 취학하였을 때의 학년과 차이가 있는 경우에는 그 해당 연수(年數)를 더한 연령까지 의무교육을 받을 권리를 가진다.

③ 제1항에 따른 의무교육 및 무상교육에 드는 비용은 대통령령으로 정하는 바에 따라 국가 또는 지방자치단체가 부담한다.

제4조(차별의 금지) ① 각급학교의 장 또는 대학(「고등교육법」 제2조에 따른 학교를 말한다. 이하 같다)의 장은 특수교육대상자가 그 학교에 입학하고자 하는 경우에는 그가 지닌 장애를 이유로 입학의 지원을 거부하거나 입학전형 합격자의 입학을 거부하는 등 교육기회에 있어서 차별을 하여서는 아니 된다.

② 국가, 지방자치단체, 각급학교의 장 또는 대학의 장은 다음 각 호의 사항에 관하여 장애인의 특성을 고려한 교육시행을 목적으로 함이 명백한 경우 외에는 특수교육대상자 및 보호자를 차별하여서는 아니 된다.

1. 제28조에 따른 특수교육 관련서비스 제공에서의 차별
2. 수업참여 배제 및 교내외 활동 참여 배제
3. 개별화교육지원팀에의 참여 등 보호자 참여에서의 차별
4. 대학의 입학전형절차에서 장애로 인하여 필요한 수험편의의 내용을 조사 · 확인하

기 위한 경우 외에 별도의 면접이나 신체검사를 요구하는 등 입학전형 과정에서의 차별

제2장 국가 및 지방자치단체의 임무

제5조(국가 및 지방자치단체의 임무) ① 국가 및 지방자치단체는 특수교육대상자에게 적절한 교육을 제공하기 위하여 다음 각 호의 업무를 수행하여야 한다.

1. 장애인에 대한 특수교육종합계획의 수립
2. 특수교육대상자의 조기발견
3. 특수교육대상자의 취학지도
4. 특수교육의 내용, 방법 및 지원체제의 연구・개선
5. 특수교육교원의 양성 및 연수
6. 특수교육기관 수용계획의 수립
7. 특수교육기관의 설치・운영 및 시설・설비의 확충・정비
8. 특수교육에 필요한 교재・교구의 연구・개발 및 보급
9. 특수교육대상자에 대한 진로 및 직업교육 방안의 강구
10. 장애인에 대한 고등교육 및 평생교육 방안의 강구
11. 특수교육대상자에 대한 특수교육 관련서비스 지원방안의 강구
12. 그 밖에 특수교육의 발전을 위하여 필요하다고 인정하는 사항

② 국가 및 지방자치단체는 제1항의 업무를 수행하는데 드는 경비를 예산의 범위 안에서 우선적으로 지급하여야 한다.

③ 국가는 제1항의 업무 추진이 부진하거나 제2항의 예산조치가 부족하다고 인정되는 지방자치단체에 대하여는 예산의 확충 등 필요한 조치를 하도록 권고하여야 한다.

④ 교육부장관은 제1항의 업무를 효율적으로 수행하기 위하여 문화체육관광부장관・보건복지부장관・고용노동부장관・여성가족부장관 등 관계 중앙행정기관 간에 협조체제를 구축하여야 한다. 〈개정 2008.2.29., 2010.6.4., 2013.3.23., 2016.2.3.〉

제5조(국가 및 지방자치단체의 임무) ① 국가 및 지방자치단체는 특수교육대상자에게 적절한 교육을 제공하기 위하여 다음 각 호의 업무를 수행하여야 한다. 〈개정 2016.5.29.〉

1. 장애인에 대한 특수교육종합계획의 수립
2. 특수교육대상자의 조기발견

3. 특수교육대상자의 취학지도
4. 특수교육의 내용, 방법 및 지원체제의 연구・개선
5. 특수교육교원의 양성 및 연수
6. 특수교육기관 수용계획의 수립
7. 특수교육기관의 설치・운영 및 시설・설비의 확충・정비
8. 특수교육에 필요한 교재・교구의 연구・개발 및 보급
9. 특수교육대상자에 대한 진로 및 직업교육 방안의 강구
10. 장애인에 대한 고등교육 방안의 강구
11. 특수교육대상자에 대한 특수교육 관련서비스 지원방안의 강구
12. 그 밖에 특수교육의 발전을 위하여 필요하다고 인정하는 사항

② 국가 및 지방자치단체는 제1항의 업무를 수행하는데 드는 경비를 예산의 범위 안에서 우선적으로 지급하여야 한다.

③ 국가는 제1항의 업무 추진이 부진하거나 제2항의 예산조치가 부족하다고 인정되는 지방자치단체에 대하여는 예산의 확충 등 필요한 조치를 하도록 권고하여야 한다.

④ 교육부장관은 제1항의 업무를 효율적으로 수행하기 위하여 문화체육관광부장관・보건복지부장관・고용노동부장관・여성가족부장관 등 관계 중앙행정기관 간에 협조체제를 구축하여야 한다. 〈개정 2008.2.29., 2010.6.4., 2013.3.23., 2016.2.3.〉

[시행일 : 2017.5.30.] 제5조

제6조(특수교육기관의 설립 및 위탁교육) ① 국가 및 지방자치단체는 특수교육대상자의 취학편의를 고려하여 특수교육기관을 지역별 및 장애영역별로 균형 있게 설치・운영하여야 한다.

② 국가 및 지방자치단체는 국립 또는 공립의 특수교육기관이 부족하거나 특수교육대상자의 의무교육 또는 무상교육을 위하여 필요한 경우에는 사립의 특수교육기관에 그 교육을 위탁할 수 있다.

③ 제2항에 따라 특수교육을 위탁한 경우에는 해당 특수교육기관의 교육여건이 국립 또는 공립 특수교육기관의 수준에 미달하지 아니하도록 지원하여야 한다.

④ 제2항에 따른 위탁교육・제3항에 따른 지원 또는 비용부담 등에 관하여 필요한 사항은 대통령령으로 정한다.

제7조(위탁교육기관의 변경신청) ① 제6조제2항에 따라 교육을 위탁받은 사립의 특수교육기관에 취학하고 있는 특수교육대상자 또는 그의 보호자는 해당 특수교육기관의 교육활동이 매우 불량하거나 특수교육대상자의 특성에 맞지 아니하여 특수교육대상자의 교육에 현저한 지장을 주고 있다고 판단되는 때에는 교육장 또

는 교육감에게 그 사유를 구체적으로 명시하여 취학하고 있는 교육기관 외의 교육기관에 취학할 수 있도록 교육기관 변경을 신청할 수 있다.

② 제1항에 따른 변경신청을 받은 교육장 또는 교육감은 신청 접수일부터 30일 이내에 제10조제1항에 따른 시·군·구특수교육운영위원회 또는 시·도특수교육운영위원회를 열어 신청인·해당 학교의 장 등 이해관계인의 의견을 들은 후 변경 여부를 결정·통보하여야 한다.

제8조(교원의 자질향상) ① 국가 및 지방자치단체는 특수교육교원의 자질향상을 위한 교육 및 연수를 정기적으로 실시하여야 한다.

② 국가 및 지방자치단체는 특수교육대상자의 통합교육을 지원하기 위하여 일반학교의 교원에 대하여 특수교육 관련 교육 및 연수를 정기적으로 실시하여야 한다.

③ 제1항과 제2항에 따른 교육 및 연수 과정에는 특수교육대상자 인권의 존중에 관한 내용이 포함되어야 한다. 〈신설 2013.12.30.〉

④ 제1항과 제2항에 따른 교육 및 연수에 필요한 사항은 대통령령으로 정한다. 〈개정 2013.12.30.〉

제9조(특수교육대상자의 권리와 의무의 안내) 국가 및 지방자치단체는 제15조제1항 각 호의 장애를 가지고 있는 자를 알게 되거나 제15조에 따라 특수교육대상자를 선정한 경우에는 2주일 이내에 보호자에게 해당 사실과 의무교육 또는 무상교육을 받을 권리 및 보호자의 권리·책임 등을 통보하여야 한다.

제10조(특수교육운영위원회) ① 제5조에 따른 국가 및 지방자치단체의 업무수행에 관한 주요 사항을 심의하기 위하여 교육부장관 소속으로 중앙특수교육운영위원회를, 교육감 소속으로 시·도특수교육운영위원회를, 교육장 소속으로 시·군·구특수교육운영위원회를 각각 둔다. 〈개정 2008.2.29., 2013.3.23.〉

② 제1항에 따른 중앙특수교육운영위원회의 구성·운영 등에 관하여 필요한 사항은 대통령령으로, 시·도특수교육운영위원회 및 시·군·구특수교육운영위원회의 구성·운영 등에 관하여는 특별시·광역시·도 및 특별자치도(이하 "시·도"라 한다)의 교육규칙으로 각각 정한다.

제11조(특수교육지원센터의 설치·운영) ① 교육감은 특수교육대상자의 조기발견, 특수교육대상자의 진단·평가, 정보관리, 특수교육 연수, 교수·학습활동의 지원, 특수교육 관련서비스 지원, 순회교육 등을 담당하는 특수교육지원센터를 하급교육행정기관별로 설치·운영하여야 한다.

② 제1항에 따른 특수교육지원센터는 하급교육행정기관이나 특수학교, 특수학급이 설치된 일반 초·중·고등학교 또는 관할 지역의 관공서(장애인복지관을 포함한다) 등 특수교육대상자를 비롯한 지역주민의 접근이 편리한 곳에 설치하여야 한

다.

③ 특수교육지원센터의 설치·운영 등에 관하여 필요한 사항은 대통령령으로 정한다.

제12조(특수교육에 관한 연차보고서) 정부는 특수교육의 주요 현황과 정책에 관한 보고서를 매년 정기국회 개회 전까지 국회에 제출하여야 한다.

제13조(특수교육 실태조사) ① 교육부장관은 특수교육대상자의 배치계획·특수교육교원의 수급계획 등 특수교육정책의 수립을 위한 실태조사를 3년마다 실시하고 그 결과를 공표하여야 한다. 〈개정 2008.2.29., 2013.3.23., 2015.12.22.〉

② 교육부장관은 대학에 취학하는 장애학생의 교육여건을 개선하기 위하여 필요하다고 인정하는 경우 장애학생의 교육복지 실태조사를 3년마다 실시하고 그 결과를 공표하여야 한다. 〈개정 2008.2.29., 2013.3.23., 2015.12.22.〉

③ 교육부장관은 제1항과 제2항에 따른 실태조사를 위하여 필요한 경우 관계 중앙행정기관의 장, 지방자치단체의 장 및 「공공기관의 운영에 관한 법률」에 따른 공공기관의 장, 대학의 장, 그 밖의 관련 법인 또는 단체의 장에 대하여 자료의 제출 또는 의견의 진술을 요청할 수 있다. 이 경우 요청을 받은 자는 정당한 사유가 없으면 이에 협조하여야 한다. 〈신설 2015.12.22.〉

④ 제1항과 제2항에 따른 조사의 내용과 방법, 그 밖에 조사에 관하여 필요한 사항은 대통령령으로 정한다. 〈개정 2015.12.22.〉

제3장 특수교육대상자의 선정 및 학교배치 등

제14조(장애의 조기발견 등) ① 교육장 또는 교육감은 영유아의 장애 및 장애 가능성을 조기에 발견하기 위하여 지역주민과 관련 기관을 대상으로 홍보를 실시하고, 해당 지역 내 보건소와 병원 또는 의원(醫院)에서 선별검사를 무상으로 실시하여야 한다.

② 교육장 또는 교육감은 제1항에 따른 선별검사를 효율적으로 실시하기 위하여 지방자치단체 및 보건소와 병·의원 간에 긴밀한 협조체제를 구축하여야 한다.

③ 보호자 또는 각급학교의 장은 제15조제1항 각 호에 따른 장애를 가지고 있거나 장애를 가지고 있다고 의심되는 영유아 및 학생을 발견한 때에는 교육장 또는 교육감에게 진단·평가를 의뢰하여야 한다. 다만, 각급학교의 장이 진단·평가를 의뢰하는 경우에는 보호자의 사전 동의를 받아야 한다.

④ 교육장 또는 교육감은 제3항에 따라 진단·평가를 의뢰받은 경우 즉시 특수교육지원센터에 회부하여 진단·평가를 실시하고, 그 진단·평가의 결과를 해당 영유

아 및 학생의 보호자에게 통보하여야 한다.

⑤ 제1항의 선별검사의 절차와 내용, 그 밖에 검사에 필요한 사항과 제3항의 사전 동의 절차 및 제4항에 따른 통보 절차에 필요한 사항은 대통령령으로 정한다.

제15조(특수교육대상자의 선정) ① 교육장 또는 교육감은 다음 각 호의 어느 하나에 해당하는 사람 중 특수교육을 필요로 하는 사람으로 진단 · 평가된 사람을 특수교육대상자로 선정한다. 〈개정 2016.2.3.〉

1. 시각장애
2. 청각장애
3. 지적장애
4. 지체장애
5. 정서 · 행동장애
6. 자폐성장애(이와 관련된 장애를 포함한다)
7. 의사소통장애
8. 학습장애
9. 건강장애
10. 발달지체
11. 그 밖에 대통령령으로 정하는 장애

② 교육장 또는 교육감이 제1항에 따라 특수교육대상자를 선정할 때에는 제16조제1항에 따른 진단 · 평가결과를 기초로 하여 고등학교 과정은 교육감이 시 · 도특수교육운영위원회의 심사를 거쳐, 중학교 과정 이하의 각급학교는 교육장이 시 · 군 · 구특수교육운영위원회의 심사를 거쳐 이를 결정한다.

제16조(특수교육대상자의 선정절차 및 교육지원 내용의 결정) ① 특수교육지원센터는 진단 · 평가가 회부된 후 30일 이내에 진단 · 평가를 시행하여야 한다.

② 특수교육지원센터는 제1항에 따른 진단 · 평가를 통하여 특수교육대상자로의 선정 여부 및 필요한 교육지원 내용에 대한 최종의견을 작성하여 교육장 또는 교육감에게 보고하여야 한다.

③ 교육장 또는 교육감은 특수교육지원센터로부터 최종의견을 통지받은 때부터 2주일 이내에 특수교육대상자로의 선정 여부 및 제공할 교육지원 내용을 결정하여 부모 등 보호자에게 서면으로 통지하여야 한다. 교육지원 내용에는 특수교육, 진로 및 직업교육, 특수교육 관련서비스 등 구체적인 내용이 포함되어야 한다.

④ 제1항에 따른 진단 · 평가의 과정에서는 부모 등 보호자의 의견진술의 기회가 충분히 보장되어야 한다.

제17조(특수교육대상자의 배치 및 교육) ① 교육장 또는 교육감은 제15조에 따라 특수교

육대상자로 선정된 자를 해당 특수교육운영위원회의 심사를 거쳐 다음 각 호의 어느 하나에 배치하여 교육하여야 한다.

1. 일반학교의 일반학급
2. 일반학교의 특수학급
3. 특수학교

② 교육장 또는 교육감은 제1항에 따라 특수교육대상자를 배치할 때에는 특수교육대상자의 장애정도·능력·보호자의 의견 등을 종합적으로 판단하여 거주지에서 가장 가까운 곳에 배치하여야 한다.

③ 교육감이 관할 구역 내에 거주하는 특수교육대상자를 다른 시·도에 소재하는 각급학교 등에 배치하고자 할 때에는 해당 시·도 교육감(국립학교의 경우에는 해당 학교의 장을 말한다)과 협의하여야 한다.

④ 제3항에 따라 특수교육대상자의 배치를 요구받은 교육감 또는 국립학교의 장은 대통령령으로 정하는 특별한 사유가 없는 한 이에 응하여야 한다.

⑤ 제1항부터 제4항까지의 규정에 따른 특수교육대상자의 배치 등에 관하여 필요한 사항은 대통령령으로 정한다.

제4장 영유아 및 초·중등교육

제18조(장애영아의 교육지원) ① 만 3세 미만의 장애영아의 보호자는 조기교육이 필요한 경우 교육장에게 교육을 요구할 수 있다.

② 제1항에 따른 요구를 받은 교육장은 특수교육지원센터의 진단·평가결과를 기초로 만 3세 미만의 장애영아를 특수학교의 유치원과정, 영아학급 또는 특수교육지원센터에 배치할 수 있다.

③ 제2항에 따라 배치된 장애영아가 의료기관, 복지시설 또는 가정 등에 있을 경우에는 특수교육교원 및 특수교육 관련서비스 담당 인력 등으로 하여금 순회교육을 제공하도록 할 수 있다.

④ 국가 및 지방자치단체는 장애영아를 위한 교육여건을 개선하고 설비를 정비하기 위하여 노력하여야 한다.

⑤ 그 밖에 장애영아의 교육지원에 필요한 사항은 대통령령으로 정한다.

제19조(보호자의 의무 등) ① 특수교육대상자의 보호자는 그 보호하는 자녀에 대하여 제3조제1항에 따른 의무교육의 기회를 보호하고 존중하여야 한다.

② 부득이한 사유로 취학이 불가능한 의무교육대상자에 대하여는 대통령령으로 정하

는 바에 따라 제1항에 따른 취학의무를 면제하거나 유예할 수 있다. 다만, 만 3세부터 만 5세까지의 특수교육대상자가 「영유아보육법」에 따라 설치된 어린이집 중 대통령령으로 정하는 일정한 교육 요건을 갖춘 어린이집을 이용하는 경우에는 제1항에서 정하는 유치원 의무교육을 받고 있는 것으로 본다. 〈개정 2011.6.7.〉

③ 제2항에 따라 취학의무를 면제 또는 유예 받은 자가 다시 취학하고자 하는 경우에는 대통령령으로 정하는 바에 따라 취학하게 할 수 있다.

제20조(교육과정의 운영 등) ① 특수교육기관의 유치원·초등학교·중학교·고등학교과정의 교육과정은 장애의 종별 및 정도를 고려하여 교육부령으로 정하고, 영아교육과정과 전공과의 교육과정은 교육감의 승인을 받아 학교장이 정한다. 〈개정 2008.2.29., 2013.3.23.〉

② 특수교육기관의 장 및 특수교육대상자가 배치된 일반학교의 장은 제1항에 따른 교육과정의 범위 안에서 특수교육대상자 개인의 장애종별과 정도, 연령, 현재 및 미래의 교육요구 등을 고려하여 교육과정의 내용을 조정하여 운영할 수 있다.

③ 특수학교의 장은 교육감의 승인을 받아 유치원·초등학교·중학교·고등학교과정을 통합하여 운영할 수 있다.

제21조(통합교육) ① 각급학교의 장은 교육에 관한 각종 시책을 시행함에 있어서 통합교육의 이념을 실현하기 위하여 노력하여야 한다.

② 제17조에 따라 특수교육대상자를 배치받은 일반학교의 장은 교육과정의 조정, 보조인력의 지원, 학습보조기기의 지원, 교원연수 등을 포함한 통합교육계획을 수립·시행하여야 한다.

③ 일반학교의 장은 제2항에 따라 통합교육을 실시하는 경우에는 제27조의 기준에 따라 특수학급을 설치·운영하고, 대통령령으로 정하는 시설·설비 및 교재·교구를 갖추어야 한다.

제22조(개별화교육) ① 각급학교의 장은 특수교육대상자의 교육적 요구에 적합한 교육을 제공하기 위하여 보호자, 특수교육교원, 일반교육교원, 진로 및 직업교육 담당 교원, 특수교육 관련서비스 담당 인력 등으로 개별화교육지원팀을 구성한다.

② 개별화교육지원팀은 매 학기 마다 특수교육대상자에 대한 개별화교육계획을 작성하여야 한다.

③ 특수교육대상자가 다른 학교로 전학할 경우 또는 상급학교로 진학할 경우에는 전출학교는 전입학교에 개별화교육계획을 14일 이내에 송부하여야 한다.

④ 특수교육교원은 제1항부터 제3항까지의 규정에 따른 업무를 수행하기 위하여 각 업무를 지원하고 조정한다.

⑤ 제1항에 따른 개별화교육지원팀의 구성, 제2항에 따른 개별화교육계획의 수립 · 실시 등에 관하여 필요한 사항은 교육부령으로 정한다. 〈개정 2008.2.29., 2013.3.23.〉

제23조(진로 및 직업교육의 지원) ① 중학교 과정 이상의 각급학교의 장은 특수교육대상자의 특성 및 요구에 따른 진로 및 직업교육을 지원하기 위하여 직업평가 · 직업교육 · 고용지원 · 사후관리 등의 직업재활훈련 및 일상생활적응훈련 · 사회적응훈련 등의 자립생활훈련을 실시하고, 대통령령으로 정하는 자격이 있는 진로 및 직업교육을 담당하는 전문인력을 두어야 한다.

② 중학교 과정 이상의 각급학교의 장은 대통령령으로 정하는 기준에 따라 진로 및 직업교육의 실시에 필요한 시설 · 설비를 마련하여야 한다.

③ 특수교육지원센터는 특수교육대상자에게 효과적인 진로 및 직업교육을 지원하기 위하여 대통령령으로 정하는 바에 따라 관련 기관과의 협의체를 구성하여야 한다.

제24조(전공과의 설치 · 운영) ① 특수교육기관에는 고등학교 과정을 졸업한 특수교육대상자에게 진로 및 직업교육을 제공하기 위하여 수업연한 1년 이상의 전공과를 설치 · 운영할 수 있다.

② 교육부장관 및 교육감은 지역별 또는 장애유형별로 전공과를 설치할 교육기관을 지정할 수 있다. 〈개정 2008.2.29., 2013.3.23.〉

③ 전공과를 설치한 각급학교는 「학점인정 등에 관한 법률」 제7조에 따라 학점인정을 받을 수 있다.

④ 제1항 및 제2항에 따른 전공과의 시설 · 설비 기준, 전공과의 운영 및 담당 인력의 배치 기준 등에 관하여 필요한 사항은 대통령령으로 정한다.

제25조(순회교육 등) ① 교육장 또는 교육감은 일반학교에서 통합교육을 받고 있는 특수교육대상자를 지원하기 위하여 일반학교 및 특수교육지원센터에 특수교육교원 및 특수교육 관련서비스 담당 인력을 배치하여 순회교육을 실시하여야 한다.

② 교육감은 장애정도가 심하여 장 · 단기의 결석이 불가피한 특수교육대상자의 교육을 위하여 필요한 경우 순회교육을 실시하여야 한다.

③ 교육감은 이동이나 운동기능의 심한 장애로 인하여 각급학교에서 교육을 받기 곤란하거나 불가능하여 복지시설 · 의료기관 또는 가정 등에 거주하는 특수교육대상자의 교육을 위하여 필요한 경우 순회교육을 실시하여야 한다.

④ 교육장 또는 교육감은 제3항에 따른 순회교육의 실시를 위하여 의료기관 및 복지시설 등에 학급을 설치 · 운영하는 등 필요한 조치를 강구하여야 한다. 〈신설 2015.12.22.〉

⑤ 국가 또는 지방자치단체는 제4항에 따라 학급이 설치 · 운영 중인 의료기관 및 복지시설 등에 대하여 국립 또는 공립 특수교육기관 수준의 교육이 이루어질 수

있도록 대통령령으로 정하는 바에 따라 행정적 · 재정적 지원을 할 수 있다. 〈신설 2015.12.22.〉

⑥ 제1항부터 제4항까지의 규정에 따른 순회교육의 수업일수 등 순회교육의 운영에 필요한 사항은 대통령령으로 정한다. 〈개정 2015.12.22.〉

제26조(방과후 과정을 운영하는 유치원 과정의 교육기관) ① 「유아교육법」 제2조제6호에 따른 방과후 과정을 운영하는 유치원 과정의 교육기관에 특수교육대상자가 배치되는 경우 해당 각급학교의 장은 특수교육대상자에 대한 방과후 과정 운영을 담당할 인력을 학급당 1인 이상 추가로 배치할 수 있다. 〈개정 2012.3.21.〉

② 제1항에 따른 방과후 과정 담당 인력의 자격기준, 운영방법 등에 관하여 필요한 사항은 대통령령으로 정한다. 〈개정 2012.3.21.〉

[제목개정 2012.3.21.]

제27조(특수학교의 학급 및 각급학교의 특수학급 설치 기준) ① 특수학교와 각급학교의 장은 다음 각 호의 기준에 따라 학급 및 특수학급을 설치하여야 한다.

1. 유치원 과정의 경우 : 특수교육대상자가 1인 이상 4인 이하인 경우 1학급을 설치하고, 4인을 초과하는 경우 2개 이상의 학급을 설치한다.
2. 초등학교 · 중학교 과정의 경우 : 특수교육대상자가 1인 이상 6인 이하인 경우 1학급을 설치하고, 6인을 초과하는 경우 2개 이상의 학급을 설치한다.
3. 고등학교 과정의 경우 : 특수교육대상자가 1인 이상 7인 이하인 경우 1학급을 설치하고, 7인을 초과하는 경우 2개 이상의 학급을 설치한다.

② 교육감은 제1항에도 불구하고 순회교육의 경우 장애의 정도와 유형에 따라 학급 설치 기준을 하향 조정할 수 있다.

③ 특수학교와 특수학급에 두는 특수교육교원의 배치기준은 대통령령으로 정한다.

제28조(특수교육 관련서비스) ① 교육감은 특수교육대상자와 그 가족에 대하여 가족상담 등 가족지원을 제공하여야 한다.

② 교육감은 특수교육대상자가 필요로 하는 경우에는 물리치료, 작업치료 등 치료지원을 제공하여야 한다.

③ 각급학교의 장은 특수교육대상자를 위하여 보조인력을 제공하여야 한다.

④ 각급학교의 장은 특수교육대상자의 교육을 위하여 필요한 장애인용 각종 교구, 각종 학습보조기, 보조공학기기 등의 설비를 제공하여야 한다.

⑤ 각급학교의 장은 특수교육대상자의 취학 편의를 위하여 통학차량 지원, 통학비 지원, 통학 보조인력의 지원 등 통학 지원 대책을 마련하여야 한다.

⑥ 각급학교의 장은 특수교육대상자의 생활지도 및 보호를 위하여 기숙사를 설치 · 운영할 수 있다. 기숙사를 설치 · 운영하는 특수학교에는 특수교육대상자의 생활

지도 및 보호를 위하여 교육부령으로 정하는 자격이 있는 생활지도원을 두는 외에 간호사 또는 간호조무사를 두어야 한다. 〈개정 2008.2.29., 2013.3.23., 2013.4.5.〉

⑦ 제6항의 생활지도원과 간호사 또는 간호조무사의 배치기준은 국립학교의 경우 교육부령으로, 공립 및 사립 학교의 경우에는 시・도 교육규칙으로 각각 정한다. 〈신설 2013.4.5.〉

⑧ 각급학교의 장은 각급학교에서 제공하는 각종 정보(교육기관에서 운영하는 인터넷 홈페이지를 포함한다)를 특수교육대상자에게 제공하는 경우 특수교육대상자의 장애유형에 적합한 방식으로 제공하여야 한다. 〈개정 2013.4.5.〉

⑨ 제1항부터 제8항까지의 규정에 따른 특수교육 관련서비스의 제공을 위하여 필요한 사항은 대통령령으로 정한다. 〈개정 2013.4.5.〉

제5장 고등교육 및 평생교육

제29조(특별지원위원회) ① 대학의 장은 다음 각 호의 사항을 심의・결정하기 위하여 특별지원위원회를 설치・운영하여야 한다.

1. 대학의 장애학생 지원을 위한 계획
2. 심사청구 사건에 대한 심사・결정
3. 그 밖에 장애학생 지원을 위하여 대통령령으로 정하는 사항

② 특별지원위원회의 설치・운영 등에 관하여 필요한 사항은 대통령령으로 정한다.

제30조(장애학생지원센터) ① 대학의 장은 장애학생의 교육 및 생활에 관한 지원을 총괄・담당하는 장애학생지원센터를 설치・운영하여야 한다. 다만, 장애학생이 재학하고 있지 아니하거나 대통령령으로 정하는 바에 따라 장애학생 수가 일정 인원 이하인 소규모 대학 등은 장애학생 지원부서 또는 전담직원을 둠으로써 이에 갈음할 수 있다.

② 장애학생지원센터(제1항에 따라 장애학생 지원부서 또는 전담직원으로 갈음하는 경우에는 이를 말한다)는 다음 각 호의 업무를 담당한다.

1. 장애학생을 위한 각종 지원에 관한 사항
2. 제31조에서 정하는 편의제공에 관한 사항
3. 교직원・보조인력 등에 대한 교육에 관한 사항
4. 장애학생 교육복지의 실태조사에 관한 사항
5. 그 밖에 대학의 장이 부의하는 사항

③ 장애학생지원센터의 설치・운영에 관하여 필요한 사항은 대통령령으로 정한다.

제31조(편의제공 등) ① 대학의 장은 해당 학교에 재학 중인 장애학생의 교육활동의 편의를 위하여 다음 각 호의 수단을 적극적으로 강구하고 제공하여야 한다.

1. 각종 학습보조기기 및 보조공학기기 등의 물적 지원
2. 교육보조인력 배치 등의 인적 지원
3. 취학편의 지원
4. 정보접근 지원
5. 「장애인·노인·임산부 등의 편의증진보장에 관한 법률」 제2조제2호에 따른 편의시설 설치 지원

② 대학의 장은 해당 학교의 입학전형절차에서 장애수험생의 수험의 편의를 위하여 「장애인차별금지 및 권리구제 등에 관한 법률」 제14조제1항 각 호의 수단 중 수험편의에 필요한 수단을 적극적으로 강구하고 제공하여야 한다. 〈신설 2015.12.22.〉

③ 국가 및 지방자치단체는 제1항 및 제2항에 따라 필요한 경비를 예산의 범위 안에서 지원하여야 한다. 〈개정 2015.12.22.〉

제32조(학칙 등의 작성) 대학의 장은 이 법에서 정하는 장애학생의 지원 등에 관하여 필요한 내용을 학칙에 규정하여야 한다.

제33조(장애인 평생교육과정) ① 각급학교의 장은 해당 학교의 교육환경을 고려하여 「장애인복지법」 제2조에 따른 장애인의 계속교육을 위한 장애인 평생교육과정을 설치·운영할 수 있다.

② 「평생교육법」 제2조제2호에 따른 평생교육기관은 장애인의 평생교육 기회의 확대를 위하여 별도의 장애인 평생교육과정을 설치·운영할 수 있다. 〈개정 2011.7.21.〉

③ 「평생교육법」 제19조에 따라 설립된 평생교육진흥원은 장애인의 평생교육 기회 확대 방안 및 장애인 평생교육 프로그램을 개발하여야 한다. 〈개정 2011.7.21.〉

④ 「평생교육법」 제20조에 따라 설치 또는 지정된 시·도평생교육진흥원은 「평생교육법」 제2조제2호에 따른 평생교육기관이 장애인 평생교육과정을 설치·운영할 수 있도록 지원하여야 한다. 〈개정 2011.7.21.〉

제33조 삭제 〈2016.5.29.〉

[시행일 : 2017.5.30.] 제33조

제34조(장애인평생교육시설의 설치) ① 국가 및 지방자치단체는 초·중등교육을 받지 못하고, 학령기를 지난 장애인을 위하여 학교형태의 장애인평생교육시설을 설치·운영할 수 있다.

② 국가 및 지방자치단체 외의 자가 제1항에 따른 장애인평생교육시설을 설치하고자 하는 때에는 대통령령으로 정하는 시설과 설비를 갖추어 교육감에게 등록하여

야 한다.

③ 국가 및 지방자치단체는 장애인평생교육시설의 운영에 필요한 경비를 예산의 범위 안에서 지원하여야 한다.

제34조 삭제 〈2016.5.29.〉

[시행일 : 2017.5.30.] 제34조

제6장 보칙 및 벌칙

제35조(대학의 심사청구 등) ① 장애학생 및 그 보호자는 대학에 이 법에 따른 각종 지원 조치를 제공할 것을 서면으로 신청할 수 있다.

② 대학의 장은 제1항에 따른 신청에 대하여 2주 이내에 지원 여부 및 그 사유를 신청자에게 서면으로 통지하여야 한다.

③ 장애학생 및 그 보호자는 제1항에 따른 신청에 대한 대학의 결정(부작위 및 거부를 포함한다)과 이 법을 위반하는 대학의 장 또는 교직원의 행위에 대하여 특별지원위원회에 심사청구를 할 수 있다.

④ 특별지원위원회는 제3항의 심사청구에 관하여 2주 이내에 결정을 하여야 한다.

⑤ 제3항에 따른 심사에서는 청구인에게 의견진술 기회를 주어야 한다.

⑥ 대학의 장, 교직원, 그 밖의 관계자는 제4항에 따른 결정에 따라야 한다.

⑦ 그 밖에 특별지원위원회에 대한 심사청구에 관하여 필요한 사항은 대통령령으로 정한다.

제36조(고등학교 과정 이하의 심사청구) ① 특수교육대상자 또는 그 보호자는 다음 각 호의 어느 하나에 해당하는 교육장, 교육감 또는 각급학교의 장의 조치에 대하여 이의가 있을 때에는 해당 시・군・구특수교육운영위원회 또는 시・도특수교육운영위원회에 심사청구를 할 수 있다.

1. 제15조제1항에 따른 특수교육대상자의 선정
2. 제16조제3항에 따른 교육지원 내용의 결정 사항
3. 제17조제1항에 따른 학교에의 배치
4. 제4조를 위반하는 부당한 차별

② 제17조제1항에 따라 특수교육대상자를 배치받은 각급학교의 장은 이에 응할 수 없는 특별한 사유가 있거나 배치받은 특수교육대상자가 3개월 이상 학교생활에의 적응에 상당한 어려움이 있는 경우에는 해당 시・군・구특수교육운영위원회 또는 시・도특수교육운영위원회에 심사청구를 할 수 있다.

③ 시·군·구특수교육운영위원회 또는 시·도특수교육운영위원회는 제1항과 제2항의 심사청구를 받은 때에는 이를 심사하여 30일 이내에 그 결정을 청구인에게 통보하여야 한다.

④ 제3항의 심사에서는 청구인에게 의견진술의 기회를 주어야 한다.

⑤ 교육장, 교육감, 각급학교의 장, 그 밖의 관계자는 제3항에 따른 결정에 따라야 한다.

⑥ 제3항에서 정하는 심사결정에 이의가 있는 특수교육대상자 또는 그 보호자는 그 통보를 받은 날부터 90일 이내에 행정심판을 제기할 수 있다.

⑦ 제1항부터 제4항까지의 규정에 따른 심사청구의 절차 등에 관하여 필요한 사항은 대통령령으로 정한다.

제37조(권한의 위임과 위탁) ① 이 법에 따른 교육부장관의 권한은 그 일부를 대통령령으로 정하는 바에 따라 교육감에게 위임할 수 있다. 〈개정 2008.2.29., 2013.3.23.〉

② 이 법에 따른 교육감의 권한은 그 일부를 대통령령으로 정하는 바에 따라 교육장에게 위임할 수 있다.

제38조(벌칙) 다음 각 호의 어느 하나에 해당하는 자는 1년 이하의 징역 또는 1천만원 이하의 벌금에 처한다.

1. 제4조제1항을 위반하여 장애를 이유로 특수교육대상자의 입학을 거부하거나 입학전형 합격자의 입학을 거부하는 등의 불이익한 처분을 한 교육기관의 장
2. 제4조제2항제4호를 위반하여 대학의 입학전형절차에서 수험편의의 내용의 확인과 관계없는 별도의 면접이나 신체검사를 요구한 자

[본조신설 2016.5.29.]

[종전 제38조는 제38조의2로 이동 〈2016.5.29.〉]

제38조의2(벌칙) 다음 각 호의 어느 하나에 해당하는 자는 300만원 이하의 벌금에 처한다.

1. 삭제 〈2016.5.29.〉
2. 제4조제2항제1호부터 제3호까지의 규정을 위반하여 특수교육 관련서비스의 제공, 수업참여 및 교내외 활동 참여와 개별화교육지원팀에의 보호자 참여에 있어서 차별한 자
3. 삭제 〈2016.5.29.〉

[제38조에서 이동 〈2016.5.29.〉]

부칙 〈제8483호, 2007.5.25.〉

제1조(시행일) 이 법은 공포 후 1년이 경과한 날부터 시행한다. 다만, 제3조 중 유치원 및 고등학교 과정에 대한 의무교육의 실시는 국가 및 지방자치단체의 재정여건을 고려하여 대통령령으로 정하는 바에 따라 순차적으로 실시한다.

제2조(다른 법률의 폐지) 특수교육진흥법은 폐지한다.

제3조(특수교육대상자에 대한 경과조치) 이 법 시행 당시 종전의 「특수교육진흥법」의 규정에 따라 선정된 특수교육대상자는 이 법에 따라 선정된 특수교육대상자로 본다.

제4조(벌칙 적용에 관한 경과조치) 이 법 시행 전의 행위에 대한 벌칙의 적용에 있어서는 종전의 「특수교육진흥법」의 규정에 따른다.

제5조(다른 법령의 개정) ① 고등교육법 일부를 다음과 같이 개정한다.

제45조제5항중 "「특수교육진흥법」 제15조제3항의 규정을 준용한다"를 "「장애인 등에 대한 특수교육법」 제27조에 따른다"로 한다.

② 장애인고용촉진 및 직업재활법 일부를 다음과 같이 개정한다.

제8조제2항제1호중 "「특수교육진흥법」 제2조제3호"를 "「장애인 등에 대한 특수교육법」 제2조제10호"로 한다.

③학원의 설립·운영 및 과외교습에 관한 법률 일부를 다음과 같이 개정한다.

제2조의2제1항제1호중 "「특수교육진흥법」 제10조제1항"을 "「장애인 등에 대한 특수교육법」 제15조제1항"으로 한다.

제6조(다른 법령과의 관계) 이 법 시행 당시 다른 법령에서 「특수교육진흥법」 및 그 규정을 인용한 경우 이 법 중 그에 해당하는 규정이 있는 때에는 종전의 규정에 갈음하여 이 법 또는 이 법의 해당 조항을 인용한 것으로 본다.

부칙 〈제8852호, 2008.2.29.〉 (정부조직법)

제1조(시행일) 이 법은 공포한 날부터 시행한다. 다만, ···<생략>··· 부칙 제6조에 따라 개정되는 법률 중 이 법의 시행 전에 공포되었으나 시행일이 도래하지 아니한 법률을 개정한 부분은 각각 해당 법률의 시행일부터 시행한다.

제2조부터 **제5조**까지 생략

제6조(다른 법률의 개정) ① 부터 <93> 까지 생략

<94> 장애인 등에 대한 특수교육법 일부를 다음과 같이 개정한다.

제5조제4항 중 "교육인적자원부장관"을 "교육과학기술부장관"으로 한다.

제10조제1항, 제13조제1항·제2항, 제24조제2항 및 제37조제1항 중 "교육인적자원부

장관”을 “교육과학기술부장관”으로 한다.

제20조제1항, 제22조제5항, 제28조제6항 후단 중 “교육인적자원부령”을 각각 “교육과학기술부령”으로 한다.

<95> 부터 <760> 까지 생략

제7조 생략

부칙 〈제10339호, 2010.6.4.〉 (정부조직법)

제1조(시행일) 이 법은 공포 후 1개월이 경과한 날부터 시행한다. <단서 생략>

제2조 및 **제3조** 생략

제4조(다른 법률의 개정) ① 부터 <63> 까지 생략

<64> 장애인 등에 대한 특수교육법 일부를 다음과 같이 개정한다.

제5조제4항 중 “노동부장관”을 “고용노동부장관”으로 한다.

<65> 부터 <82> 까지 생략

제5조 생략

부칙 〈제10789호, 2011.6.7.〉 (영유아보육법)

제1조(시행일) 이 법은 공포 후 6개월이 경과한 날부터 시행한다. <단서 생략>

제2조부터 **제5조**까지 생략

제6조(다른 법률의 개정) ①부터 ㉓까지 생략

㉔ 장애인 등에 대한 특수교육법 일부를 다음과 같이 개정한다.

제19조제2항 단서 중 “보육시설”을 각각 “어린이집”으로 한다.

㉕부터 ㉜까지 생략

부칙 〈제10876호, 2011.7.21.〉

이 법은 공포한 날부터 시행한다.

부칙 〈제11382호, 2012.3.21.〉 (유아교육법)

제1조(시행일) 이 법은 공포한 날부터 시행한다. <단서 생략>

제2조 생략

제3조(다른 법률의 개정) ① 및 ② 생략

③ 장애인 등에 대한 특수교육법 일부를 다음과 같이 개정한다.

제26조의 제목 중 "종일제를"을 "방과후 과정을"로 하고, 같은 조 제1항 중 "종일제를"을 "방과후 과정을"로, "종일제 운영"을 "방과후 과정 운영"으로 하며, 같은 조 제2항 중 "종일제"를 "방과후 과정"으로 한다.

④ 생략

부칙 〈제11384호, 2012.3.21.〉 (초·중등교육법)

제1조(시행일) 이 법은 공포한 날부터 시행한다. <단서 생략>

제2조(다른 법률의 개정) ① 및 ② 생략

③ 장애인 등에 대한 특수교육법 일부를 다음과 같이 개정한다.

제2조제4호 중 "「초·중등교육법」 제2조제5호"를 "「초·중등교육법」 제2조제4호"로 한다.

④ 및 ⑤ 생략

부칙 〈제11690호, 2013.3.23.〉 (정부조직법)

제1조(시행일) ① 이 법은 공포한 날부터 시행한다.

제2조부터 **제5조**까지 생략

제6조(다른 법률의 개정) ①부터 <60>까지 생략

<61> 장애인 등에 대한 특수교육법 일부를 다음과 같이 개정한다.

제5조제4항, 제10조제1항, 제13조제1항·제2항, 제24조제2항 및 제37조제1항 중 "교육과학기술부장관"을 각각 "교육부장관"으로 한다.

제20조제1항, 제22조제5항 및 제28조제6항 전단·후단 중 "교육과학기술부령"을 각각 "교육부령"으로 한다.

<62>부터 <710>까지 생략

제7조 생략

부칙 〈제11723호, 2013.4.5.〉

이 법은 공포 후 6개월이 경과한 날부터 시행한다.

부칙 〈제12127호, 2013.12.30.〉

이 법은 공포한 날부터 시행한다.

부칙 〈제13575호, 2015.12.22.〉

이 법은 공포 후 6개월이 경과한 날부터 시행한다.

부칙 〈제13941호, 2016.2.3.〉

이 법은 공포한 날부터 시행한다.

부칙 〈제13978호, 2016.2.3.〉 (한국수화언어법)

제1조(시행일) 이 법은 공포 후 6개월이 경과한 날부터 시행한다.

제2조(다른 법률의 개정) ①부터 ⑤까지 생략

⑥ 장애인 등에 대한 특수교육법 일부를 다음과 같이 개정한다.

제5조제4항 중 "보건복지부장관"을 "문화체육관광부장관 · 보건복지부장관"으로 한다.

⑦부터 ⑨까지 생략

제3조 생략

부칙 〈제14156호, 2016.5.29.〉

이 법은 공포한 날부터 시행한다.

2 장애인 등에 대한 특수교육법 시행령(약칭: 특수교육법 시행령)

[시행 2017.1.1.] [대통령령 제27751호, 2016.12.30., 타법개정]
교육부(특수교육정책과) 044-203-6563

제1장 총칙

제1조(목적) 이 영은 「장애인 등에 대한 특수교육법」에서 위임된 사항과 그 시행에 필요한 사항을 규정함을 목적으로 한다.

제2조(의무교육의 실시) 「장애인 등에 대한 특수교육법」(이하 "법"이라 한다) 제3조 및 법률 제8483호 부칙 제1조 단서에 따라 특수교육대상자에 대한 의무교육은 다음 각 호에 따라 차례로 각각 실시한다.

1. 2010학년도: 만 5세 이상 유치원 과정 및 고등학교 과정
2. 2011학년도: 만 4세 이상 유치원 과정
3. 2012학년도: 만 3세 이상 유치원 과정

제3조(의무교육의 비용 등) ① 법 제3조제3항에 따라 국가 또는 지방자치단체가 부담하여야 하는 비용은 입학금, 수업료, 교과용 도서대금 및 학교급식비로 한다.

② 국가 및 지방자치단체는 제1항의 비용 외에 학교운영 지원비, 통학비, 현장・체험학습비 등을 예산의 범위에서 부담하거나 보조할 수 있다.

제2장 국가 및 지방자치단체의 임무

제4조(위탁교육) ① 교육감은 법 제6조제2항에 따라 특수교육대상자에 대한 교육을 사립(私立) 특수교육기관에 위탁하기 위하여 매 학년도가 시작되기 10개월 전까지 관할 구역에 있는 사립 특수교육기관의 교육여건, 교육 가능한 인원, 교육기간 등에 관하여 그 특수교육기관의 장(특수학급이 설립된 사립학교의 장을 포함한다)과 협의하여야 한다.

② 교육감은 특수교육대상자의 교육을 위탁한 사립 특수교육기관에 대하여 국립 또는 공립 특수교육기관과 같은 수준의 교육을 할 수 있도록 운영비, 시설비, 실험실습비, 진로 및 직업교육비, 교직원의 인건비, 그 밖에 특수교육에 필요한 경비를 지급하여야 한다.

③ 제1항과 제2항 외에 위탁교육의 운영에 관한 세부 사항은 교육감이 정하는 바에 따른다.

제5조(교원의 자질 향상) ① 교육부장관 및 교육감은 통합교육에 대한 이해를 높이기 위하여 일반학교의 교원(특수교육교원은 제외한다. 이하 이 조에서 같다)에게 연수를 받게 하는 경우 특수교육에 관한 내용을 포함하여야 한다. 〈개정 2013.3.23.〉

② 교육부장관 및 교육감은 통합교육을 효율적으로 시행하기 위하여 통합교육을 지원하는 일반학교의 교원에 대하여는 특수교육과 관련된 직무연수 과정을, 특수교육교원에 대하여는 일반교과 교육에 관한 직무연수 과정을 개설·운영하여야 한다. 〈개정 2013.3.23.〉

제6조(중앙특수교육운영위원회 구성·운영) ① 법 제10조제1항에 따른 중앙특수교육운영위원회(이하 "중앙위원회"라 한다)는 위원장을 포함하여 15명 이내의 위원으로 구성한다.

② 중앙위원회의 위원장(이하 "위원장"이라 한다)은 교육부차관이 되고, 위원은 당연직위원과 위촉위원으로 구성한다. 〈개정 2013.3.23.〉

③ 당연직위원은 교육부, 행정자치부, 문화체육관광부, 보건복지부, 고용노동부, 여성가족부의 고위공무원단 소속 공무원으로서 해당 부처의 장관이 지명하는 사람이 된다. 〈개정 2010.3.15., 2010.7.12., 2013.3.23., 2014.11.19.〉

④ 위촉위원은 다음 각 호의 어느 하나에 해당하는 사람 중에서 위원장이 위촉한다.

1. 특수교육교원 자격이 있는 사람으로서 7년 이상 특수교육대상자를 교육하거나 교육하였던 사람
2. 특수교육대상자의 학부모 또는 보호자로서 특수교육 분야에서 활동하거나 활동 경험이 있는 사람
3. 「고등교육법」 제2조제1호 또는 제3호에 따른 학교에서 특수교육에 관한 학문을 가르치는 부교수 이상으로 재직하거나 재직하였던 사람

⑤ 위촉위원의 임기는 2년으로 하되, 2차에 한하여 연임할 수 있다.

⑥ 중앙위원회의 회의는 연 2회 이상 개최하여야 하며, 위원장이 필요 하다고 인정하거나 재적위원 3분의 1 이상이 요구하는 경우에는 위원장이 회의를 소집한다.

⑦ 중앙위원회의 회의는 재적위원의 과반수 출석으로 개의하고, 출석위원 과반수의 찬성으로 의결한다.

⑧ 중앙위원회는 필요하다고 인정되면 관계 행정기관에 직원의 출석·설명과 자료 제출을 요구할 수 있다.

⑨ 그 밖에 중앙위원회의 구성 및 운영 등에 필요한 사항은 중앙위원회의 의결을 거쳐 위원장이 정한다.

제6조의2(위촉위원의 해촉) 중앙위원회의 위원장은 제6조제4항제1호부터 제3호까지의 규정에 따른 위촉위원이 다음 각 호의 어느 하나에 해당하는 경우에는 해당 위원을 해촉(解囑)할 수 있다.

1. 심신장애로 인하여 직무를 수행할 수 없게 된 경우
2. 직무와 관련된 비위사실이 있는 경우
3. 직무태만, 품위손상이나 그 밖의 사유로 인하여 위원으로 적합하지 아니하다고 인정되는 경우
4. 위원 스스로 직무를 수행하는 것이 곤란하다고 의사를 밝히는 경우

[본조신설 2015.12.31.]

제7조(특수교육지원센터의 설치 · 운영) ① 교육감은 법 제11조에 따른 특수교육지원센터를 설치할 때 그 업무를 수행할 수 있는 독립된 공간을 확보하여야 한다.

② 교육감은 특수교육지원센터가 그 업무를 효율적으로 수행할 수 있도록, 담당 업무를 전담하는 특수교육 분야의 전문인력을 배치하여야 한다.

③ 교육감은 지역의 지리적 특성 및 특수교육의 수요 등을 고려하여 필요한 경우에는 하나의 하급교육행정기관에 2 이상의 특수교육지원센터를 설치 · 운영할 수 있다.

④ 특수교육지원센터는 담당 업무를 효율적으로 수행하기 위하여 관련 기관과의 연계체제를 구축하고 협력하여 업무를 수행할 수 있다.

⑤ 교육감은 특수교육지원센터의 진단 · 평가 과정에서 장애가 의심되는 영유아 또는 학생이 이전에 의료적 진단을 받지 아니한 경우에는 이에 대한 의료적 진단을 보건소, 병원 또는 의원에 의뢰하여야 한다.

⑥ 교육감은 제5항에 따라 의료적 진단을 보건소, 병원 또는 의원에 의뢰한 경우에는 그 비용을 부담하여야 한다.

제8조(실태조사) ① 법 제13조에 따라 실태조사할 사항은 다음 각 호와 같다.

1. 특수교육대상자의 성 · 연령 · 장애유형 · 장애정도별 현황
2. 특수교육기관 및 그 교육과정의 운영 실태
3. 특수교육 관련서비스의 제공 현황
4. 특수교육 지원을 위한 행정조직 및 지원 현황
5. 특수교육재정의 확보 · 분배 · 활용 현황
6. 특수교육대상자의 교육성과 및 학교 졸업 후의 생활상태
7. 장애인 평생교육과정 및 장애인 평생교육시설의 운영 현황
8. 특수교육대상자 및 그 보호자, 특수교육에 관한 전문가 등 특수교육 관련자의 특수교육 지원에 대한 만족도 및 요구 사항

② 실태조사는 표본조사의 방법으로 시행하되, 특수교육에 관하여 정확한 현황을 파악

하고 조사항목의 특성상 필요한 경우에는 전수조사(全數調査)의 방법으로 시행할 수 있다.

제3장 특수교육대상자의 선정 및 학교 배치 등

제9조(장애의 조기발견 등) ① 교육장 또는 교육감은 매년 1회 이상 법 제14조제1항에 따른 홍보를 하여야 한다.

② 교육장 또는 교육감은 장애의 조기발견을 위하여 관할 구역의 어린이집·유치원 및 학교의 영유아 또는 학생(이하 "영유아 등"이라 한다. 이하 이 조에서 같다)을 대상으로 수시로 선별검사를 하여야 한다. 이 경우 「국민건강보험법」 제52조제1항 또는 「의료급여법」 제14조제1항에 따른 건강검진의 결과를 활용할 수 있다. 〈개정 2011.12.8., 2012.8.31.〉

③ 교육장 또는 교육감은 선별검사를 한 결과 장애가 의심되는 영유아 등을 발견한 경우에는 병원 또는 의원에서 영유아 등에 대한 장애 진단을 받도록 보호자에게 안내하고 상담을 하여야 한다.

④ 교육장 또는 교육감은 선별검사를 받은 영유아 등의 보호자가 법 제15조에 따른 특수교육대상자로 선정받기를 요청할 경우 영유아 등의 보호자에게 영유아 등의 건강검진 결과통보서 또는 진단서를 제출하도록 하여 영유아 등이 특수교육대상자에 해당하는지 여부를 판단하기 위한 진단·평가를 하여야 한다.

⑤ 교육장 또는 교육감은 제3항에 따라 진단·평가한 결과 영유아 등에게 특수교육이 필요하다고 판단되면 보호자에게 그 내용과 특수교육대상자 선정에 필요한 절차를 문서로 알려야 한다.

⑥ 제2항부터 제5항까지의 규정에 따른 선별검사 및 진단·평가에 필요한 사항은 교육부령으로 정한다. 이 경우 제2항에 따른 선별검사에 관한 사항은 보건복지부장관과 협의하여야 한다. 〈개정 2010.3.15., 2013.3.23.〉

제10조(특수교육대상자의 선정 기준) 법 제15조에 따라 특수교육대상자를 선정하는 기준은 별표와 같다.

제11조(특수교육대상자의 학교 배치 등) ① 교육장 또는 교육감은 법 제17조제1항에 따라 특수교육대상자를 학교에 배치할 때에는 해당 학교의 장과 특수교육대상자에게 각각 문서로 알려야 한다.

② 교육장 또는 교육감은 특수교육대상자를 일반학교의 일반학급에 배치한 경우에는 특수교육지원센터에서 근무하는 특수교육교원에게 그 학교를 방문하여 학습을

지원하도록 하여야 한다.

③ 각급학교의 장은 특수교육대상자에 대한 교육지원의 내용을 추가·변경 또는 종료하거나 특수교육대상자를 재배치할 필요가 있으면 법 제22조제1항에 따른 개별화교육지원팀의 검토를 거쳐 교육장 및 교육감에게 그 특수교육대상자의 진단·평가 및 재배치를 요구할 수 있다.

제12조(배치에 대한 이의) 법 제17조제4항에서 "대통령령으로 정하는 특별한 사유"란 해당 특수학교가 교육하는 특수교육대상자의 장애종류와 배치를 요구받은 특수교육대상자의 장애종류가 달라 효율적인 교육을 할 수 없는 경우를 말한다.

제4장 영유아 및 초·중등교육

제13조(장애영아의 교육지원) ① 만 3세 미만의 장애영아(이하 이 조에서 "장애영아"라 한다) 교육의 수업일수는 매 학년도 150일을 기준으로 하되, 장애영아의 건강상태 및 교육과정의 운영상 필요한 경우에는 교육부장관, 교육감 또는 교육장의 승인을 받아 30일의 범위에서 줄일 수 있다. 〈개정 2013.3.23.〉

② 법 제18조제2항에 따라 특수교육을 받는 영아학급 등의 교원 배치에 관한 사항은 교육부장관, 교육감 또는 교육장이 정한다. 〈개정 2013.3.23.〉

③ 교육감이나 교육장은 법 제18조제2항에 따라 장애영아를 특수교육지원센터에 배치하여 교육을 하는 경우 「특수학교시설·설비기준령」 별표에 따른 보통교실을 그 특수교육지원센터에 갖추어야 한다.

④ 장애영아 담당 교원은 「초·중등교육법」 제21조제2항에 따른 특수학교 유치원교사 자격증을 소지한 사람으로 한다. 〈개정 2014.12.23.〉

제14조(취학의무의 유예 또는 면제 등) ① 특수교육대상자의 보호자가 법 제19조제2항에 따라 특수교육대상자의 취학의무를 유예받거나 면제 받으려는 경우에는 관할 교육감 또는 교육장에게 취학의무의 유예 또는 면제를 신청하여야 한다.

② 제1항에 따른 신청을 받은 교육감 또는 교육장은 법 제10조제1항에 따른 관할 특수교육운영위원회의 심의를 거쳐 특수교육대상자의 등·하교 가능성, 순회교육 실시 가능성 및 보호자의 의견 등을 고려하여 면제 또는 유예를 결정한다. 이 경우 유예기간은 1년 이내로 하고, 유예기간을 연장하려는 경우에도 관할 특수교육운영위원회의 심의를 거쳐야 한다.

③ 취학의무를 면제 또는 유예받은 사람이 다시 취학하고자 하는 경우 그 보호자는 교육감 또는 교육장에게 취학을 신청하고, 그 신청을 받은 교육감 또는 교육장

은 관할 특수교육운영위원회의 심의를 거쳐 취학 여부를 결정하여야 한다.

제15조(어린이집의 교육 요건) 법 제19조제2항 단서에서 "대통령령으로 정하는 일정한 교육 요건을 갖춘 어린이집"이란 다음 각 호의 사항을 모두 충족하는 어린이집을 말한다. 〈개정 2011.12.8.〉

1. 「영유아보육법」 제30조제1항에 따른 평가인증을 받은 어린이집
2. 장애아 3명마다 보육교사 1명을 배치한 어린이집(보육교사가 3명 이상인 경우에는 보육교사 3명 중 1명은 「초·중등교육법」 제21조제2항에 따른 특수학교 유치원 교사 자격증을 소지한 교사여야 한다)

[제목개정 2011.12.8.]

제16조(통합교육을 위한 시설·설비 등) ① 일반학교의 장은 법 제21조제2항에 따라 통합교육을 실시하는 경우에는 특수교육대상자의 교내 이동이 쉽고, 세면장·화장실 등과 가까운 곳에 위치한 66제곱미터 이상의 교실에 특수학급을 설치하여야 한다. 다만, 배치된 특수교육대상자의 수 및 그 학교의 여건 등을 고려하여 시·도 조례로 정하는 바에 따라 44제곱미터 이상의 교실에 학급을 설치할 수 있다.

② 일반학교의 장은 법 제21조제2항에 따라 통합교육을 실시하는 경우에는 배치된 특수교육대상자의 성별, 연령, 장애의 유형·정도 및 교육활동 등에 맞도록 정보접근을 위한 기기, 의사소통을 위한 보완·대체기구 등의 교재·교구를 갖추어야 한다.

제17조(전문인력의 자격 기준 등) 법 제23조제1항에서 "대통령령으로 정하는 자격이 있는 진로 및 직업교육을 담당하는 전문인력"이란 특수학교의 정교사·준교사·실기교사의 자격이 있는 사람으로서 다음 각 호의 어느 하나에 해당하는 사람을 말한다.

1. 대학이나 대학원에서 직업재활에 관한 전공을 이수한 사람
2. 진로 및 직업교육과 관련한 국가자격증 또는 민간자격증 소지자
3. 진로 및 직업교육과 관련한 직무연수를 이수한 사람

제18조(진로 및 직업교육을 위한 시설 등) ① 중학교 과정 이상 각급 학교의 장은 법 제23조제2항에 따라 진로 및 직업교육을 위하여 66제곱미터 이상의 교실을 1개 이상 설치하여야 한다. 다만, 중학교 과정 이상 특수학교의 장은 「특수학교시설·설비기준령」 제4조에서 정하는 기준에 따라 설치하여야 한다. 〈개정 2016.12.5.〉

② 특수교육지원센터는 특수교육기관, 한국장애인고용공단지부 등 해당 지역의 장애인 고용 관련 기관, 직업재활시설, 장애인복지관, 산업체 등 관련 기관과 협의체를 구성하여야 한다. 〈개정 2009.12.31.〉

③ 교육감은 제1항에 따른 진로 및 직업 교육을 위한 교실의 설치비용을 지원하는 등 특수교육대상자의 진로 및 직업 교육에 필요한 인력과 경비를 지원하도록 노력하여야 한다. 〈개정 2016.12.5.〉

제19조(전공과의 설치 · 운영) ① 법 제24조제1항에 따른 전공과를 설치 · 운영하는 특수교육기관의 장은 66제곱미터 이상의 전공과 전용 교실을 1개 이상 설치하여야 하며, 세부적인 시설 · 설비의 기준은 교육감이 정한다.

② 전공과를 설치한 교육기관의 장은 그 설치 목적을 달성하기 위하여 현장실습이 포함된 직업교육계획을 수립하여야 한다.

③ 전공과의 수업 연한과 학생의 선발 방법은 교육감의 승인을 받아 전공과를 설치한 교육기관의 장이 정한다.

④ 전공과를 전담할 인력은 전공과를 설치한 특수교육기관의 고등학교 과정과 같은 수준으로 배치한다.

제20조(순회교육의 운영 등) ① 교육장이나 교육감은 법 제25조제1항에 따른 순회교육을 하기 위하여 순회교육을 받는 특수교육대상자의 능력, 장애 정도 등을 고려하여 순회교육계획을 작성 · 운영하여야 한다.

② 순회교육의 수업일수는 매 학년도 150일을 기준으로 하여 각급학교의 장이 정하되, 순회교육을 받는 특수교육대상자의 상태와 교육과정의 운영상 필요한 경우에는 지도 · 감독기관의 승인을 받아 30일의 범위에서 줄일 수 있다.

③ 삭제 〈2016.6.21.〉

제21조(유치원 과정의 방과후 과정 담당 인력의 자격기준 및 운영방법) ① 법 제26조제1항에 따라 특수교육대상자에 대한 방과후 과정 운영을 담당하는 인력은 「영유아보육법」 제21조제2항에 따른 보육교사의 자격 또는 「유아교육법」 제22조 및 「초 · 중등교육법」 제21조에 따른 교원의 자격을 가지고 있는 사람으로 한다. 〈개정 2012.4.20.〉

② 방과후 과정을 운영하는 유치원 과정의 교육기관의 장은 교육과 보육을 연계하고 정규교육과정을 포함하여 1일 8시간 이상으로 운영하며, 그 밖에 운영에 필요한 사항은 교육감이 정한다. 〈개정 2012.4.20.〉

③ 교육감은 방과후 과정을 운영하는 유치원 과정의 교육기관에 대하여 그 교육에 소요되는 경비를 부담하거나 보조하여야 한다. 〈개정 2012.4.20.〉

[제목개정 2012.4.20.]

제22조(특수학교 및 특수학급에 두는 특수교육교원의 배치기준) 법 제27조제3항에 따라 배치하는 특수교육 담당 교사는 학생 4명마다 1명으로 한다. 다만, 도시와 농촌 · 산촌 · 어촌 교육의 균형발전, 특수교육지원센터의 운영현황 및 특수교육대

상자의 지역별 분포 등을 고려하여 특별시·광역시·도·특별자치도별 교사는 교육부장관이, 단위 학교·학급별 교사는 해당 교육감 또는 교육장이 배치 기준의 40퍼센트의 범위에서 가감하여 배치할 수 있다. 〈개정 2013.3.23.〉

제23조(가족지원) ① 법 제28조제1항에 따른 가족지원은 가족상담, 양육상담, 보호자 교육, 가족지원프로그램 운영 등의 방법으로 한다.

② 제1항에 따른 가족지원은 「건강가정기본법」 제35조에 따른 건강가정지원센터, 「장애인복지법」 제58조에 따른 장애인복지시설 등과 연계하여 할 수 있다.

제24조(치료지원) ① 법 제28조제2항에 따른 치료지원에 필요한 인력은 「의료기사 등에 관한 법률」 제4조에 따른 면허 또는 「자격기본법」 제19조제1항에 따라 주무부장관이 공인한 민간자격을 소지한 사람으로 한다.

② 교육감 또는 특수학교의 장은 특수교육지원센터 또는 특수학교에 치료실을 설치·운영할 수 있다.

③ 교육감은 「공공보건의료에 관한 법률」 제2조에 따른 공공보건의료기관 및 「장애인복지법」 제58조에 따른 장애인복지시설 등과 연계하여 치료지원을 할 수 있다.

제25조(보조인력) ① 교육감은 법 제28조제3항에 따라 각급학교의 장이 특수교육대상자를 위한 보조인력을 원활하게 제공할 수 있도록 보조인력 수급에 관한 계획의 수립, 보조인력의 채용·배치 등 보조인력의 운영에 필요한 업무를 수행한다.

② 교육감 또는 교육장은 보조인력의 자질 향상을 위하여 특수교육에 관한 연수를 실시하여야 한다.

③ 보조인력의 역할 및 자격은 교육부령으로 정하고, 그 밖에 운영 방법에 관한 세부사항은 교육감이 정하여 고시한다. 〈개정 2013.3.23.〉

제26조(각종 교구 및 학습보조기 등 지원) 교육감은 법 제28조제4항에 따라 각급학교의 장이 각종 교구·학습보조기·보조공학기기를 제공할 수 있도록 특수교육지원센터에 필요한 기구를 갖추어 두어야 한다.

제27조(통학 지원) ① 교육감은 각급학교의 장이 법 제28조제5항에 따른 통학 지원을 원활하게 할 수 있도록 통학차량을 각급학교에 제공하거나 통학 지원이 필요한 특수교육대상자 및 보호자에게 통학비를 지급하여야 한다.

② 각급학교의 장은 특수교육대상자가 현장체험학습, 수련회 등 학교밖 활동에 참여할 수 있도록 조치를 취하여야 한다.

제28조(기숙사의 설치·운영) ① 교육감은 법 제28조제6항에 따른 기숙사의 운영에 필요한 경비를 예산의 범위에서 부담하거나 보조할 수 있다.

② 공립 및 사립학교의 기숙사 시설·설비 기준은 시·도 교육규칙으로 정한다.

제29조(기타 특수교육 관련서비스의 제공) ① 교육부장관 또는 교육감은 제23조부터 제

28조까지의 규정에서 정한 특수교육 관련서비스 외에 보행훈련, 심리 · 행동 적응훈련 등 특정한 장애유형의 특수교육대상자에게 필요한 특수교육 관련서비스를 제공하여야 한다. 〈개정 2013.3.23.〉

② 제1항의 특수교육 관련서비스 제공에 필요한 인력은 국가자격 또는 「자격기본법」 제19조제1항에 따라 주무부장관이 공인한 민간자격을 소지한 사람으로 한다.

제5장 고등교육 및 평생교육

제30조(특별지원위원회의 설치 · 운영) ① 대학의 장은 그 대학에 장애학생이 10명 이상 재학하는 경우에는 법 제29조에 따른 특별지원위원회(이하 "특별지원위원회"라 한다)를 설치 · 운영하여야 한다.

② 장애학생이 10명 미만인 대학의 장은 법 제30조제2항에 따른 장애학생 지원부서 또는 전담직원이 법 제29조제1항제1호 및 제3호에 관한 특별지원위원회의 기능을 수행할 수 있도록 할 수 있다.

③ 특별지원위원회의 위원 자격, 구성 및 회의 개최 시기 등은 해당 대학의 장이 정한다.

제31조(장애학생지원센터의 설치 · 운영 등) ① 법 제30조제1항 단서에서 "일정 인원"이란 9명을 말한다.

② 법 제30조제1항에 따른 장애학생지원센터, 장애학생 지원부서 또는 전담직원은 장애학생 지원계획을 수립하고, 그 사실을 장애학생에게 알려야 한다.

제32조(학교형태의 장애인평생교육시설) ① 법 제34조제2항에서 "대통령령으로 정하는 시설과 설비"란 다음 각 호에 해당하는 시설 · 설비를 말한다.

1. 49.5제곱미터 이상의 수업실
2. 학습에 필요한 시설 및 설비
3. 도서 및 자료 500권 이상을 갖춘 자료실
4. 관리실
5. 「장애인 · 노인 · 임산부 등의 편의증진 보장에 관한 법률 시행령」 별표 2에 따라 교육연구시설에 설치하여야 하는 편의시설

② 교육감은 법 제34조제2항에 따른 장애인평생교육시설을 설치 · 운영하는 사람이 교육감이 관리하는 공공시설을 이용하려는 경우, 그 공공시설의 본래 이용 목적을 해치지 않는 범위에서 이용할 수 있도록 지원하여야 한다.

제6장 보칙

제33조(심사청구 절차) 법 제35조제3항 및 법 제36조제1항 또는 제2항에 따른 심사청구 및 그 심사청구에 대한 결과의 통지에 필요한 서류는 각각 교육부령으로 정한다. 〈개정 2013.3.23.〉

제34조(규제의 재검토) 교육부장관은 다음 각 호의 사항에 대하여 다음 각 호의 기준일을 기준으로 3년마다(매 3년이 되는 해의 기준일과 같은 날 전까지를 말한다) 그 타당성을 검토하여 개선 등의 조치를 하여야 한다.

1. 제30조에 따른 특별지원위원회의 설치 · 운영: 2016년 1월 1일
2. 제31조제2항에 따른 장애학생 지원계획 수립 및 그 사실을 장애학생에게 알릴 의무: 2016년 1월 1일
3. 제32조제1항에 따른 학교형태의 장애인평생교육시설의 시설 · 설비 기준: 2016년 1월 1일

[전문개정 2016.12.30.]

부칙 〈제20790호, 2008.5.26.〉

제1조(시행일) 이 영은 공포한 날부터 시행한다.

제2조(다른 법령의 폐지) 특수교육진흥법 시행령은 폐지한다.

제3조(다른 법령의 개정) 초 · 중등교육법 시행령 일부를 다음과 같이 개정한다.

제40조를 다음과 같이 하고, 같은 조 별표 1의2를 삭제한다.

제40조 (특수학교 등의 교원) ① 특수학교에는 법 제19조에 따라 교장 및 교감을 둔다. 다만, 학급 수가 5학급 이하인 학교에는 교감을 두지 아니할 수 있으며, 3학급 이상인 분교장에는 따로 교감을 둘 수 있다.

② 특수학교 등에 두는 특수교육담당 교사의 배치기준은 따로 대통령령으로 정한다.

③ 특수학교에는 전문상담교사 및 사서교사를 둘 수 있다.

제4조(다른 법령과의 관계) 이 영 시행 당시 다른 법령에서 「특수교육진흥법 시행령」 또는 그 규정을 인용하고 있는 경우 이 영 중 그에 해당하는 규정이 있으면 종전의 규정을 갈음하여 이 영 또는 이 영의 해당 조항을 인용한 것으로 본다.

부칙 〈제21962호, 2009.12.31.〉 (장애인고용촉진 및 직업재활법 시행령)

제1조(시행일) 이 영은 공포한 날부터 시행한다. 다만, · · · <생략> · · · , 부칙 제3조

제1항부터 제6항까지 및 같은 조 제8항의 개정규정은 2010년 1월 1일부터 시행한다.

제2조 생략

제3조(다른 법령의 개정) ① 부터 ⑤ 까지 생략

⑥ 장애인 등에 대한 특수교육법 시행령 일부를 다음과 같이 개정한다.

제18조제2항 중 "한국장애인고용촉진공단지부"를 "한국장애인고용공단지부"로 한다.

⑦ 및 ⑧ 생략

부칙 〈제22075호, 2010.3.15.〉 (보건복지부와 그 소속기관 직제)

제1조(시행일) 이 영은 2010년 3월 19일부터 시행한다. <단서 생략>

제2조(다른 법령의 개정) ① 부터 <136> 까지 생략

<137> 장애인 등에 대한 특수교육법 시행령 일부를 다음과 같이 개정한다.

제6조제3항 중 "보건복지가족부"를 "보건복지부"로, "여성부"를 "여성가족부"로 한다.

제9조제6항 후단 중 "보건복지가족부장관"을 "보건복지부장관"으로 한다.

<138> 부터 <187> 까지 생략

부칙 〈제22269호, 2010.7.12.〉 (고용노동부와 그 소속기관 직제)

제1조(시행일) 이 영은 공포한 날부터 시행한다. <단서 생략>

제2조(다른 법령의 개정) ① 부터 <101> 까지 생략

<102> 장애인 등에 대한 특수교육법 시행령 일부를 다음과 같이 개정한다.

제6조제3항 중 "노동부"를 "고용노동부"로 한다.

<103> 부터 <136> 까지 생략

부칙 〈제23356호, 2011.12.8.〉 (영유아보육법 시행령)

제1조(시행일) 이 영은 2011년 12월 8일부터 시행한다. <단서 생략>

제2조(다른 법령의 개정) ①부터 ㊸까지 생략

㊹ 장애인 등에 대한 특수교육법 시행령 일부를 다음과 같이 개정한다.

제9조제2항 전단 중 "보육시설"을 "어린이집"으로 한다.

제15조의 제목 중 "보육시설"을 "어린이집"으로 하고, 같은 조 각 호 외의 부분 중 "보

육시설"을 "어린이집"으로, "시설"을 "어린이집"으로 하며, 같은 조 제1호 및 제2호 중 "시설"을 각각 "어린이집"으로 한다.

㊺부터 <54>까지 생략

부칙 〈제23745호, 2012.4.20.〉 (유아교육법 시행령)

제1조(시행일) 이 영은 2012년 4월 27일부터 시행한다. 다만, …<생략>… 부칙 제2조는 공포한 날부터 시행하고, …<생략>… 시행한다.

제2조(다른 법령의 개정) 장애인 등에 대한 특수교육법 시행령 일부를 다음과 같이 개정한다.

제21조의 제목 "(유치원 과정의 종일제 담당 인력의 자격기준 및 운영방법)"을 "(유치원 과정의 방과후 과정 담당 인력의 자격기준 및 운영방법)"으로 하고, 같은 조 제1항 중 "종일제"를 "방과후 과정"으로 하며, 같은 조 제2항 및 제3항 중 "종일제를"을 각각 "방과후 과정을"로 한다.

부칙 〈제24077호, 2012.8.31.〉 (국민건강보험법 시행령)

제1조(시행일) 이 영은 2012년 9월 1일부터 시행한다. <단서 생략>

제2조부터 **제7조**까지 생략

제8조(다른 법령의 개정) ①부터 ㉒까지 생략

㉓ 장애인 등에 대한 특수교육법 시행령 일부를 다음과 같이 개정한다.

제9조제2항 후단 중 "「국민건강보험법」 제47조제1항"을 "「국민건강보험법」 제52조제1항"으로 한다.

㉔부터 ㉚까지 생략

제9조 생략

부칙 〈제24423호, 2013.3.23.〉 (교육부와 그 소속기관 직제)

제1조(시행일) 이 영은 공포한 날부터 시행한다. <단서 생략>

제2조부터 **제6조**까지 생략

제7조(다른 법령의 개정) ①부터 <71>까지 생략

<72> 장애인 등에 대한 특수교육법 시행령 일부를 다음과 같이 개정한다.

제5조제1항 · 제2항, 제13조제1항 · 제2항, 제22조 단서 및 제29조제1항 중 "교육과학

기술부장관"을 각각 "교육부장관"으로 한다.

제6조제2항 중 "교육과학기술부 제1차관"을 "교육부차관"으로 하고, 같은 조 제3항 중 "교육과학기술부, 행정안전부"를 "교육부, 안전행정부"로 한다.

제9조제6항 전단, 제25조제3항 및 제33조 중 "교육과학기술부령"을 각각 "교육부령"으로 한다.

<73>부터 <105>까지 생략

부칙 〈제25751호, 2014.11.19.〉 (행정자치부와 그 소속기관 직제)

제1조(시행일) 이 영은 공포한 날부터 시행한다. 다만, 부칙 제5조에 따라 개정되는 대통령령 중 이 영 시행 전에 공포되었으나 시행일이 도래하지 아니한 대통령령을 개정한 부분은 각각 해당 대통령령의 시행일부터 시행한다.

제2조부터 **제4조**까지 생략

제5조(다른 법령의 개정) ①부터 <57>까지 생략

<58> 장애인 등에 대한 특수교육법 시행령 일부를 다음과 같이 개정한다.

제6조제3항 중 "안전행정부"를 "행정자치부"로 한다.

<59>부터 <418>까지 생략

부칙 〈제25840호, 2014.12.9.〉

(규제 재검토기한 설정 등 규제정비를 위한 건축법 시행령 등 일부개정령)

제1조(시행일) 이 영은 2015년 1월 1일부터 시행한다.

제2조부터 **제16조**까지 생략

부칙 〈제25865호, 2014.12.23.〉

이 영은 공포한 날부터 시행한다.

부칙 〈제26844호, 2015.12.31.〉

(행정기관 소속 위원회 운영의 공정성 및 책임성 강화를 위한 국민건강보험법 시행령 등 일부개정령)

이 영은 공포한 날부터 시행한다.

부칙 〈제26855호, 2015.12.31.〉

(규제 재검토기한 설정을 위한 고등교육법 시행령 등 일부개정령)

이 영은 공포한 날부터 시행한다.

부칙 〈제27227호, 2016.6.21.〉

이 영은 2016년 6월 23일부터 시행한다.

부칙 〈제27654호, 2016.12.5.〉 (특수학교시설 · 설비기준령)

제1조(시행일) 이 영은 공포한 날부터 시행한다.

제2조 생략

제3조(다른 법령의 개정) 장애인 등에 대한 특수교육법 시행령 일부를 다음과 같이 개정한다.

제18조제1항에 단서를 다음과 같이 신설한다.

다만, 중학교 과정 이상 특수학교의 장은 「특수학교시설 · 설비기준령」 제4조에서 정하는 기준에 따라 설치하여야 한다.

제18조제3항을 다음과 같이 한다.

③ 교육감은 제1항에 따른 진로 및 직업 교육을 위한 교실의 설치비용을 지원하는 등 특수교육대상자의 진로 및 직업 교육에 필요한 인력과 경비를 지원하도록 노력하여야 한다.

부칙 〈제27751호, 2016.12.30.〉

(규제 재검토기한 설정 등을 위한 가맹사업거래의 공정화에 관한 법률 시행령 등 일부개정령)

제1조(시행일) 이 영은 2017년 1월 1일부터 시행한다. <단서 생략>

제2조부터 **제12조**까지 생략

3 장애인 등에 대한 특수교육법 시행규칙(약칭: 특수교육법 시행규칙)

[시행 2016.6.23.] [교육부령 제101호, 2016.6.23., 일부개정]
교육부(특수교육정책과) 044-203-6563

제1조(목적) 이 규칙은 「장애인 등에 대한 특수교육법」 및 같은 법 시행령에서 위임된 사항과 그 시행에 필요한 사항을 규정함을 목적으로 한다.

제2조(장애의 조기발견 등) ① 교육장 또는 교육감은 「장애인 등에 대한 특수교육법」(이하 "법"이라 한다) 제14조제1항 또는 제3항에 따른 선별검사나 진단・평가를 실시하는 경우에는 별표에 따른 검사를 각각 실시하여야 한다.

② 보호자 또는 각급학교의 장은 법 제15조제1항 각 호에 해당하는 장애를 가지고 있거나 장애를 가지고 있다고 의심되는 영유아 및 학생을 발견하여 진단・평가를 의뢰하고자 하는 경우에는 별지 제1호서식에 따른 진단・평가의뢰서를 작성하여 교육장 또는 교육감에게 제출하여야 한다.

③ 교육감 또는 교육장은 「장애인 등에 대한 특수교육법 시행령」(이하 "영"이라 한다) 제9조제5항에 따라 진단・평가의 결과를 영유아 및 학생의 보호자에게 알릴 때에는 별지 제2호서식에 따른다.

제3조(특수교육대상자의 학교 배치) 교육감 또는 교육장이 영 제11조제1항에 따라 특수교육대상자를 학교에 배치할 때에는 별지 제3호서식에 따라 해당 학교장과 특수교육대상자에게 통지하여야 한다.

제3조의2(교육과정) ① 법 제20조제1항에 따른 특수교육기관의 교육과정은 유치원 교육과정, 공통 교육과정, 선택 교육과정 및 기본 교육과정으로 구분한다.

② 제1항에 따른 교육과정의 대상 및 내용은 다음 각 호와 같다. 〈개정 2013.3.23.〉

1. 유치원 교육과정: 만 3세부터 초등학교 취학 전까지의 어린이를 대상으로 하고, 「유아교육법」 제13조제2항에 따라 교육부장관이 정하는 유치원 교육과정에 준하여 편성된 과정
2. 공통 교육과정: 초등학생 및 중학생을 대상으로 하고, 「초・중등교육법」 제23조제2항에 따라 교육부장관이 정하는 초등학교 및 중학교 교육과정에 준하여 편성된 과정
3. 선택 교육과정: 고등학생을 대상으로 하고, 「초・중등교육법」 제23조제2항에 따라 교육부장관이 정하는 고등학교 교육과정에 준하여 편성된 과정
4. 기본 교육과정: 특수교육대상자의 장애 종별 및 정도를 고려하여 제2호 및 제3호의

교육과정을 적용하기 어려운 학생을 대상으로 하고, 대상자의 능력에 따라 학년의 구분 없이 다음 각 목의 어느 하나에 해당하는 교과의 수준을 다르게 적용할 수 있도록 편성된 과정

가. 국어, 사회, 수학, 과학, 실과, 체육, 음악, 미술 및 교육부장관이 필요하다고 인정하는 교과

나. 특수교육대상자의 진로 및 직업에 관한 교과

③ 제1항 및 제2항에서 규정된 사항 외에 교육과정의 내용 및 기준에 관하여 필요한 세부사항은 교육부장관이 정하여 고시한다. 〈개정 2013.3.23.〉

[본조신설 2010.12.20.]

제4조(개별화교육지원팀의 구성 등) ① 각급학교의 장은 법 제22조제1항에 따라 매 학년의 시작일부터 2주 이내에 각각의 특수교육대상자에 대한 개별화교육지원팀을 구성하여야 한다.

② 개별화교육지원팀은 매 학기의 시작일부터 30일 이내에 개별화교육계획을 작성하여야 한다.

③ 개별화교육계획에는 특수교육대상자의 인적사항과 특별한 교육지원이 필요한 영역의 현재 학습수행수준, 교육목표, 교육내용, 교육방법, 평가계획 및 제공할 특수교육 관련서비스의 내용과 방법 등이 포함되어야 한다.

④ 각급학교의 장은 매 학기마다 개별화교육계획에 따른 각각의 특수교육대상자의 학업성취도 평가를 실시하고, 그 결과를 특수교육대상자 또는 그 보호자에게 통보하여야 한다.

제5조(보조인력의 역할 및 자격) ① 법 제28조제3항에 따라 학교에 배치되는 보조인력은 교사의 지시에 따라 교수학습 활동, 신변처리, 급식, 교내외 활동, 등하교 등 특수교육대상자의 교육 및 학교 활동에 대하여 보조 역할을 담당한다.

② 보조인력의 자격은 고등학교를 졸업한 자 또는 이와 같은 수준 이상의 학력이 있다고 인정된 자로 한다.

제6조(생활지도원의 자격 및 배치기준) ① 법 제28조제6항 후단에 따라 특수학교의 기숙사에 두는 생활지도원은 다음 각 호의 어느 하나에 해당하는 사람으로 한다. 〈개정 2013.10.4.〉

1. 「초·중등교육법」 별표 2의 자격 기준에 해당하는 사람
2. 고등학교를 졸업한 사람 또는 이와 같은 수준 이상의 학력이 있다고 인정된 사람으로서 다음 각 목의 어느 하나에 해당하는 자격이 있는 사람

가. 「의료기사 등에 관한 법률」 제2조에 따른 물리치료사 또는 작업치료사

나. 「사회복지사업법」 제11조에 따른 사회복지사

다. 「영유아보육법」 제21조제2항에 따른 보육교사

② 법 제28조제6항 후단에 따라 국립학교에 두는 생활지도원은 학생 5명마다 1명 이상을 배치하여야 한다. 다만, 시각장애 또는 청각장애가 있는 특수교육대상자를 교육하는 중학교 및 고등학교 과정의 경우에는 학생 7명마다 1명 이상을 배치할 수 있다.

제6조의2(간호사 등의 배치기준) 법 제28조제6항 후단에 따라 국립학교에는 간호사를 1명 이상 배치하되, 기숙사에 기숙하는 학생이 50명을 초과하는 경우에는 그 초과인원 50명마다 간호사 또는 간호조무사를 1명 이상 추가로 배치하여야 한다.

[본조신설 2013.10.4.]

제7조(특별지원위원회에 대한 심사청구 결과 통보 등) ① 법 제35조제3항에 따라 장애학생 또는 그 보호자가 심사청구를 할 때에는 별지 제4호서식에 따른 심사청구서를 해당 학교의 특별지원위원회에 제출하여야 한다.

② 제1항에 따른 심사청구를 받은 해당 학교의 특별지원위원회는 심사를 거쳐 별지 제5호서식에 따른 심사결과통지서를 그 청구인에게 교부하여야 한다.

제8조(고등학교 과정 이하의 심사청구 결과 통보 등) ① 법 제36조제1항 또는 제2항에 따라 특수교육대상자, 그 보호자 또는 각급학교의 장이 심사청구를 할 때에는 별지 제6호서식에 따른 심사청구서를 해당 시・군・구특수교육운영위원회 또는 시・도특수교육운영위원회에 제출하여야 한다.

② 제1항에 따른 심사청구를 받은 해당 시・군・구특수교육운영위원회 또는 시・도특수교육운영위원회는 심사를 거쳐 별지 제7호서식에 따른 심사결과통지서를 그 청구인에게 교부하여야 한다.

부칙 〈제5호, 2008.6.12.〉

제1조(시행일) 이 규칙은 공포한 날부터 시행한다.

제2조(다른 법령의 폐지) 특수교육진흥법 시행규칙을 폐지한다.

제3조(생활지도원에 대한 경과조치) 이 규칙 시행 당시 종전의 「특수교육진흥법 시행규칙」 제5조제1항제2호다목에 따라 특수학교의 기숙사에 생활지도원으로 근무하고 있는 자는 2009년 12월 31일 까지는 제6조제1항에 따른 생활지도원으로 본다.

제4조(다른 법령과의 관계) 이 규칙 시행 당시 다른 법령에서 「특수교육진흥법 시행규칙」 또는 그 규정을 인용하고 있는 경우 이 규칙 중 그에 해당하는 규정이 있는 때에는 종전의 규정에 갈음하여 이 규칙 또는 이 규칙의 해당 조항을 인용한 것으로 본다.

부칙 〈제86호, 2010.12.20.〉

이 규칙은 공포한 날부터 시행한다.

부칙 〈제1호, 2013.3.23.〉 (교육부와 그 소속기관 직제 시행규칙)

제1조(시행일) 이 규칙은 공포한 날부터 시행한다. <단서 생략>

제2조부터 **제6조**까지 생략

제7조(다른 법령의 개정) ①부터 ㊵까지 생략

㊶ 장애인 등에 대한 특수교육법 시행규칙 일부를 다음과 같이 개정한다.

제3조의2제2항제1호부터 제3호까지, 같은 항 제4호가목 및 같은 조 제3항 중 "교육과학기술부장관"을 각각 "교육부장관"으로 한다.

㊷부터 <61>까지 생략

부칙 〈제8호, 2013.10.4.〉

이 규칙은 2013년 10월 6일부터 시행한다.

부칙 〈제101호, 2016.6.23.〉

이 규칙은 2016년 6월 23일부터 시행한다.

[별지 제1호서식]

(앞 면)

특수교육대상자 진단 · 평가 의뢰서

<table>
<tr><td>접수번호</td><td>-</td><td colspan="4"></td></tr>
<tr><td rowspan="3">대상자</td><td>성 명
(한 자)</td><td colspan="2"></td><td>성별</td><td>남 여</td></tr>
<tr><td>주 소</td><td colspan="4"></td></tr>
<tr><td>소 속</td><td colspan="4"></td></tr>
<tr><td rowspan="2">보호자</td><td>성 명</td><td></td><td>대상자와의
관계</td><td colspan="2">대상자의 (　　)</td></tr>
<tr><td>주 소</td><td></td><td>전화번호</td><td colspan="2"></td></tr>
<tr><td colspan="6">「장애인 등에 대한 특수교육법」 제14조제3항 및 같은 법 시행령 제9조제4항에 따라 위와 같이 신청합니다.
년 월 일
보호자 ㊞
(학교장) ㊞
시 · 도교육감(교육장) 귀하</td></tr>
</table>

(절 취 선)

특수교육대상자 진단 · 평가의뢰서(고등학교과정이하)접수증

접수번호

<table>
<tr><td>소 속</td><td>학 생 명</td><td>성 별</td><td>비 고</td></tr>
<tr><td></td><td></td><td></td><td></td></tr>
<tr><td colspan="4">위와 같이 접수하였음을 증명함.</td></tr>
<tr><td>접수자</td><td>년 월 일
성명 서명</td><td colspan="2">년 월 일</td></tr>
<tr><td colspan="4">시 · 도교육감(교육장) ㊞</td></tr>
</table>

(뒷 면)

1. 특수교육대상자 진단 · 평가의뢰서 제출 및 처리절차

보호자의 신청

각급학교의 장이 신청 → 보호자의 사전 동의

↓

교육감 또는 교육장의 접수

↓

교육감 또는 교육장이 특수교육지원센터로 진단 · 평가 회부 — 즉시

↓

특수교육지원센터에서 진단 · 평가 실시 — 30일 이내

↓

진단 · 평가 결과를 교육감 또는 교육장에게 보고

↓

교육감 또는 교육장은 특수교육대상자 선정여부 및 교육지원 내용을 결정하여 보호자에게 서면으로 통지 — 2주 이내

↓

교육감 또는 교육장은 해당 특수교육운영위원회의 심사를 거쳐 특수교육대상자를 배치 (보호자 의견 수렴)

↓ → 보호자 또는 각급학교의 장은 이의 있을 경우 심사청구

해당 특수교육운영위원회는 심사 후 그 결정을 교육감 또는 교육장이나 학교의 장에게 통보 — 30일 이내

↓

심사 결정에 이의가 있는 보호자는 행정심판 제기 — 90일 이내

2. 작성시 유의사항

(가) 각급 학교의 장이 신청하는 경우 특수교육대상자의 보호자가 작성한 동의서를 첨부할 것.

(나) 접수번호: 시 · 도(하급)교육청에서 부여하므로 지원자는 기재하지 아니함.

(다) 의뢰서의 기재사항을 수정할 때에는 반드시 해당 학교의 장 또는 시 · 도교육감(고등학교입학자격검정고시 합격자에 한함)의 날인이 있어야 함.

[별지 제2호서식]

특수교육대상자 진단 · 평가 결과통지서

교부번호:

특수교육대상자 선정여부 및 교육지원 내용 등 결정 사항	

성　　명:　　　　　　　　　　　　성　별(남, 여)

주　　소:

생년월일:　　　년　　월　　일생

현재 소속기관:　　　학교　　부　　제　　학년　　재학(졸업)

「장애인 등에 대한 특수교육법」 제16조제3항 및 같은 법 시행령 제9조제5항에 따라 진단 · 평가 결과를 통지합니다.

교부자서명㊞

년　　월　　일

시 · 도교육감(교육장) ㊞

[별지 제3호서식]

특수교육대상자 배치 결과통지서

교부번호:

배정학교	학교 부 제 학년 (학급)

성　　명:　　　　　　　　　　성 별(남, 여)

수　　소:

생년월일:　　　년　　월　　일생

현재 소속기관:　　　학교　　부　　제　　학년　　재학(졸업)

위 학생은 「장애인 등에 대한 특수교육법」 제17조제1항 및 같은 법 시행령 제11조제1항에 따라 위의 학교로 배정되었음을 통지합니다.

교부자서명 ㊞

년　　월　　일

시 · 도교육감(교육장) ㊞

[별지 제4호서식]

(앞 면)

<table>
<tr><th colspan="5">심사청구서 (전문대학 이상)</th></tr>
<tr><td>① 사 건</td><td colspan="4"></td></tr>
<tr><td rowspan="3">② 청구인</td><td>성명</td><td></td><td>성별</td><td></td></tr>
<tr><td>주소</td><td colspan="3">(전화번호:)</td></tr>
<tr><td>소속</td><td colspan="3"></td></tr>
<tr><td>③ 피 청 구 인</td><td colspan="4"></td></tr>
<tr><td>④ 재심청구의대상이 되는 처분 내용</td><td colspan="4"></td></tr>
<tr><td>⑤ 재심청구의취지</td><td colspan="4"></td></tr>
<tr><td>⑥ 재심청구의이유</td><td colspan="4"></td></tr>
<tr><td>⑦ 기타입증자료</td><td colspan="4"></td></tr>
<tr><td>⑧ 근 거 법 률</td><td colspan="4">「장애인 등에 대한 특수교육법」 제35조제3항 및 같은 법 시행령 제33조</td></tr>
<tr><td colspan="5">위와 같이 심사를 청구합니다.

년 월 일

청구인 (서명 또는 인)

특별지원위원회 위원장 귀하</td></tr>
</table>

(뒷 면)

1. 심사청구서 작성요령

① 사 건 명: ○○ 처분 취소 청구

② 피청구인: 처분권자를 말함

③ 심사청구의 대상이 되는 처분내용: 　　년　　월　　일자
○○ 처분

④ 심사청구의 취지: 피청구인이　　년　　월　　일 청구인에 대하여 한 ○○ 처분에 대하여 이의 취소를 구함

⑤ 심사청구의 이유: 청구의 취지가 인용될 수 있도록 원처분이 위법 또는 부당하다고 생각되는 점을 지적하고 그 시정을 요구하는 주장을 논리적으로 기술

⑥ 기타 입증자료: 본 건과 관련있는 제반증거 및 참고자료

※ 심사청구이유 및 입증자료 내용이 많을 때는 목록만 기재하고 첨부자료로 제시 가능

2. 심사절차

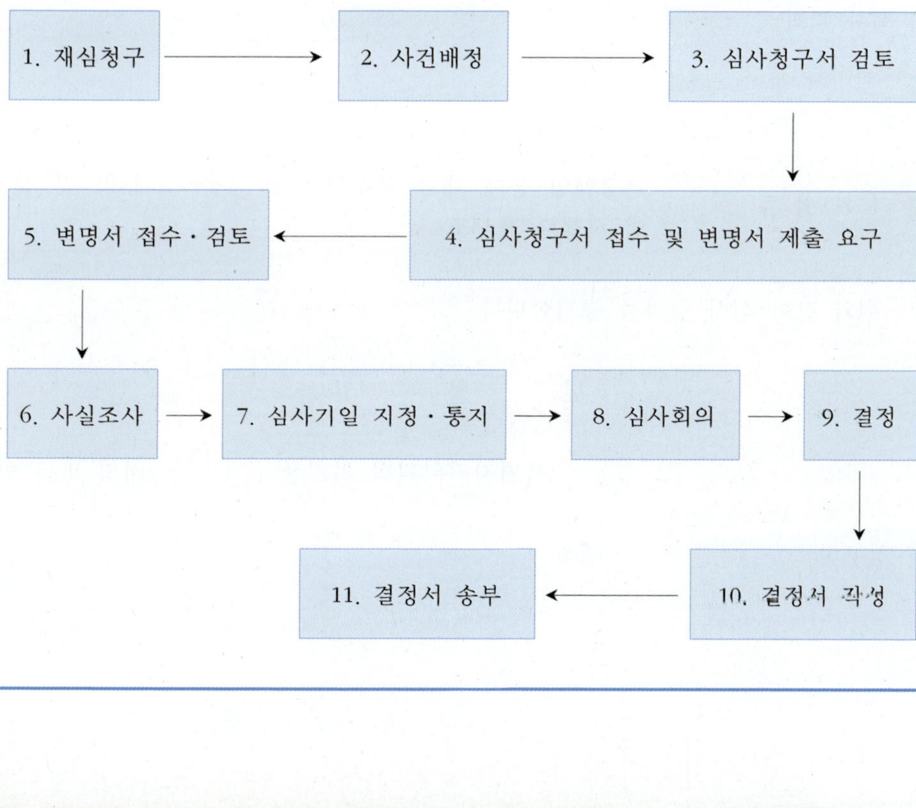

[별지 제5호서식]

<table>
<tr><th colspan="5">심사결과통지서 (전문대학 이상)</th></tr>
<tr><td>① 사 건</td><td colspan="4"></td></tr>
<tr><td rowspan="3">② 청구인</td><td>성명</td><td></td><td>성별</td><td></td></tr>
<tr><td>주소</td><td colspan="3">(전화번호:)</td></tr>
<tr><td>소속</td><td colspan="3"></td></tr>
<tr><td>③ 피 청 구 인</td><td colspan="4"></td></tr>
<tr><td>④ 심사청구의 대상이 되는 처분내용</td><td colspan="4"></td></tr>
<tr><td>⑤ 심사 결과</td><td colspan="4"></td></tr>
<tr><td>⑥ 근 거 법 률</td><td colspan="4">「장애인 등에 대한 특수교육법」 제35조제3항 및 같은 법 시행령 제33조</td></tr>
<tr><td colspan="5">위와 같이 심사 결과를 통지합니다.

년 월 일

특별지원위원회 위원장 (서명 또는 인)

청구인 귀하</td></tr>
</table>

[별지 제6호서식]

(앞 면)

<table>
<tr><td colspan="8">심사청구서 (고등학교 과정 이하)</td></tr>
<tr><td colspan="2">① 사 건</td><td colspan="6"></td></tr>
<tr><td rowspan="4">② 청구인</td><td rowspan="3">특수교육대상자또는 보호자</td><td>성명</td><td colspan="3"></td><td>성별</td><td></td></tr>
<tr><td>주소</td><td colspan="5">(전화번호:)</td></tr>
<tr><td>소속학교</td><td colspan="5"></td></tr>
<tr><td>학교장</td><td>성명</td><td></td><td>학교명</td><td colspan="3">(전화번호:)</td></tr>
<tr><td colspan="2">③ 피 청 구 인</td><td colspan="6"></td></tr>
<tr><td colspan="2">④ 심사청구의 대상 이 되는 처분내용</td><td colspan="6"></td></tr>
<tr><td colspan="2">⑤ 심사청구의 취지</td><td colspan="6"></td></tr>
<tr><td colspan="2">⑥ 심사청구의 이유</td><td colspan="6"></td></tr>
<tr><td colspan="2">⑦ 기타입증자료</td><td colspan="6"></td></tr>
<tr><td colspan="2">⑧ 근 거 법 률</td><td colspan="6">「장애인 등에 대한 특수교육법」 제36조제1항 및 제2항, 같은 법 시행령 제33조</td></tr>
<tr><td colspan="8">위와 같이 심사를 청구합니다.

년 월 일

청구인 (서명 또는 인)

특수교육운영위원회 위원장 귀하</td></tr>
</table>

(뒷 면)

1. 심사청구서 작성요령

① 사 건 명: ○○ 처분 취소 청구

② 피청구인: 처분권자를 말함

③ 심사청구의 대상이 되는 처분내용: 년 월 일자 ○○ 처분

④ 심사청구의 취지: 피청구인이 년 월 일 청구인에 대하여 한 ○○ 처분에 대하여 이의 취소를 구함

⑤ 심사청구의 이유: 청구의 취지가 인용될 수 있도록 원처분이 위법 또는 부당하다고 생각되는 점을 지적하고 그 시정을 요구하는 주장을 논리적으로 기술

⑥ 기타 입증자료: 본 건과 관련있는 제반증거 및 참고자료

※ 심사청구이유 및 입증자료 내용이 많을 때는 목록만 기재하고 첨부자료로 제시 가능

2. 심사절차

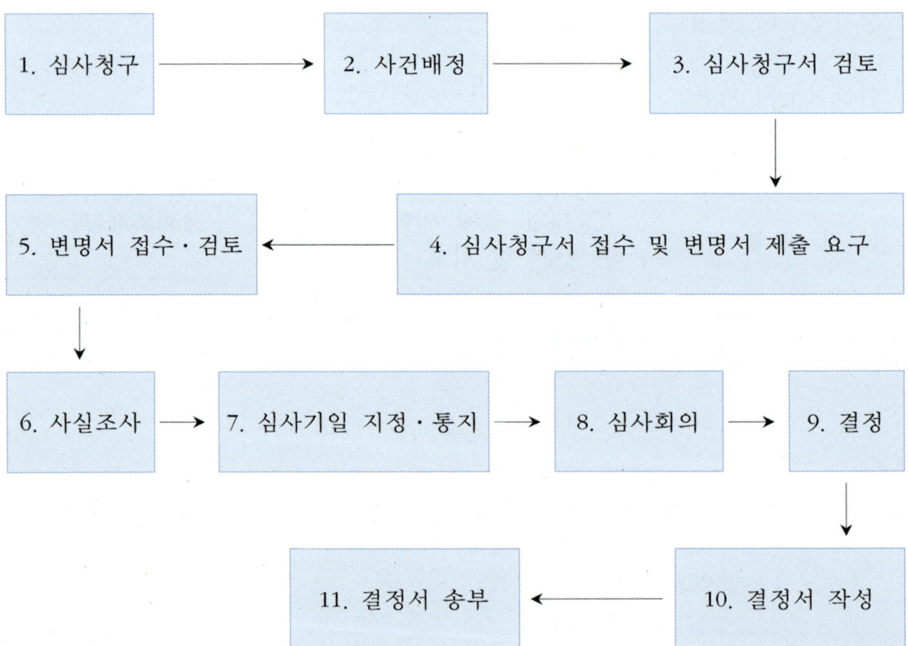

[별지 제7호서식]

심사결과통지서 (고등학교 과정 이하)				
① 사 건				
② 청구인	성명		성별	
	주소	(전화번호:)		
	소속			
③ 피 청 구 인				
④ 심사청구의 대상이 되는 처분내용				
⑤ 심사 결과				
⑥ 근 거 법 률	「장애인 등에 대한 특수교육법」 제36조제3항 및 같은 법 시행령 제33조			

위와 같이 심사 결과를 통지합니다.

년 월 일

특수교육운영위원회 위원장 (서명 또는 인)

청구인 귀하

참고문헌

오광진, 이희철(1999). 체육교사의 장애학생 통합체육에 관한 태도 연구. 한국특수체육학회지, 7(1), 105-121.

강갑원 외(2010). 특수아동교육의 이해. 동문사.

교육인적자원부(2012). 2012 특수교육발전 종합계획 수정안.

김병하, 석동일, 원영조, 이규식(2007). 청각장애아 교육. 대구대학교출판부.

김영한 외(2015). 신특수교육개론. 태영출판사.

김유환(2001). 통합체육의 준비. 한국특수체육학회지, 8(1), 129-137.

김이영 외(2015). 특수교육학개론. 양서원.

김종현, 윤치연, 이성현, 이은림(2015). 특수아동의 이해. 공동체.

서현아 외(2015). 유아특수교육. 양서원.

신진숙(1998). 완전통합에 대한 교사의 인식연구. 대구대학교 박사학위 논문.

오광진(2003). 교육통합 체육수업 참가 대학생의 통합체육에 대한 태도 연구. 한국체육학회지, 42(3), 811-821.

오광진, 김기영, 김용국(2001). 정신지체인 통합체육에 대한 대학생의 태도연구. 한국특수체육학회지, 8(2), 45-58.

오광진, 최승권, 김기영(2002). 일반 중학생의 통합체육에 관한 태도 연구. 한국특수체육학회지, 7(1), 91-101.

이건범, 임경희(2003). 통합체육에 관한 중등교사태도의 Q방법론적 이해. 한국체육학회지, 42(1), 739-750.

이상복, 정영숙(2007). 특수아동지도. 공동체.

이소현, 박은혜(1998). 특수 아동 교육. 학지사.

이인경(2003). 미국통합교육의 변천과정과 성격에 비추어 본 한국적 통합교육제안. 통합체육을 위한 통합체육을 위한 통합교육의 성격규명. 한국특수체육학회지, 11(2), 25-43.

이현수(2004). 통합체육수업이 비장애학생의 정신지체학생에 대한 인식에 미치는 영향. 한국특수체육학회지, 12(4), 1-12.

이현수(2005). 통합체육교육에 관한 국내 학술 연구동향 분석. 한국체육학회지, 44(1), 161-171.

이현수, 남희은(2004). 통합체육수업이 일반여자 중학생들의 장애학생에 대한 학교생활, 개인생활, 사회생활 인식에 미치는 영향. 한국체육학회지, 43(3), 301-311.

이희철(1998). 장애학생 체육 통합교육에 대한 체육교사의 태도 연구. 서울대학교 석사학위 논문.

장선철(2015). 특수아동의 이해. 동문사.

전경원, 권미은(2015). 특수아동의 이해. 창지사.

정대영(2013). 특수교육학. 창지사.

조선덕(1994). 정서장애의 이해. 특수교육.

조윤경, 김수진(2015). 유아교사를 위한 특수아동의 이해. 공동체.

조재훈(2003b). 장애학생의 통합체육에 대한 지도실태와 체육교사의 태도연구. 한국특수체육학회지, 11(3), 131-144.

최선아(1997). 장애학생을 이한 지도자의 체육통합 교육에 관한 태도 조사 연구. 이화여자대학교 석사학위 논문.

최성규(1997). 청각장애아의 심리. 특수교육.

한국육영학교(1999), 정서장애아의 행동지도 : 부모와 교사를 위한 지침서.

한동기(2004). 특수체육의 이론과 실제. 서울: 무지개사.

홍강의 외 4인(1991). 문항분석을 통한 한국판 CBCL의 임상유용도 검증. 소아청소년정신의학, 2(1), 138-149.

홍기영(2004). 유아교육기관에서의 부적응 아동지도에 대한 교사의 인식조사. 원광대학교 교육대학원 석사학위 논문.

홍양자, 홍려교(1999). 장애학생 체육통합교육에 관한 소고. 한국특수체육학회지, 7(2). 139-146.

황명숙(2002). 아동중심 놀이치료. 창지사.

황혜정(1994). 가족구조가 아동의 정서. 행동문제에 미치는 영향에 관한 일 연구. 아동학회지. 15(2), 195-211.

Achenbach, T. (1978). The child behavior profiles : 1, Boys aged 6 through 11. Journal of Consultings & Clinical Psychology, vol 46, 478-488.

Anderson, J. Williams, S., McGee, R., & Silva, P. (1987). DSM-Ⅲ disorders in pre-adolecent children : Prevalence in a large sample from the general population. Archives of General Psychiatry, 44, 69-77.

Ben-Peretz, M. (1990). The Teacher-curriculum encounter. Albany: State University of Ohio.

Block, E. M. (1999a). Part 1: Did we jump on the wrong bandwagon? Problems with inclusion in physical education. Palaestra, 15(3), 30-38.

Block, E. M. (2000). Including Students with Disabilities in General Physical Education: in General Physical Education: Paul H. Brookes Publishing.

Connelly, F. M., & Clandinin, D. J. (1988). Teachers as curriculum planner :narratives of experience. NY: Teachers College Press.

Dinkmeyer, D., McKay, G. D., & Dinkmeyer, D. Jr, (1980). Systematic training for effective teaching : Teacher's handbook. Circle Pines, Minn :AmericanGuidance Service.

Hall, G. E., & Loucks, S. F. (1981). Program definition and adoption : implications for inservice. Journal of Research and Development in education, 14(2), 46-58.

Hunt, P., Goetz, L., & Anderson, J. (1986). The quality of IEP objectives associated with placement on integrated versus segregated school sites. Journal of the Association for Persons with Severe Handicaps, 11, 125-130.

Koot, H. M. Van Den Oord E. J. C. G., Verhulst, F. C. (1997). Cross-cultural testing of the validity of the child behavior checklist, Journal of Abnormal child psychology, 25, 183-196.

Quay, H. C. (1972). patters of aggression, withdrawl, and Immaturity. N. Y.: John Wiley & Sons, Inc.

Schmidt, W. M., Porter, A. C., Freeman, D. J., & Schwille, J. R. (1987). Four patterns of teacher content decision-making. the Journal of Curriculum Studies, 19(5), 439-455.

Wolfe, D. A., & Scott, K, & Werkerle, C. (2003). Child maltreatment : Risk of adjustment problem and dating violence. Journal of the American Academy of Child and Adolescent Psychiatry, 40(3), 282-289.

저자소개

조 경 자

• • •

중앙대학교 아동복지학과 박사과정 수료
미국 His University 심리학 박사과정 중
영유아보육학회 이사
한국교원대학교 유치원 총동문회장
백합유치원·이화유치원 원장
현, 서정대학교 유아교육과 교수
서정대학교 다문화센터장
법무부 사회통합프로그램 일반운영기관장
저서 : 보육시설의 운영과 관리(공저, 2009)
유아다문화교육(공저, 2010)
아동안전관리(공저, 2011)
놀이지도(공저, 2012)
유아사회교육의 이론과 실제(2013)

우 수 희

• • •

동아대학교 교육대학원 유아교육과 교육학석사
동아대학교 일반대학원 교육학과 교육학박사(교육심리전공)
전, 유치원 교사 12년 역임
동부산대학교 유아교육과 겸임조교수 역임
동부산대학교 유아교육과 조교수 역임
유치원 원감 자격(2005), 어린이집 원장 자격(2013)
현, 김해대학교 유아교육과 조교수
한국교육실천연구원 공동위원
구성주의 유아교육학회 이사
저서 : 현장중심의 언어교육(2012)
유치원교사를 위한 창의적 미술교육(공저, 2012)
누리과정에 기초한 유아미술교육의 이론과 실제(공저, 2012)
보육실습(공저, 2016)

특수교육의 이론과 실제

초판 1쇄 발생 / 2017년 1월 31일
초판 2쇄 발행 / 2018년 8월 31일

•

공저자 / 조경자 · 우수희
발행인 / 이 중 수
발행처 / **동 문 사**

•

서울특별시 서대문구 홍제원 1길 12
(홍제동 137-8)
Tel : 02)736-3718(대), 736-3710, 3720
Fax : 02)736-3719
등록번호 : 제9-17호
가격 : 20,000원

•

ISBN : 978-89-8251-893-5(93370)
E-mail : dong736@naver.com
www.dongmunsa.com